"十四五"职业教育广西壮族自治区规划教材
国家在线精品课程配套教材
职业教育·道路运输类专业教材

公路工程检测技术

覃　峰　张洪刚　主　编
陈其龙　姚杏芬　副主编
朱洪洲　主　审

人民交通出版社
北京

内 容 提 要

本书为"十四五"职业教育广西壮族自治区规划教材,职业教育道路运输类专业教材。全书根据公路工程试验检测工作岗位需求,对接岗位典型工作任务,设计了12个项目,主要介绍公路与桥梁检测基础知识,路基路面几何尺寸及路面厚度检测,路基路面压实度检测,路基路面强度指标检测,路面平整度检测,路面抗滑性能检测,路面渗水、错台、车辙检测,桥涵地基承载力检测,桥梁桩基完整性检测,桥涵结构混凝土强度检测,桥梁荷载试验检测,公路工程新型检测技术。

本书既可作为高等职业院校道路与桥梁工程技术、公路养护与管理、公路工程检测技术等专业教材,也可作为公路工程施工、监理等相关专业技术人员参考用书。

本书有配套教学课件,教师可通过加入职教路桥教学研讨群(教师专用QQ:561416324)获取。本书配有丰富的数字化学习资源,读者可通过扫描前言中二维码登录平台观看学习。

图书在版编目(CIP)数据

公路工程检测技术/覃峰,张洪刚主编. —北京:人民交通出版社股份有限公司,2025.1
ISBN 978-7-114-18736-0

Ⅰ.①公… Ⅱ.①覃…②张… Ⅲ.①道路工程—检测—高等职业教育—教材 Ⅳ.①U41

中国国家版本馆 CIP 数据核字(2023)第 065790 号

"十四五"职业教育广西壮族自治区规划教材
国家在线精品课程配套教材
职业教育·道路运输类专业教材
Gonglu Gongcheng Jiance Jishu

书　　名:	公路工程检测技术
著 作 者:	覃　峰　张洪刚
责任编辑:	刘　倩
责任校对:	龙　雪
责任印制:	张　凯
出版发行:	人民交通出版社
地　　址:	(100011)北京市朝阳区安定门外外馆斜街3号
网　　址:	http://www.ccpcl.com.cn
销售电话:	(010)85285911
总 经 销:	人民交通出版社发行部
经　　销:	各地新华书店
印　　刷:	北京科印技术咨询服务有限公司数码印刷分部
开　　本:	787×1092　1/16
印　　张:	15.75
字　　数:	350千
版　　次:	2025年1月　第1版
印　　次:	2025年1月　第1次印刷
书　　号:	ISBN 978-7-114-18736-0
定　　价:	48.00元

(有印刷、装订质量问题的图书,由本社负责调换)

前·言
Preface

"公路工程检测技术"是高等职业院校道路与桥梁工程技术、道路工程检测技术、道路养护与管理等专业的核心课程。学习本课程必须在"道路建筑材料""土力学与地基基础""路基路面工程技术"等课程的基础上开展。同时,本课程是一门理论与实践并重的课程,需安排足够的实操实训环节。

根据职业教育对复合型高素质技术技能型人才的培养要求,本教材根据公路工程试验检测工作岗位需求,对接岗位典型工作任务,以学习成果为导向设计教材内容,提高了教材的实用性、参考性和启发性。同时,本教材以交通运输部颁布的《公路工程质量检验评定标准 第一册 土建工程》(JTG F80/1—2017)、《公路路基路面现场测试规程》(JTG 3450—2019)等标准规范为依据,融入企业生产一线成熟的新方法、新技术、新工艺、新装备,与交通运输部公路水运工程试验检测专业技术人员职业资格考试中注册道路工程试验检测员考试、"1+X"路桥工程无损检测职业技能等级考试等相关内容相结合,突出工学结合、书证融通的编写理念。

本教材从内容的选择、设计到编写,由广西交通职业技术学院、广西建设职业技术学院、河北交通职业技术学院、广西交科集团有限公司、广西交通建设工程试验检测行业协会、广西交建工程检测咨询有限公司、广西路建工程集团有限公司、中交二航局广西建设工程有限公司、四川升拓检测技术股份有限公司等校企专家全程参与,理论和实践相结合,充分体现了校企"双元"开发的职业教育教材特色。

本教材由广西交通职业技术学院覃峰教授和广西交科集团有限公司张洪刚正高级工程师担任主编,重庆交通大学朱洪洲教授担任主审。具体编写分工如下:项目1、项目7由陈其龙(广西交通职业技术学院)和黄燕(广西交建工程检测咨询有限公司)编写,项目2由姚杏芬(广西建设职业技术学院)和李旭(中交二航局广西建设工程有限公司)编写,项目3由周学翔(广西交通职业技术学院)和张洪刚编写,项目4由杨洋(广西交通职业技术学院)和张洪刚编写,项目5、项目6和项目8由覃峰和李春(广西交科集团有限公司)、李国鑫(广西交通建设工程试验检测行业协会)编写,项目9、项目10由黄士睿(广西交通职业技术学院)和张洪刚、李育林(广西路建工程集团有限公司)编写,项目11由曹文龙(河北交通职业技术学院)和王伟(四川升拓检测技术股份有限公司)编写,项目12由覃峰和冯源(四川升拓检测技术股份有限公司)编写。本教材由广西交通职业技术学院陈其龙、赵杰、阮其攀、苏锡州统稿。

本教材是"十四五"职业教育广西壮族自治区规划教材,其对应课程"公路与桥梁检测技术"是自治区区级职业教育在线精品课程、区级职业教育课程思政示范课、区级首批国际化职业教育资源国际化课程、区级职业教育道路工程检测技术专业线上教学资源库核心课程。本教材对应的线上教育资源已在国家职业教育智慧教育平台MOOC学院和专业教学资源库上线,可供广大教师、学生和学员泛在教学和学习(通过扫描下方二维码登录)。课程MOOC学院线上教学资源年更新率达20%,并且不定期地开展现场工程检测直播与连线课堂,为课堂教学提供助力。

可与本教材配套使用的国家职业教育智慧教育平台MOOC学院及专业教学资源库课程链接如下:

国家职业教育
智慧教育平台

专业教学资源库

本教材在编写过程中得到编者团队所在单位及广西路桥工程集团有限公司、广西正高工程检测咨询有限公司、广西桂通工程管理集团有限公司、青海交通职业技术学院、桂林理工大学、广西职业师范学院等相关单位同人的帮助和指导,在此谨向有关人员表示衷心的感谢!

由于编者水平有限,教材中不足之处在所难免,敬请各位读者提出宝贵意见,以便不断修改和完善。

编 者
2024年6月

目 录
Contents

项目 1　公路与桥梁检测基础知识 ………………………………………………………… 001
　任务 1.1　认知公路与桥梁检测基本要求 ……………………………………………… 001
　任务 1.2　试验检测数据整理 …………………………………………………………… 012
　任务 1.3　掌握公路工程质量检验评定方法 …………………………………………… 019

项目 2　路基路面几何尺寸及路面厚度检测 …………………………………………… 024
　任务 2.1　路基路面几何尺寸检测 ……………………………………………………… 024
　任务 2.2　挖坑及钻芯法测定路面厚度 ………………………………………………… 032

项目 3　路基路面压实度检测 …………………………………………………………… 037
　任务 3.1　认知压实度检测基础知识 …………………………………………………… 037
　任务 3.2　灌砂法现场压实度检测 ……………………………………………………… 040
　*任务 3.3　环刀法检测路面压实度 ……………………………………………………… 049
　*任务 3.4　钻芯法检测路面压实度 ……………………………………………………… 051
　任务 3.5　核子密度湿度仪测定路面压实度 …………………………………………… 054

说明：带 * 的为拓展任务

项目 4　路基路面强度指标检测 ………………………………………………………… 059
　任务 4.1　认知路基路面强度指标检测基础知识 ……………………………………… 059
　任务 4.2　路基路面回弹弯沉检测 ……………………………………………………… 061
　任务 4.3　路基路面回弹模量检测 ……………………………………………………… 067
　任务 4.4　土基现场 CBR 值检测 ………………………………………………………… 071

项目 5　路面平整度检测 ………………………………………………………………… 077
　任务 5.1　认知路面平整度检测基础知识 ……………………………………………… 077
　任务 5.2　3m 直尺测定平整度 …………………………………………………………… 080
　任务 5.3　连续式平整度仪测定平整度 ………………………………………………… 084

| 任务 5.4 | 车载式颠簸累积仪测定平整度 | 089 |

项目 6　路面抗滑性能检测 ·········· 094
　　任务 6.1　认知路面抗滑性能检测基础知识 ·········· 094
　　任务 6.2　路面构造深度检测 ·········· 097
　*任务 6.3　电动铺砂法测试路面构造深度 ·········· 101
　*任务 6.4　车载式激光构造深度仪测试路面构造深度 ·········· 103
　　任务 6.5　路面摩擦系数检测 ·········· 105
　*任务 6.6　单轮式横向力系数测试系统测定路面摩擦系数 ·········· 111
　*任务 6.7　双轮式横向力系数测试系统测定路面摩擦系数 ·········· 115

说明：带 * 的为拓展任务

项目 7　路面渗水、错台、车辙检测 ·········· 118
　　任务 7.1　沥青路面渗水系数检测 ·········· 118
　　任务 7.2　路面错台检测 ·········· 124
　　任务 7.3　沥青路面车辙检测 ·········· 127

项目 8　桥涵地基承载力检测 ·········· 132
　　任务 8.1　认知桥涵地基承载力检测基础知识 ·········· 132
　　任务 8.2　静力触探测定地基承载力 ·········· 135
　　任务 8.3　动力触探测定地基承载力 ·········· 139
　　任务 8.4　《规范》法测定地基承载力 ·········· 145

项目 9　桥梁桩基完整性检测 ·········· 153
　　任务 9.1　认知桩基完整性检测基础知识 ·········· 153
　　任务 9.2　桩基低应变动力检测 ·········· 155
　　任务 9.3　灌注桩超声波检测 ·········· 162

项目 10　桥涵结构混凝土强度检测 ·········· 169
　　任务 10.1　认知结构混凝土强度检测基础知识 ·········· 169
　　任务 10.2　回弹法测混凝土强度 ·········· 172
　　任务 10.3　钻芯法检测结构混凝土强度 ·········· 181

项目 11　桥梁荷载试验检测 ·········· 187
　　任务 11.1　认知桥梁荷载试验基础知识 ·········· 187
　　任务 11.2　静载试验检测 ·········· 189
　　任务 11.3　动载试验检测 ·········· 195

项目12　公路工程新型检测技术 …………………………………………… 199
任务12.1　认知现代化新型无破损检测技术发展 ……………………… 199
任务12.2　认知新型无破损检测技术在公路工程建设工程中的应用 ……… 204
*任务12.3　落球法测试回弹模量 ……………………………………… 210
*任务12.4　钢质护栏立柱埋深检测 …………………………………… 213
*任务12.5　冲击回波声频检测仪检测隧道衬砌质量 ………………… 218
*任务12.6　预应力孔道灌浆密实度检测 ……………………………… 222
*任务12.7　预制或现浇梁锚下有效预应力检测(反拉法) …………… 227
任务12.8　认知数字化、智能化公路检测技术 ………………………… 232

说明:带 * 的为拓展任务

参考文献 …………………………………………………………………… 240

项目1 ITEM ONE
公路与桥梁检测基础知识

知识目标

(1)掌握公路与桥梁检测基础知识。
(2)理解检测数据中的有效数字、修约规则及计算法则。
(3)掌握公路工程质量检验评定方法。

技能目标

能按要求对数据进行修约。

项目概述

随着我国交通事业的快速发展,工程试验检测已经成为公路工程施工、管理过程中一项非常重要的工作,同时是公路工程施工质量控制及竣工验收评定工作中不可缺少的环节。

在公路工程施工管理过程中,通过试验检测能够科学地评定各种材料和构件的质量,为控制工程施工质量、做出科学的养护决策提供客观依据。因此,公路工程试验检测工作对提高工程质量、降低施工成本、加快工程进度、提高养护水平、推动公路工程技术发展起着重要作用。

为了使公路工程试验检测能较准确地反映材料和工程质量的实际情况,要求试验人员掌握试验检测的基本理论、基础知识和技能。

任务1.1 认知公路与桥梁检测基本要求

 **任务描述**

在现代公路工程中,要掌握试验检测技术,必须先掌握检测基本理论、检测依据、测试操作

技能以及公路工程相关学科基础知识。公路工程试验检测人员应认真学习现场施工技术规范和试验规程,在施工期间整理好试验检测数据,按规定把好现场施工过程质量关。

工程实践证明,仅靠工作人员的经验和视觉进行工程质量评判,是造成工程出现早期破坏和重大工程质量问题的主要原因之一。要想切实提高公路工程施工质量并缩短工期,在健全工程质量检查制度的同时,还必须配备一定数量的试验检测设备和相应的专职检测技术人员。因此,我们要了解如何合理配备相关试验检测设备和人员以及相关要求。

相关知识

(一)试验检测依据

公路与桥梁工程试验检测应以国家和交通运输部颁布的有关公路工程的法规、技术标准、设计施工规范和材料试验规程为依据进行。对于某些新结构及采用新材料和新工艺的路面、桥梁,有关的公路工程规范、规程暂时无相关条款规定时,可借鉴国外或国内相关行业规范、规程的有关规定。我国工程试验检测的标准和规范一般可归纳为如下四个层次:

第一层次:综合基础标准。例如,《工程结构通用规范》(GB 55001—2021)是指导制定基础标准的国家统一标准。

第二层次:专业标准。例如,《公路工程技术标准》(JTG B01—2014)、《公路工程结构可靠性设计统一标准》(JTG 2120—2020)是指导专业通用标准和专业专用标准的行业统一标准。

第三层次:专业通用标准,如《公路工程集料试验规程》(JTG 3432—2024)、《公路工程质量检验评定标准 第一册 土建工程》(JTG F80/1—2017)等。

第四层次:专业专用标准,如《公路桥梁板式橡胶支座》(JT/T 4—2019)、《预应力用锚具、夹具和连接器》(GB/T 14370—2015)等。

公路与桥梁工程设计、施工和试验检测主要涉及的专业通用标准和专业专用标准,各试验检测项目依据的专业通用标准和专业专用标准见表1-1。

公路与桥梁工程设计、施工和试验检测主要涉及的规程、规范标准一览表　　表1-1

检测类别	检测项目参数		检测标准(方法)名称及编号
	序号	名称	
建筑材料			
水泥	1	标准稠度用水量	《通用硅酸盐水泥》(GB 175—2023)、《道路硅酸盐水泥》(GB/T 13693—2017)、《公路工程水泥及水泥混凝土试验规程》(JTG 3420—2020)、《水泥标准稠度用水量、凝结时间、安定性检验方法》(GB/T 1346—20101)、《水泥胶砂强度检验方法(ISO法)》(GB/T 17671—2021)、《水泥细度检验方法》(GB/T 1345—2005)、《水泥胶砂流动度测定方法》(GB/T 2419—2005)、《水泥比表面积测定方法(勃氏法)》(GB/T 8074—2008)
	2	凝结时间	
	3	安定性	
	4	胶砂强度	
	5	细度	
	6	比表面积	
	7	密度	
	8	胶砂流动度	

续上表

检测类别	检测项目参数		检测标准(方法)名称及编号
	序号	名称	
水泥混凝土	9	坍落度	《公路桥涵施工技术规范》(JTG/T 3650—2020)、《公路隧道施工技术规范》(JTG/T 3660—2020)、《公路水泥混凝土路面施工技术细则》(JTG/T F30—2014)、《普通混凝土配合比设计规程》(JGJ 55—2011)、《普通混凝土拌合物性能试验方法标准》(GB/T 50080—2016)、《混凝土物理力学性能试验方法标准》(GB/T 50081—2019)、《公路工程水泥及水泥混凝土试验规程》(JTG 3420—2020)
	10	凝结时间	
	11	表观密度	
	12	含气量	
	13	泌水率	
	14	配合比	
	15	抗压强度	
	16	轴心抗压强度	
	17	抗压弹性模量	
	18	劈裂抗拉强度	
	19	抗折强度	
	20	抗渗性能	
混凝土外加剂	21	减水率	《混凝土外加剂》(GB 8076—2008)
水泥砂浆	22	配合比	《公路桥涵施工技术规范》(JTG/T 3650—2020)、《砌筑砂浆配合比设计规程》(JGJ/T 98—2010)、《建筑砂浆基本性能试验方法》(JGJ 70—2009)
	23	密度	
	24	稠度	
	25	分层度	
	26	抗压强度	
建筑钢材	27	断后伸长率	《钢筋混凝土用钢 第一部分:热轧光圆钢筋》(GB 1499.1—2024)、《钢筋机械连接技术规程》(JGJ 107—2016)、《金属材料 拉伸试验 第一部分:室温试验方法》(GB/T 228.1—2021)、《金属材料弯曲试验方法》(GB/T 232—2024)、《钢筋焊接及验收规程》(JGJ 18—2012)、《钢筋焊接接头试验方法标准》(JGJ/T 27—2014)
	28	屈服强度	
	29	抗拉强度	
	30	冷弯	
石料	31	单轴抗压强度	《公路桥涵施工技术规范》(JTG/T 3650—2020)、《公路工程岩石试验规程》(JTG 3431—2024)
粗集料	32	颗粒级配	《公路水泥混凝土路面施工技术细则》(JTG/T F30—2014)、《公路沥青路面施工技术规范》(JTG F40—2004)、《公路路面基层施工技术细则》(JTG/T F20—2015)、《公路桥涵施工技术规范》(JTG/T 2650—2020)、《公路隧道施工技术规范》(JTG/T 3660—2020)、《建筑用卵石、碎石》(GB/T 14685—2022)、《公路工程集料试验规程》(JTG 3432—2024)
	33	密度	
	34	吸水率	
	35	堆积密度	
	36	空隙率	
	37	含水率	
	38	含泥量	
	39	泥块含量	
	40	针片状颗粒总含量	
	41	压碎值	
	42	磨耗值	

续上表

检测类别	序号	名称	检测标准(方法)名称及编号
细集料	43	颗粒级配	《公路水泥混凝土路面施工技术细则》(JTG/T F30—2014)、《公路沥青路面施工技术规范》(JTG F40—2004)、《公路路面基层施工技术细则》(JTG/T F20—2015)、《公路桥涵施工技术规范》(JTG 3650—2020)、《公路隧道施工技术规范》(JTG 3660—2020)、《建筑用砂》(GB/T 14684—2022)、《公路工程集料试验规程》(JTG 3432—2024)
细集料	44	密度	
细集料	45	吸水率	
细集料	46	堆积密度	
细集料	47	空隙率	
细集料	48	含水率	
细集料	49	含泥量	
细集料	50	泥块含量	
细集料	51	砂当量	
矿粉	52	筛分	《公路沥青路面施工技术规范》(JTG F40—2004)、《公路工程集料试验规程》(JTG 3432—2024)
矿粉	53	密度	
矿粉	54	亲水系数	
沥青	55	针入度	《公路沥青路面施工技术规范》(JTG F40—2004)、《公路工程沥青及沥青混合料试验规程》(JTG E20—2011)
沥青	56	延度	
沥青	57	软化点	
沥青	58	闪点	
沥青	59	黏附性	
沥青	60	薄膜加热质量损失	
沥青混合料	61	配合比设计	《公路沥青路面施工技术规范》(JTG F40—2004)、《公路工程沥青及沥青混合料试验规程》(JTG E20—2011)
沥青混合料	62	马歇尔稳定度	
沥青混合料	63	密度	
沥青混合料	64	沥青含量	
沥青混合料	65	动稳定度	
沥青混合料	66	冻融劈裂强度比	
石灰	67	有效氧化钙镁含量	《公路路面基层施工技术细则》(JTG/T F20—2015)、《公路无机结合料稳定材料试验规程》(JTJ 057—94)
粉煤灰	68	细度	《公路路面基层施工技术细则》(JTG/T F20—2015)、《用于水泥和混凝土中的粉煤灰》(GB/T 1596—2017)、《水泥化学分析方法》(GB/T 176—1996)
粉煤灰	69	烧失量	
无机结合料稳定材料	70	配合比设计	《公路路面基层施工技术细则》(JTG/T F20—2015)、《公路工程无机结合料稳定材料试验规程》(JTG 3441—2024)
无机结合料稳定材料	71	无侧限抗压强度	
无机结合料稳定材料	72	水泥或石灰剂量	
无机结合料稳定材料	73	飞散损失	

续上表

检测类别	序号	检测项目参数名称	检测标准(方法)名称及编号
土工	74	含水率	《公路路基施工技术规范》(JTG/T 3610—2019)、《公路土工试验规程》(JTG 3430—2020)
	75	颗粒分析	
	76	界限含水率	
	77	标准击实	
	78	承载比(CBR)	
地基基础			
地基基础	79	承载力	《公路路基施工技术规范》(JTG/T 3610—2019)、《公路桥涵施工技术规范》(JTG/T 3650—2020)、《冶金工业岩土勘察原位测试规范》(GB/T 50480—2008)
结构工程			
混凝土结构	80	混凝土强度	《公路桥涵施工技术规范》(JTG/T 3650—2020)、《公路隧道施工技术规范》(JTG/T 3660—2020)、《回弹法检测混凝土抗压强度技术规程》(JGJ/T 23—2011)、《超声回弹综合法检测混凝土抗压强度技术规程》(T/CECS 02—2020)、《钻芯法检测混凝土强度技术规程》(JGJ/T 384—2016)
	81	碳化深度	
	82	钢筋位置及保护层厚度	
公路工程			
公路工程	83	压实度	《公路路基施工技术规范》(JTG/T 3610—2019)、《公路路面基层施工技术细则》(JTG/T F20—2015)、《公路沥青路面施工技术规范》(JTG F40—2004)、《公路水泥混凝土路面施工技术细则》(JTG/T F30—2014)、《公路路基路面现场测试规程》(JTG 3450—2019)、《公路勘测规范》(JTG C10—2007)、《公路工程质量检验评定标准 第一册 土建工程》(JTG F80/1—2017)
	84	路面厚度	
	85	弯沉	
	86	平整度	
	87	摩擦系数	
	88	渗水系数	
	89	路面构造深度	
	90	土基回弹模量	
	91	几何尺寸	

(二)试验检测人员的要求

为确保试验检测结果的准确性、真实性和可靠性,不仅要求试验检测设备精确、可靠,而且要求试验检测人员认真履行岗位职责,按照相关试验规程进行相关试验检测操作和数据处理,准确、及时地提交相关试验报告。

1. 试验检测人员必须具备的技能和知识

(1)必须具备所担负试验检测项目有关的专业基础理论知识。

(2)必须掌握所担负试验检测项目有关的标准、规范、检测方法等法规性技术文件。

(3)必须掌握所担负试验检测项目应用的仪器设备的操作技能,并了解相关仪器、设备的性能和基本原理,会正常维护。

(4)掌握《中华人民共和国计量法》《中华人民共和国标准化法》及方针、政策、规章制度的有关内容。

(5)全面掌握质量管理的基础知识。

(6)应了解所从事专业的国内外先进水平及发展趋势。

2.试验检测人员的纪律要求

(1)忠于职守,完成领导分配的检测任务。

(2)严格遵守各项规章制度,严格按照规范、标准、试验方法、操作方法进行检测工作。

(3)坚持科学的态度,实事求是,不随意更改检测数据,更不臆造数据,保证检测数据的真实性和检测结果的公正性。

(4)坚持文明检测。在试验检测过程中按要求处理试验过程中产生的废弃物和污染物,在检测过程中做到文明、和谐等。

(5)保证检测数据或结果不扩散。

(6)检测人员凡违反上述规定者,均视为违反纪律,应按情节和后果分别给予批评教育或警告等处置。情节或后果特别严重,构成犯罪的,应追究法律责任。

(三)试验检测资料管理要求

试验室汇集各种标准、规范、规程、各种试验检测数据报告和对内、外来往的公文和文件,为了有效地管理相关资料和文件,使相关文件档案资料管理工作程序化、制度化、规范化,试验室内相关文件档案资料管理必须遵守相关规章制度。

1.需管理的文件资料

(1)国家、行业等发放的有关标准、规范、规程等。

(2)业主发放的有关文件、资料等。

(3)试验室发放的有关文件、规章制度、办法等。

(4)仪器设备汇总表、台账等。

(5)仪器设备说明书、计量检定合格证、验收、维修、使用、记录等。

(6)样品、物资入库及发放登记等。

(7)各类检验原始记录、委托单和检测报告书等。

(8)用户反馈的质量意见及处理方法。

2.文件分类及编号

红头文件、检验报告、原始记录及其他有关文件,均统一编号,编号规则如下:

(1)红头文件编号:如桂交综 ZX1〔年号〕字第 × 序号 × 号,即桂交综 ZX1〔2010〕字第 001 号。

(2)原始记录编号:年号 + 流水号 + 样品分编号,如 20100001 集 001。

(3)报告编号:合同号 + 流水号,如 ZX1-0001。

(4)委托单、抽样单编号:总第××××号××字×××号。其中,××××为5位有效数字的顺序号;××字为各检测样品分类,如土、石、金、集、浆、混凝土、[配实(标)]、[探(检)]、水、沥、灰、其他等;×××为3位有效数字的顺序号。

3. 文件管理

(1)应建立文件档案目录,并由档案管理员专人管理。

(2)试验室文件的发放由试验室主任确定,要做好收文、发文、登记、签名工作。

(3)文件的借阅应向档案管理员办理相关手续,阅读完后应马上返还;文件复印应经主任批准,办理登记后才有效。

(4)技术档案是试验室的技术机密,要编号造册并妥善存放在条件较好,温度、湿度适当的房间里,防止虫蛀霉烂,所有的技术档案由档案管理员统一保管。

(四)试验检测安全要求

为确保试验室安全检测,确保试验检测人员的人身安全和试验检测设备仪具的正常使用,试验室全体员工应贯彻"安全第一、预防为主"的工作方针,增强安全意识,牢固树立"安全生产人人有责"的责任意识,在试验检测工作过程中严格遵循试验检测安全管理制度。

(1)仪器、设备的安装及操作应符合有关安全技术标准,电动设备应有良好的接地装置,并经检查确认后方可使用。

(2)在进行各类强度试验时,应设置有效防护,防止试件飞溅伤及人员及设备。

(3)仪器设备使用过程中,操作人员不得擅自离开,防止安全事故的发生。

(4)加强仪器设备检查维修,确保其性能稳定、示值准确,严禁"带病"使用。

(5)有毒、易燃、易爆物品及强酸、强碱等化学品的存放和使用处理应符合国家安全规程的规定。

(6)试验检测人员必须持有试验检测上岗证书,并参加安全技术培训。

(7)试验检测人员应熟悉设备仪具性能,严格遵守操作规程。

(8)操作中若发现设备仪具运转异常,或有异味,或遇停电、停水、漏油、漏水,应立即停机,切断电源、水源,属故障停机的应排除故障。

(9)预制构件检验或现场结构试验,必须采取符合要求的安全措施。

(10)杂物应专区分类堆放,不得随处乱放。

(五)试验检测报告结论标准用语

1. 水泥检测

(1)合格用语:该批水泥所检项目均符合《通用硅酸盐水泥》(GB 175—2023)的要求。

(2)不合格用语:该水泥××项不符合《通用硅酸盐水泥》(GB 175—2023)的要求。

2. 钢筋检测

(1)钢筋原材料。

①合格用语:该批钢筋的力学性能和工艺性能均符合《钢筋混凝土用钢 第1部分:热轧

光圆钢筋》(GB/T 1499.1—2024)的要求。

②不合格用语:该批钢筋的力学性能或工艺性能不符合《钢筋混凝土用钢 第1部分:热轧光圆钢筋》(GB/T 1499.1—2024)的要求。

(2)钢筋焊接。

①合格用语:该批钢筋焊接接头的力学性能和工艺性能均符合《钢筋焊接及验收规程》(JGJ 18—2012)的要求。

②不合格用语:该批钢筋焊接接头的力学性能和工艺性能不符合《钢筋焊接及验收规程》(JGJ 18—2012)的要求。

3.粗(细)集料检测

(1)合格用语:该批粗(细)集料所检项目均符合《公路工程集料试验规程》(JTG 3432—2024)规范及设计要求。

(2)不合格用语:该批粗(细)集料××项不符合《公路工程集料试验规程》(JTG 3432—2024)规范及设计要求。

4.混凝土检测

(1)混凝土拌合物的性能。

①合格用语:混凝土拌合物的性能(某一项)符合设计要求。

②不合格用语:混凝土拌合物的性能(某一项)不符合设计要求。

(2)混凝土的抗压强度、弹性模量、抗冻性、耐磨性、抗渗性。

①合格用语:混凝土拌合物的性能(某一项)符合设计要求。

②不合格用语:混凝土拌合物的性能(某一项)不符合设计要求。

5.路基用填土

(1)合格用语:该土所检各项性能符合设计及《公路路基施工技术规范》(JTG/T 3610—2019)规范要求。

(2)不合格用语:该土性能中(某一项)不符合设计及《公路路基施工技术规范》(JTG/T 3610—2019)规范要求。

6.路基检测

(1)合格用语:该层填土的压实度符合设计要求。

(2)不合格用语:该层填土的压实度不符合设计要求。

7.补充说明

(1)本教材没有涉及的检测项目应按对应的标准、规范,比照以上合格用语和不合格用语执行。

(2)用语中出现"不合格用语;该批粗(细)集料××项不符合《公路工程集料试验规程》(JTG 3432—2024)要求"字样的情况时,结论应该对标准规范选择进行明确。

(六)试验检测人员配置机构资质要求

(1)公路工程甲级试验室标准配置见表1-2。

公路工程甲级试验室标准配置

表 1-2

主要试验检测项目	主要仪器设备
土工试验(筛分、重度、击实塑液限、含水率、颗粒分析、三轴试验)	三轴试验机、直剪试验仪、液塑限联合测定仪、筛分仪、渗透仪、击实仪、土壤密度仪、动三轴仪等
集料、石料(筛分、压碎值、磨耗、石料硬度、加速磨光)	压力机(2000kN)
水泥软练试验、石灰试验(有效钙、镁含量)、粉煤灰试验	三轴仪
水泥混凝土(稠度、坍落度、抗压强度、抗折强度、劈裂试验、抗冻、抗渗)、砂浆强度试验、配合比设计	全站仪
沥青指标试验(针入度、延度软化点脆点、闪点、燃点、黏附性)、薄膜烘箱和老化试验	光电液塑限测定仪
沥青混合料试验(抽提试验、马歇尔试验、劈裂、抗压)、沥青混凝土配合比设计	金属探伤仪
路面基层材料试验(击实、无侧限抗压强度、灰剂量、配合比设计)	加速摩擦仪
路基、路面、构造物几何尺寸	取芯机、摆式摩擦仪
路基路面(压实度、厚度、平整度、弯沉,路面构造深度、摩擦系数、路基CBR、回弹模量)	沥青试验设备
砌石工程常规试验检测	沥青混合料车
地基承载力	沥青抽提仪、马歇尔试验仪、自动击实仪、沥青混合料自动搅拌机、成型机
钢材物理、力学性能,焊接	水泥软炼试验设备
桥梁构件强度、桩基完整性、承载力	混凝土抗渗仪
混凝土无破损检测	洛式硬度仪
岩土工程(土基、基础)	超声波混凝土探伤仪
桥梁荷载试验	桩基完整性检测设备
外加剂	桩基承载力检测设备
钢绞线、预应力锚具、橡胶支座	桥梁动、静载试验设备

(2)公路工程乙级试验室标准配置见表1-3。

公路工程乙级试验室标准配置

表 1-3

主要试验检测项目	主要仪器设备
土工试验(筛分、重度、击实含水率、塑液限、颗粒分析)	砂浆稠度仪、砂浆密度仪、砂浆搅拌机、砂浆保水率测定仪、砂浆抗压强度试模、砂浆黏结强度测定仪、砂浆凝结时间测定仪、砂浆抗渗仪、砂浆收缩率测定仪
集料、石料(筛分、压碎值、磨耗)	压力机(2000kN)
水泥软练试验、石灰试验(有效钙、镁含量)	石料磨耗机
水泥混凝土(稠度、坍落度、抗压强度、抗折强度),砂浆强度试验、配合比设计	沥青试验设备

续上表

主要试验检测项目	主要仪器设备
沥青指标试验(针入度、延度软化点脆点、闪点、燃点、黏附性、薄膜烘箱和老化试验)	水泥软炼试验设备
沥青混合料试验(抽提试验、马歇尔试验、劈裂、抗压)、沥青混凝土配合比设计	沥青抽提仪、马歇尔试验仪、自动击实仪、沥青混合料自动搅拌机、成型机
路面基层材料试验(击实、无侧限抗压强度、灰剂量、配合比设计)	公路几何线形检测设备
路基、路面、构造物几何尺寸	取芯机、摆式摩擦仪
路基路面(压实度、厚度、平整度、弯沉,路面构造深度、摩擦系数、路基CBR、回弹模量)	超声波混凝土探伤仪
砌石工程常规试验检测	桩基承载力检测设备
地基承载力	光电液塑限测定仪
钢材焊接	弯沉测试设备
桥梁构件强度、桩基完整性	养护箱
混凝土无破损检测	

(3)公路工程丙级试验室标准配置见表1-4。

公路工程丙级试验室标准配置 表1-4

主要试验检测项目	主要仪器设备
土工试验(筛分、重度、含水率、塑液限)	压力机或万能压力机
集料、石料(筛分、压碎值)	沥青抽提仪、马歇尔试验仪
水泥混凝土(坍落度、抗压强度、稠度、抗折强度、砂浆强度试验、配合比设计)	经纬仪、水准仪
沥青试验(针入度、延度、软化点)	弯沉测试设备
沥青混合料试验(抽提试验、马歇尔试验)、沥青混凝土配合比设计	
路面基层材料试验(击实、无侧限抗压强度、灰剂量)	
路基、路面、构造物几何尺寸	
路基路面压实度、厚度、平整度、弯沉	
砌石工程常规试验检测	
地基承载力	

技能操作流程与要求见表1-5。

技能操作流程与要求 表1-5

序号	技能操作步骤	要求
1	试验检测依据	(1)我国工程试验检测的标准和规范分成四个层次； (2)公路与桥梁工程设计、施工和试验主要涉及规程、规范标准
2	试验检测人员要求	(1)试验检测人员必备的知识和技能； (2)试验检测人员的纪律要求
3	试验检测资料管理	(1)需管理的文件资料； (2)文件分类及编号； (3)文件管理
4	试验检测安全要求	(1)贯彻"安全第一、预防为主"的工作方针； (2)增强安全意识、牢固树立"安全生产 人人有责"的责任意识； (3)在试验检测工作过程中必须严格遵循试验检测安全管理制度
5	试验检测报告结论标准用语	(1)水泥检测； (2)钢筋检测； (3)粗(细)集料检测； (4)混凝土检测； (5)路基用填土； (6)路基检测； (7)补充说明
6	试验检测人员配置机构资质要求	(1)公路工程甲级试验室标准配置； (2)公路工程乙级试验室标准配置； (3)公路工程丙级试验室标准配置
7	完成要求	总结、提炼，能对相关内容进行表述，提交学习报告

任务评价

(一)自我评价

任务	级别		
	掌握的知识点	仍需加强的知识点	完全不理解的知识点
试验检测依据			
试验检测人员要求			
试验检测资料管理			
试验检测安全要求			
试验检测报告结论标准用语			
试验检测人员配置机构资质要求			
在本次任务实施过程中的自评结果	A.优秀 B.良好 C.仍需努力 D.搞不清楚		

(二)答题闯关

1. 试验检测人员的纪律要求包括哪些内容？
2. 简述粗(细)集料检测的合格用语。

任务1.2 试验检测数据整理

任务描述

在工程质量评价过程中,试验检测数据是评估的重要依据。然而,由于试验不可避免地会受到主观和客观因素的影响,从而导致数据存在误差,且误差的大小与所用仪器的精度、检测方法等密切相关。同时,针对检测结果的精度,并不能简单地认为小数点后位数越多,数值就越准确。这是因为在计算中,无论计算结果取小数点后多少位数,都不可能把准确度提高到超出试验误差所允许的范围。

因此,在工程质量评价中,必须先对原始数据进行分析,剔除可疑数据和无效数据,并通过修正处理,找出试验变量之间的相互关系,揭示出试验对象的变化规律,然后才能对工程质量进行严谨、科学的判断。基于此,本任务我们来了解试验检测数据中的有效数字、修约规则及计算法则等。

相关知识

(一) 有效数字

有效数字的概念可表述为:由数字组成的一个数,除最末一位数字是不确切值或可疑值外,其他数字皆为可靠值或确切值,组成该数的所有数字包括末位数字称为有效数字,除有效数字外其余数字为多余数字。

对于"0"这个数字,根据其在数中位置的不同,它可能是有效数字,也可能是多余数字。

整数前面的"0"无意义,是多余数字。对纯小数,在小数点后,数字前的"0"只起定位、决定数量级的作用(相当于所取的测量单位不同),所以,也是多余数字。

处于数中间位置的"0"是有效数字。

处于数后面的"0"是否算有效数字可分为三种情况:①数后面的"0",若把多余数字的"0"用10的乘幂来表示,使其与有效数字分开,这样在10的乘幂前面所有数字包括"0"皆为有效数字;②作为测量结果并注明误差值的数值,其表示的数值等于或大于误差值的所有数字,包括"0"皆为有效数字;③上面两种情况外的数后面的"0"则很难判断是有效数字还是多余数字,因此,应避免采用这种不确切的表示方法。

一个数,有效数字占有的位数,即有效数字的个数,为该数的有效位数。为弄清有效数字的概念,举例如下:

00713、0.0715、7.03、7.03×10^2,这4个数的有效位数均为3,有效数字都是3个。

再如,测量某一试件面积,得其有效面积 $A = 0.0501502 m^2$,测量的极限误差为 $0.000005 m^2$,则测量结果应当表示为 $A = (0.050150 \pm 0.000005) m^2$。误差的有效数字为1位,即5;而有效面积的有效数字应为5个,即50150;因2小于误差的数量级,故为多余数字。

若给出的数值为 71300,则为不确切的表示方法。它可能是 713×10^2,也可能是 7.130×10^4,即有效数字可能是 3 个、4 个或 5 个。若无其他说明,则很难判定其有效数字究竟是几个。

在测量或计量中应取多少位有效数字,可根据下述准则判定:

(1)对不需要标明误差的数据,其有效位数应取到最末一位数字(为可疑数字,也称不确切或参考数字)。

(2)对需要标明误差的数据,其有效位数应取到与误差同一数量级。

(二)数值修约规则

1. 数值修约间隔

数值修约间隔是确定修约保留位数的一种方式。修约值应为修约间隔的数值的整数倍。例如,指定修约间隔为 0.1,修约值即应在 0.1 的整数倍中选取,相当于将数值修约到一位小数。又如,指定修约间隔为 100,修约值即应在 100 的整数倍中选取,相当于将数值修约到百位数。

0.5 单位修约(半个单位修约)是指修约间隔为指定数位的 0.5 单位,即修约到指定数位的 0.5 单位。0.2 单位修约是指修约间隔为指定数位的 0.2 单位,即修约到指定数位的 0.2 单位。最基本的修约间隔是 10^n(n 为整数),它等同于确定修约到某数位。

2. 数值修约进舍规则

(1)拟舍弃数字的最左一位数字小于 5 时,则舍去,即保留的各位数字不变。

(2)拟舍弃数字的最左一位数字大于 5,或者是 5,而且后面的数字并非全部为 0 时,则进 1,即保留的末位数字加 1。

(3)拟舍弃数字的最左一位数字为 5,而后面无数字或全部为 0 时,若所保留的末位数字为奇数(1、3、5、7、9),则进 1;若所保留的末位数字为偶数(2、4、6、8、0),则舍弃。

(4)负数修约时,先将它的绝对值按上述三条规定进行修约,然后在修约值前面加上负号。

(5)0.5 单位修约时,将拟修约数值乘以 2,按指定数位依进舍规则修约,所得数值再除以 2。

(6)0.2 单位修约时,将拟修约数值乘以 5,按指定数位依进舍规则修约,所得数值再除以 5。

上述数值修约规则(有时称为"奇升偶舍法")与常用的"四舍五入"的方法区别在于,用"四舍五入"法对数值进行修约,从很多修约后的数值中得到的均值偏大。而用上述的修约规则,进舍的状况具有平衡性,进舍误差也具有平衡性,若干数值经过这种修约后,修约值之和变大的可能性与变小的可能性是一样的。

3. 数值修约注意事项

实行数值修约,应在明确修约间隔、确定修约位数后一次完成,而不应连续修约,否则会导致结果不正确。然而,实际工作中常有这种情况:有的部门先将原始数据按修约要求多一位至几位报出,而后另一个部门按此报出值再按规定位数修约和判定,这样就存在连续修约的错误。

(1)拟修约数字应在确定修约后一次修约获得结果,而不得多次按进舍规则连续修约。

(2)在具体实施中,有时测量与计算部门先将获得的数值按指定的修约数位多一位或几位报出,而后由其他部门判定。为避免产生连续修约的错误,应按下列步骤进行:

步骤1:报出数值最右的非0数字为5时,应在数值后面加"(+)"号或"(-)"号或不加符号,以分别表明已进行过舍、进或未舍、未进。

步骤2:如果判定报出值需要进行修约,当拟舍弃数字的最左一位数字为5而后面无数字或全部为0时,数值后面有"(+)"号者进1,数值后面有"(-)"号者舍去,其他仍按进舍规则进行。

(三)计算法则

1. 加减运算

应以各数中有效数字末位数的数位最高者为准(小数即以小数部分位数最少者为准),其余数均比该数向右多保留一位有效数字。

2. 乘除运算

应以各数中有效数字位数最少者为准,其余数均多取一位有效数字,所得积或商也多取一位有效数字。

3. 平方或开方运算

平方或开方运算的结果可比原数多保留一位有效数字。

4. 对数运算

所取对数位数应与真数有效数字位数相等。

5. 查角度的三角函数

所用函数值的位数通常随角度误差的减小而增多。在所有计算式中,常数 π、e 的数值以及因子等的有效数字位数,可认为无限制,需要几位就取几位。表示精度时,一般取一位有效数字,最多取两位有效数字。

(四)数据的统计特征与分布

1. 总体与样本

在工程质量检验中,对无限总体中的个体,逐一考查其某个质量特性显然是不可能的;对有限总体,若所含个体数量虽不大,但考查方法往往是破坏性的,同样不能采用全数考查。所以,通过抽取总体中的一小部分个体加以检测,以了解和分析总体质量状况,是工程质量检验的主要方法。因此,除特殊项目外,大多采用抽样检验,这就涉及总体与样本的概念。

总体,又称母体,是统计分析中所要研究对象的全体。组成总体的每个单元称为个体。例如,在沥青混合料拌和工地上需要确定某公司运来的一批沥青质量是否合格,那么这批沥青就是总体。

总体分为有限总体和无限总体。如果是一批产品,由于其数量有限,所以称其为有限总体;如果是一道工序,由于工序总在源源不断地生产出产品,有时是一个连续的整体,所以这样的总体称为无限总体。

从总体中抽取出的一部分个体就是样本(又称子样)。例如,从每一桶沥青中取两个试样,一批沥青有100桶,抽查了200个试样做试验,则这200个试样就是样本。而组成样本的每一个个体称为样品。例如,上述200个试样中的某一个,就是该样本中的一个样品。

样本容量是样本中所含样品的数量,通常用 n 来表示。上例中样本容量 $n=200$。样本容量的大小直接关系到判断结果的可靠性。一般来说,样本容量越大,可靠性越好,但检测工作量也越大,成本也就越高。样本容量与总体中所含个体的数量相等时,是一种极限情况,因此,全数检验是抽样检验的极限。

2. 数据的统计特征量

用来表示统计数据分布及其某些特性的特征量分为两类:一类表示数据的集中位置,如算术平均值、中位数等;另一类表示数据的离散程度,主要有极差、标准偏差、变异系数等。

(1)算术平均值。

算术平均值是表示一组数据集中位置最有用的统计特征量,经常用样本的算术平均值来代表总体的平均水平。样本的算术平均值用 $\bar{x}$ 表示。如果 n 个样本数据为 x_1、x_2、$\cdots$、x_n,那么,样本的算术平均值为

$$\bar{x} = \frac{1}{n}(x_1 + x_2 + \cdots + x_n) = \frac{1}{n}\sum_{i=1}^{n} x_i \tag{1-1}$$

(2)中位数。

在一组数据(x_1、x_2、$\cdots$、x_n)中,按其大小次序排序,以排在正中间的一个数表示总体的平均水平,该数称为中位数,或称为中值,用 $\tilde{x}$ 表示。n 为奇数时,正中间的数只有一个;n 为偶数时,正中间的数有两个,则取这两个数的平均值作为中位数,即

$$\tilde{x} = \begin{cases} x_{\frac{n+1}{2}} & (n\text{ 为奇数}) \\ \frac{1}{2}(x_{\frac{n}{2}} + x_{\frac{n}{2}+1}) & (n\text{ 为偶数}) \end{cases} \tag{1-2}$$

(3)极差。

在一组数据中最大值与最小值之差,称为极差,记作 R:

$$R = x_{\max} - x_{\min} \tag{1-3}$$

极差没有充分利用数据的信息,但计算十分简单,仅适用于样本容量较小($n<10$)的情况。

(4)标准偏差。

标准偏差有时也称为标准离差、标准差或均方差,它是衡量样本数据波动性(离散程度)的指标。在质量检验中,总体的标准偏差 σ 一般不易求得。样本标准偏差 S 按下式计算:

$$S = \sqrt{\frac{(x_1-\bar{x})^2 + (x_2-\bar{x})^2 + \cdots + (x_n-\bar{x})^2}{n-1}} = \sqrt{\frac{\sum_{i=1}^{n}(x_i-\bar{x})^2}{n-1}} \tag{1-4}$$

(5)变异系数。

标准偏差反映样本数据的绝对波动状况,当测量较大的量值时,绝对误差一般较大;当测量较小的量值时,绝对误差一般较小。因此,用相对波动的大小,即变异系数更能反映样本数据的波动性。

变异系数用 C_V 表示,它是标准偏差 S 与算术平均值 $\bar{x}$ 的比值。

$$C_V(\%) = \frac{S}{\bar{x}} \times 100 \tag{1-5}$$

3. 直方图

直方图即质量分布图,是指把收集到的工序质量数据,用相等的组距进行分组,按要求进行频数(每组中出现数据的个数)统计,再在直角坐标系中以组界为顺序,以组距为宽度在横坐标上描点,以各组的频数为高度在纵坐标上描点,然后画成长方形(柱状)连接图。

4. 正态分布

正态分布是应用非常多、非常广泛的一种概率分布曲线,而且是其他概率分布的基础。

正态分布具有以下特点:

(1)正态分布曲线对称于 $x=\mu$,即以平均值为中心。

(2)当 $x=\mu$ 时,曲线处于最高点,当 x 向左右偏离时,曲线逐渐降低,整个曲线呈中间高、两边低的形状。

(3)曲线与横坐标轴所围成的面积等于1。

(五)可疑数据的取舍方法

在一组条件完全相同的重复试验中,个别的测量值可能会出现异常。如果测量值过大或过小,这些过大或过小的测量数据是不正常的,或称为可疑的。对于这些可疑数据应该用数理统计的方法判别其真伪,并决定取舍。常用的方法有拉依达法、肖维纳特(Chavenet)法、格拉布斯(Grubbs)法等。

1. 拉依达法

当试验次数较多时,可简单地用3倍标准偏差(3S)作为确定可疑数据取舍的标准。当某一测量数据(x_i)与其测量结果的算术平均值($\bar{x}$)之差大于3倍标准偏差时,用公式表示为

$$|x_i - \bar{x}| > 3S \tag{1-6}$$

此时该测量数据应舍弃。由于该方法以3倍标准偏差作为判别标准,所以也称3倍标准偏差法,简称3S法。

取3倍标准偏差的理由是:根据随机变量的正态分布规律,在多次试验中,测量值落在 $\bar{x}-3S$ 与 $\bar{x}+3S$ 之间的概率为99.73%,出现在此范围之外的概率仅为0.27%,也就是在近400次试验中才能遇到一次,这种事件为小概率事件,出现的可能性很小,几乎是不可能的。因此,在实际试验中,一旦出现,就认为该测量数据是不可靠的,应将其舍弃。

另外,当测量值与平均值之差大于2倍标准偏差($|x_i-\bar{x}|>2S$)时,则该测量值应保留,但需存疑。如发现生产(施工)、试验过程中有可疑的变异,该测量值应舍弃。

拉依达法简单方便,不需要查表,但要求较宽,当试验检测次数较多或要求不高时可以应用;当试验检测次数较少时(如 $n<10$),在一组测量值中即使混有异常值,也无法舍弃。

2. 肖维纳特法

进行 n 次试验,其测量值服从正态分布,以概率 $1/(2n)$ 设定判别范围 $(-k_nS, k_nS)$,当

偏差(测量值 x_i 与其算术平均值 $\bar{x}$ 之差)超出该范围时,就意味着该测量值 x_i 是可疑的,应舍弃。

肖维纳特法可疑数据舍弃的标准为

$$\frac{|x_i - \bar{x}|}{S} \geq k_n \tag{1-7}$$

3. 格拉布斯法

格拉布斯法假定测量结果服从正态分布,根据顺序统计量来确定可疑数据的取舍。进行 n 次重复试验,试验结果为 x_1、x_2、…、x_i、…、x_n,而且 x_i 服从正态分布。为了检验($i = 1、2、…、n$)中是否有可疑值,可将其值按由小到大的顺序重新排列,根据顺序统计原则,给出标准化顺序统计量 g:

当最小值 $x_{(1)}$ 可疑时,则

$$g = \frac{\bar{x} - x_{(1)}}{S} \tag{1-8}$$

当最大值 $x_{(n)}$ 可疑时,则

$$g = \frac{x_{(n)} - \bar{x}}{S} \tag{1-9}$$

根据格拉布斯统计量的分布,在指定的显著性水平 β(一般 $\beta = 0.05$)下,求得判别可疑值的临界值 $g_0(\beta, n)$,格拉布斯法的判别标准为

$$g \geq g_0(\beta, n) \tag{1-10}$$

利用格拉布斯法每次只能舍弃一个可疑值,若有两个以上的可疑数据,应该一个数据一个数据地舍弃,舍弃第一个数据后,试验次数由 n 变为 $n-1$,以此为基础再判别第二个可疑数据。

任务实施

图 1-1 为某学校沥青混凝土路面现场图,桩号为 K0 + 000 ~ K1 + 000,现测其面层的抗滑性能,摩擦系数的检测值(共 10 个测点)分别为 55、57、56、54、59、54、53、53、55、49。试求摩擦系数的平均值、中位数、极差、标准偏差、变异系数(保留两位小数)。

图 1-1　某学校沥青混凝土路面现场图

(一)任务准备

观察数据共有 10 个测点,则按顺序分别求出平均值、中位数、极差、标准偏差、变异系数。

(二)操作流程与要求

技能操作流程与要求见表1-6。

技能操作流程与要求　　　　　　表 1-6

序号	技能操作步骤	要求
1	平均值	(1) $\bar{x} = \frac{1}{n}(x_1 + x_2 + \cdots + x_n) = \frac{1}{n}\sum_{i=1}^{n} x_i$; (2) $\bar{x} = \frac{1}{10}(55 + 57 + \cdots + 49) = 54.50$;
2	中位数	(1) 将10个数据按大小次序排序:49、53、53、54、54、55、55、56、57、59; (2) 取中间两个数的平均值: $\frac{54 + 55}{2} = 54.50$
3	极差	(1) 找出数据中的最大值:59; (2) 找出数据中的最小值:49; (3) $R = x_{\max} - x_{\min} = 59 - 49 = 10.00$
4	标准偏差	(1) 代入公示 $S = \sqrt{\dfrac{\sum_{i=1}^{n}(x_i - \bar{x})^2}{n-1}}$; (2) 得出 $S = 2.68$
5	变异系数	(1) 代入公示 $C_v(\%) = \dfrac{S}{\bar{x}} \times 100$; (2) 得出 $C_v = 4.92\%$
6	完成要求	核查计算结果是否正确

任务评价

(一)自我评价

任务	级别		
	掌握的知识点	仍需加强的知识点	完全不理解的知识点
平均值计算			
中位数计算			
极差计算			
标准偏差计算			
变异系数计算			
有效数字的取舍			
在本次任务实施过程中的自评结果	A.优秀　B.良好　C.仍需努力　D.搞不清楚		

(二)答题闯关

1. 根据数值修约的所学内容,归纳数值修约的口诀。
2. 请修约以下数据。
(1)15.3582(保留两位小数);(2)25.556(保留整数);
(3)16.3528(保留一位小数);(4)19.9996(保留两位小数);
(5)16.6678(保留三位小数);(6)10.15(保留一位小数)。
3. 试验室进行同配比的混凝土强度试验($n=10$),其试验结果分别是 25.8、25.4、31.0、25.5、27.0、23.8、24.6、24.5、23.2、24.7,单位为 MPa,求混凝土强度的平均值、中位数、极差、标准偏差、变异系数并用 $3S$ 法判别其取舍(保留两位小数)。

任务1.3 掌握公路工程质量检验评定方法

任务描述

公路工程质量检验评定的目的在于加强公路工程质量管理,统一公路工程质量检验标准和评定标准,保证工程质量,判断工程是否满足设计图纸与施工规范规定的技术标准的要求。公路工程质量检验评定是竣工质量和技术档案的一项重要内容。现行部颁《公路工程质量检验评定标准 第一册 土建工程》(JTG F80/1)是对公路工程质量进行管理、监控和验收的法规性技术文件,是检验评定公路工程质量和等级的标准。基于此,本任务要学习公路工程质量检验评定方法。

相关知识

(一)适用范围

适用于四级及四级以上公路新建、改建工程的质量检验评定。环保、机电工程部分按相应具体规定执行;适用于公路工程施工单位、工程监理单位、建设单位、质量检测机构和质量监督部门对公路工程质量的管理、监控和检验评定。

(二)工程的概念及划分方法

根据建设任务、施工管理和质量检验评定的需要,在施工准备阶段将一般建设项目划分为单位工程、分部工程和分项工程(表1-7)。施工单位、工程监理单位和建设单位应按相同的工程项目划分进行工程质量的监控和管理。

1.单位工程

在建设项目中,根据签订的合同,具有独立施工条件的工程(路基工程:每合同段或每

10km 作为一个单位工程。路面工程:每合同段或每 10km 作为一个单位工程。交通设施:每合同段或每 20km 作为一个单位工程)。将单位工程分为路基工程、路面工程、交通安全设施、桥梁工程(特大、大、中桥)、互通立交工程、隧道工程 6 类。限于篇幅,这里只列举了前三类,见表 1-7。

一般建设项目的工程划分(部分)   表 1-7

单位工程	分部工程	分项工程
路基工程 (每 10km 或每标段)	路基土石方工程(1~3km 路段)①	土方路基,填石路基,软土地基处治,土工合成材料处置层等
	排水工程(1~3km 路段)①	管节预制,混凝土排水管安装,检查(雨水)井砌筑,土沟,浆砌水沟,盲沟,跌水,急流槽,水簸箕,排水泵站沉井、沉淀池等
	小桥及符合小桥标准的通道,人行天桥,渡槽(每座)	钢筋加工及安装,砌体,混凝土扩大基础,钻孔灌注桩,混凝土墩、台,墩、台身安装,台背填土,就地浇筑梁、板,预制安装梁、板,就地浇筑拱圈,混凝土桥面板桥面防水层,支座垫石和挡块,支座安装,伸缩装置安装,栏杆安装,混凝土护栏,桥头搭板,砌体坡面护坡,混凝土构件表面防护,桥梁总体等
	涵洞、通道(1~3km 路段)①	钢筋加工及安装,涵台,管节预制,混凝土涵管安装,波形钢管涵安装,盖板制作,盖板安装,箱涵浇筑,拱涵浇(砌)筑,倒虹吸竖井、集水井砌筑,一字墙和八字墙,涵洞填土,顶进施工的涵洞,砌体坡面防护,涵洞总体等
	防护支挡工程(1~3km 路段)①	砌体挡土墙,墙背填土,边坡锚固防护,土钉支护,砌体坡面防护,石笼防护,导流工程等
	大型挡土墙、组合挡土墙(每处)	钢筋加工及安装,砌体挡土墙,悬臂式挡土墙,扶壁式挡土墙,锚杆、锚定板和加筋土挡土墙,墙背填土等
路面工程 (每 10km 或每标段)	路面工程(1~3km 路段)①	垫层,底基层,基层,面层,路缘石,路肩等
交通安全设施 (每 20km 或每标段)	标志、标线、突起路标、轮廓标(5~10km 路段)	标志,标线,突起路标,轮廓标等
	护栏(5~10km)	波形梁护栏,缆索护栏,混凝土护栏,轮廓标等
	防眩设施、隔离栅、防落物网(5~10km 路段)	防眩板、网等,隔离栅,防落物网等
	里程碑和百米桩(5km 路段)	里程碑,百米桩
	避险车道(每处)	避险车道

注:①按路段长度划分的分部工程,高速公路、一级公路宜取低值,二级及二级以下公路可取高值。

2. 分部工程

在单位工程中,应按结构部位、路段长度及施工特点或施工任务将其划分为若干个分部工程。分部工程可分为路基土石方工程、排水工程、小桥、涵洞、砌筑工程、大型挡土墙、路面工程(1~3km)等。

3. 分项工程

在分部工程中,应按不同的施工方法、材料、工序及路段等将其划分为若干个分项工程。一般建设项目的工程划分见表 1-7。

(三)工程质量检验评分方法

工程质量检验评分以分项工程为单元,采用100分制。在分项工程评分的基础上,逐级计算各相应分部工程、单位工程、合同段和建设项目评分值。

工程质量评定等级分为合格与不合格,应按分项工程、分部工程、单位工程、合同段和建设项目逐级评定。

1. 分项工程质量评定

(1)分项工程质量检验内容包括基本要求、实测项目、外观鉴定和质量保证资料四个部分。

(2)质量评定的前提条件:使用的原材料、半成品、成品及施工工艺符合基本要求的规定,无严重外观缺陷,质量保证资料真实并基本齐全,才能对分项工程质量进行检验评定。

2. 关键项目

关键项目是涉及结构安全和使用功能的实测项目,更具体地说是对安全、卫生、环境保护及公众利益起决定性作用的实测项目(在文中以"△"标识)。

关键项目要求:关键项目的合格率不得低于90%,且检测值不得超过规定极值,否则必须进行返工处理。例如,工厂制造的桥梁金属构件的合格率不低于95%,机电工程的合格率为100%。

规定极值:实测项目的规定极值是指任一单个检测值都不能突破的极限值,不符合要求时该实测项目为不合格。

3. 分项工程质量评分方法

分项工程的评分值满分为100分,按实测项目采用加权平均法计算。存在外观缺陷或资料不全时,须予减分。

$$\text{分项工程得分} = \frac{\Sigma[\text{检查项目得分} \times \text{权值}]}{\Sigma \text{检查项目权值}} \quad (1\text{-}11)$$

$$\text{分项工程评分值} = \text{分项工程得分} - \text{外观缺陷减分} - \text{资料不全减分} \quad (1\text{-}12)$$

(1)基本要求检查

分项工程所列基本要求,对施工质量优劣具有关键作用,应按基本要求对工程进行认真检查。经检查不符合基本要求规定的,不得进行工程质量的检验和评定(对质量具有否决权)。

(2)实测项目计分

检查项目除按数理统计方法评定的项目(指压实度、强度、厚度、弯沉等项目)以外,均应按单点(组)测定值是否符合标准要求进行评定,并按合格率计分。

$$\text{检查项目合格率}(\%) = \frac{\text{检查合格的点(组)数}}{\text{该检查项目的全部检查点(组)数}} \quad (1\text{-}13)$$

$$\text{检查项目得分} = \text{检查项目合格率} \times 100 \quad (1\text{-}14)$$

(3)外观缺陷减分

对工程外表状况应逐项进行全面检查,如发现外观缺陷,应进行减分。对于较严重的外观缺陷,施工单位须采取措施进行整修处理。评定时,外观检查应对全线、全部逐项进行全面的检查,而不仅仅是抽查。

(4)资料不全减分

分项工程的施工资料和图表残缺,缺乏最基本的数据,或有伪造涂改者,不予检验和评定(对质量具有否决权)。

(四)工程质量等级评定

1. 分项工程质量等级评定

分项工程评分值不低于 75 分者为合格,低于 75 分者为不合格;机电工程、工厂加工桥梁金属构件不低于 90 分者为合格,低于 90 分者为不合格。

评定不合格的分项工程,经加固、补强或返工、调测满足设计要求后,可以重新评定其质量等级,但计算分部工程评分时按复评分的 90% 计算。

2. 分项工程合格条件

符合基本要求规定、无严重的外观缺陷、质量保证资料真实并基本齐全,三项任一项不满足,不得进行检验评定。

关键项目实测合格率满足规定(90% 或金属 95%、机电 100%,或统计评定代表值符合要求)、检测值不超过规定极值两项任一项不满足,必须进行返工处理。

评定分不低于 75 分[或 90 分(金属、机电)]。

3. 分部工程质量等级评定

所属各分项工程全部合格,则该分部工程评为合格;所属任一分项工程不合格,则该分部工程为不合格。

4. 单位工程质量等级评定

所属各分部工程全部合格,则该单位工程评为合格;所属任一分部工程不合格,则该单位工程为不合格。

5. 合同段和建设项目质量等级评定

合同段和建设项目所含单位工程全部合格,其工程质量等级为合格;所属任意单位工程不合格,则合同段和建设项目为不合格。

任务实施

一个单位工程是路基工程,其分部工程为路基土石方工程,而土方路基属于其中一个分项工程,试对其进行质量评定。

(一)任务准备

质量评定从以下三步开展:
(1)土方路基检查时的基本要求。
(2)土方路基实测项目。

(3) 土方路基外观质量规定。

(二) 操作流程与要求

技能操作流程与要求见表1-8。

技能操作流程与要求　　　　　　　　　　　　　　　　　表1-8

序号	技能操作步骤	要求
1	准备工作	只有在所检测的分项工程满足以下基本要求的前提下，才能开展试验检测与质量评定
2	土方路基检查时的基本要求	(1) 在路基用地和取土坑范围内，应认真清除地表植被、杂物、积水、淤泥和表土，处理坑塘，并按规范和设计要求对基底压实； (2) 路基填料应符合《公路路基施工技术规范》(JTG/T 3610—2019) 等规定，经认真调查试验后合理选用； (3) 填方路基须分层填筑压实，每层表面应平整，路拱必须合适，排水应良好； (4) 施工临时排水系统应与设计排水系统结合，避免冲刷边坡，勿使路基附近积水； (5) 在设定取土区内合理取土，不得滥开滥挖。完工后，应按要求对取土坑和弃土场进行修整，保持合理的几何外形
3	土方路基实测项目	土方路基实测项目应包含压实度、弯沉、纵断高程、中线偏位、宽度、平整度、横坡、边坡等内容
4	土方路基外观质量规定	(1) 路基边线与边坡不应出现单向累计长度超过50m的弯折； (2) 路基边坡、护坡道、碎落台不得有滑坡、塌方或深度超过100mm的冲沟
5	完成要求	核查计算结果的正确与否

任务评价

(一) 自我评价

任务	级别		
	掌握的知识点	仍需加强的知识点	完全不理解的知识点
土方路基检查时的基本要求			
土方路基实测项目			
土方路基外观质量规定			
在本次任务实施过程中的自评结果	A.优秀　B.良好　C.仍需努力　D.搞不清楚		

(二) 答题闯关

1. 简述单位工程、分部工程、分项工程的概率及评定顺序。
2. 简述分项工程中实测项目检验应符合的规定要求。
3. 分项工程中质量保证资料应包括哪些方面？

项目2
ITEM TWO
路基路面几何尺寸及路面厚度检测

知识目标

(1)理解路基路面几何尺寸检测的基础知识。
(2)知道路基路面几何尺寸测试方法。

技能目标

(1)能运用水准仪测量路面尺寸。
(2)能对测试结果进行分析及给出评价。

项目概述

在路基路面施工过程中、交工验收期间及旧路调查中,都需要检测路基路面各部分的几何尺寸,以保证其符合规定的要求。路基路面几何尺寸检测工作是公路工程施工技术管理的一个重要组成部分,也是公路工程施工质量控制和竣工验收评定工作中不可缺少的一个环节。路基路面几何尺寸检测包括纵断高程、横坡、宽度、中线偏位、边坡坡度、相邻板高差、纵横缝顺直度等。路基路面几何尺寸直接影响行车安全、路面承载能力、排水性能等,是公路现场检测不可或缺的一部分。现场检测时,通常以上项目选取同一断面位置,且宜在整数桩上测定。

任务2.1　路基路面几何尺寸检测

任务描述

公路作为基础设施建设的重要组成部分,直接影响交通安全和效率。合理的路基路面几何尺寸能够保证公路的稳定性、安全性和舒适性。不同的公路功能对路基路面几何尺寸提出了不同的要求。比如，高速公路需要较大的半径和坡度，以确保车辆在高速行驶时能保持稳定。合理的几何尺寸能够减少事故的发生，保障行车安全。良好的路基路面几何设计可以减少驾驶员和乘客的不适感，提升行车舒适度。通过科学设计，可以减少公路维护和修复的成本，延长公路使用寿命。遵循规范的路基路面几何尺寸设计，有利于提升公路工程质量，确保工程的顺利进行和使用效果。因此，路基路面几何尺寸的设计是公路工程中不可或缺的一部分，具有重要的实践意义和必要性。

路基路面几何尺寸检测的基本知识包括测量工具（如全站仪、测距仪）、测量方法（包括直接测量和间接测量），关注参数有平整度、横坡、坡度等，必须符合各级公路标准要求，最后需要运用数据处理软件进行结果分析和报告生成。这些基本知识能够指导工作人员准确进行检测工作，确保公路质量和安全。

相关知识

在路基路面施工过程中、交工验收期间以及旧路调查中，都需要检测路基路面的宽度、纵断高程、横坡、中线偏位、边坡坡度、水泥混凝土路面相邻板高差和纵横缝顺直度，以评价公路线形和几何尺寸。几何尺寸检测所用的仪器与工具有钢尺、塞尺、经纬仪、全站仪、水准仪、水平尺、坡度测量仪、塔尺、粉笔等。几种结构层的几何尺寸检测要求见表2-1。其他结构层检测项目的要求参见《公路工程质量检验评定标准　第一册　土建工程》（JTG F80/1—2017）。

几种结构层的几何尺寸检测要求　　表2-1

结构名称	检查项目	规定值或容许差		检查频率
		高速公路、一级公路	其他等级公路	
土方路基	纵断高程(mm)	+10，-15	+10，-20	水准仪：每200m测2点
	中线偏位(mm)	50	100	全站仪：每200m测2点弯道增加HY、YH两点
	宽度(mm)	符合设计要求		尺量：每200m测4点
	横坡(%)	±0.3	±0.5	水准仪：每200m测2个断面
石方路基	纵断高程(mm)	+10，-20	+10，-30	水准仪：每200m测2点
	中线偏位(mm)	≤50	≤100	全站仪：每200m测2点，弯道增加HY、YH两点
	宽度(mm)	符合设计要求		尺量：每200m测4点
	横坡(%)	±0.3	±0.5	水准仪：每200m测2个断面
水泥混凝土面层	纵断高程(mm)	±10	±15	水准仪：每200m测2点
	中线偏位(mm)	20		全站仪：每200m测2点
	宽度(mm)	±20		尺量：每200m测4点
	横坡(%)	±0.15	±0.25	水准仪：每200m测2个断面

续上表

结构名称	检查项目		规定值或容许差		检查频率
			高速公路、一级公路	其他等级公路	
沥青混凝土面层	纵断高程(mm)		±15	±20	水准仪:每200m测2点
	中线偏位(mm)		20	30	全站仪:每200m测2点
	宽度(mm)	有侧石	±20	±30	尺量:每200m测4点
		无侧石	≥设计值		
	横坡(%)		±0.3	±0.5	水准仪:每200m测2个断面
稳定粒料基层和底基层	纵断高程(mm)	基层	+5,-10	+5,-15	水准仪:每200m测2点
		底基层	+5,-15	+5,-20	
	宽度(mm)		满足设计要求		尺量:每200m测4点
	横坡(%)	基层	±0.3	±0.5	水准仪:每200m测2个断面
		底基层	±0.3	±0.5	
级配碎(砾)石基层和底基层	纵断高程(mm)	基层	+5,-10	+5,-15	水准仪:每200m测2点
		底基层	+5,-15	+5,-20	
	宽度(mm)		满足设计要求		尺量:每200m测4点
	横坡(%)	基层	±0.3	±0.5	水准仪:每200m测2个断面
		底基层	±0.3	±0.5	

(一)仪具与材料的准备

1. 技术要求

(1)钢卷尺、钢直尺:分度值不大于1mm。

(2)塞尺:分度值不大于0.5mm。

(3)经纬仪、水准仪或全站仪。经纬仪:精度DJ_2。水准仪:精度DS_3。全站仪:测角精度2″,测距精度$2mm±2×10^{-6}s$(s为测距,单位km)。

(4)水平尺:金属材料制成,基准面应平直,长度不小于600mm且不大于2000mm。

(5)坡度测量仪:分度值1°。

(6)尼龙线:直径不大于0.5mm。

2. 准备工作

(1)确认路基或路面上已恢复的桩号。

(2)在一个测试路段内选取测试的断面(接缝)位置并做好标记。宜将路基路面宽度、横坡、高程、中线偏位选在同一断面位置,且宜在整米桩号上测试。

(3)根据公路设计的要求,确定路基路面横断面各部分的边界位置并做好标记。

(4)根据公路设计的要求,确定设计高程的纵断面位置并做好标记。

(5)根据公路设计的要求,在与中线垂直的横断面上确定成型后路面的实际中线位置并做好标记。

(6)当采用全站仪测量边坡坡度时,根据公路设计的要求,确定路基边坡的坡顶、坡脚位置并做好标记。

(7)路基路面各部分的宽度及总宽度测试步骤:用钢卷尺沿中心线垂直方向上水平量取路基路面各部分的宽度 B_1,以 m 计,准确至 0.001m。测量时,钢卷尺应保持水平,不得将尺紧贴路面量取,也不得使用皮尺。

(二)纵断面高程测量步骤

(1)将水准仪架设在路面平顺处调平。

(2)将水准尺竖立在设计高程的纵断面位置上,以路线附近的水准点高程作为基准。测量高程并记录读数 H_{1i},以 m 计,准确至 0.001m。

(3)连续测试全部测点,并与水准点闭合,闭合差应达到三等水准测量要求。

(三)路基路面横坡测量步骤

(1)对设有中央分隔带的路面:将水准仪(全站仪)架设在路基路面平顺处调平,将水准尺分别竖立在路面与中央分隔带分界的路缘带边缘 d_1 处(或路基顶面相应位置)及路面与路肩交界位置或外侧路缘石边缘(或路基顶面相应位置)d_2 处,d_1 与 d_2 两测点应在同一横断面上,测量 d_1 与 d_2 处的高程 h_{d1}、h_{d2} 并记录读数,以 m 计,准确至 0.001m。

(2)对无中央分隔带的路面:将水准仪(全站仪)架设在路基路面平顺处调平,将水准尺分别竖立在公路中心 d_1(路基顶面相应位置)及路面与路肩交界位置或外侧路缘石边缘(路基顶面相应位置)d_2 处,d_1 与 d_2 两测点应在同一横断面上,测量 d_1 与 d_2 处的高程 h_{d1}、h_{d2},记录高程读数,以 m 计,准确至 0.001m。

(3)用钢卷尺测量两测点的水平距离 B_i,以 m 计,准确至 0.005m。

(四)路基路面宽度测量

路基宽度是指行车道与路肩宽度之和,以 m 计;路面宽度包括行车道、路缘带变速车道、爬坡车道、硬路肩和紧急停车带的宽度,以 m 计。其测定方法如下:

用钢尺沿公路中心线垂直方向水平量取路基路面各部分的宽度,以 m 计,准确至 0.001m。测量时,钢卷尺应保持水平,不得将尺紧贴路面量取,也不得使用皮尺。各测点断面的实测宽度 B_i 与设计宽度 B_{0i} 之差为 ΔB_i。总宽度为路基路面各部分宽度之和。

(五)中线偏位测量步骤

(1)对有中线坐标的道路:根据待测点 P 的施工桩号,在道路上标记 P 点;从设计资料中查出该点的设计坐标,用经纬仪(全站仪)对该设计坐标进行放样,并在放样点 P' 处做好标记,量取 PP' 的长度,即中线偏位 Δ_{CL},以 mm 计,准确至 1mm。

(2)对无中线坐标的道路:根据待测点 P 的施工桩号,在道路上标记 P 点,由设计资料计算出该点的坐标,用经纬仪(全站仪)对该坐标进行放样,并在放样点 P' 处做好标记,量取 PP' 的长度,即中线偏位 Δ_{CL},以 mm 计,准确至 1mm。

(六)路基边坡坡度测量步骤

1. 全站仪法

将全站仪(图2-1)架设在路基路面平顺处调平,在同一横断面上选择坡顶 a、坡脚 b 两测点(图2-2),分别测量其相对高程并记录读数 H_a、H_b,同时测量并记录两点间的水平距离 L,测量结果以 m 计,准确至 0.001m。

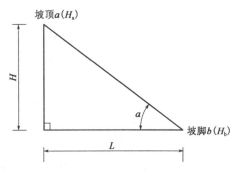

a)全站仪　　b)棱镜　　c)脚架

图2-1　全站仪设备　　　　　　　　　　图2-2　路基边坡示意图

2. 坡度测量仪法

将坡度测量仪(图2-3)的测试面垂直于路中线放在待测边坡上,旋转刻度盘,将水平气泡调到水平位置,读取并记录刻度盘上的刻度值,即路基边坡坡度,保留两位小数。

图2-3　坡度测量仪

(七)相邻板高差测量步骤

将水平尺垂直跨越接缝并水平放置于高出的一侧,用塞尺量测接缝处水平尺下基准面与位置较低板块的高差,以高差最大值为该接缝处的相邻板高差 H,以 mm 计,准确至 0.5mm。

(八)纵横缝顺直度测量步骤

(1)在待测试路段的直线段上,将尼龙线对齐 20m 长的纵缝两端并拉直,用钢直尺量测纵缝与尼龙线的最大间距,即该处纵缝顺直度,以 mm 计,准确至 1mm。

(2)将尼龙线沿板宽对齐面板横缝两端并拉直,用钢直尺量测横缝与尼龙线的最大间距,即该板的横缝顺直度,以 mm 计,准确至 1mm。

(九)数据处理

(1)按式(2-1)计算各个断面的实测高程 H_{1i} 与设计高程 H_{0i} 之差。

$$\Delta H_i = H_{1i} - H_{0i} \tag{2-1}$$

式中:H_{1i}——第 i 个断面的纵断面实测高程,m;
　　　H_{0i}——第 i 个断面的纵断面设计高程,m;
　　　ΔH_i——第 i 个断面的纵断面高程偏差,m。

(2) 按式(2-2)、式(2-3)计算实测横坡 i_{1i} 与设计横坡 i_{0i} 之差,结果准确至 0.01%。

$$i_{1i} = \frac{d_{1i} - d_{2i}}{B_{1i}} \times 100 \qquad (2\text{-}2)$$

$$\Delta i_i = i_{1i} - i_{0i} \qquad (2\text{-}3)$$

式中:i_{1i}——第 i 个断面的横坡,%;

d_{1i}、d_{2i}——第 i 个断面测点 d_{1i} 及 d_{2i} 处的高程读数,m;

B_{1i}——第 i 个断面测点 d_{1i} 与 d_{2i} 之间的水平距离,m;

Δi_i——第 i 个断面的横坡偏差,%;

i_{0i}——第 i 个断面的设计横坡,%。

(3) 按式(2-4)计算各个断面的实测宽度 B_{1i} 与设计宽度 B_{0i} 之差。总宽度为路基路面各部分宽度之和。

$$\Delta B_i = B_{1i} - B_{0i} \qquad (2\text{-}4)$$

式中:B_{1i}——第 i 个断面的实测宽度,m;

B_{0i}——第 i 个断面的设计宽度,m;

ΔB_i——第 i 个断面的宽度偏差,m。

(4) 边坡坡度通常以 $1:m$ 的形式表示。全站仪法采用式(2-5)、式(2-6)。

(5) 计算路基边坡坡度。路基边坡各部分位置示意如图 2-2 所示。

$$H_i = H_{ai} - H_{bi} \qquad (2\text{-}5)$$

$$m_i = \frac{L_i}{H_i} \qquad (2\text{-}6)$$

式中:H_i——第 i 个断面坡顶、坡脚测点的高差,即垂直距离,m;

H_{ai}、H_{bi}——第 i 个断面坡顶、坡脚测点的相对高程读数,m;

m_i——第 i 个断面的坡度值,路面坡度以 $1:m_i$ 表示;

L_i——第 i 个断面坡顶、坡脚测点的水平距离,m。

(十) 报告

报告应包含以下技术内容:

(1) 测试位置信息(包括测试断面桩号、坐标等)。

(2) 实测宽度、设计宽度、宽度偏差。

(3) 实测纵断面高程、设计纵断面高程、高程偏差。

(4) 实测横坡、设计横坡、横坡偏差。

(5) 实测边坡坡度。

(6) 中线偏位、相邻板高差以及纵横缝顺直度。

任务实施

图 2-4 为某学校沥青混凝土路面现场图,桩号为 K0+000~K1+000,采用全站仪、钢卷尺等对该路面的几何尺寸进行评价。

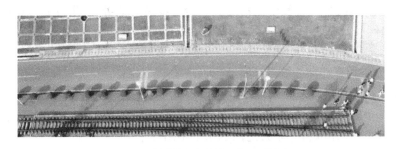

图 2-4　某学校沥青混凝土路面现场图

(一) 操作流程与要求

该路面属于沥青混凝土路面，符合路基路面几何尺寸检测标准，下面将按照理论知识中所学习的测试步骤进行测试。技能操作流程与要求见表 2-2。

技能操作流程与要求　　　　　　　　　　　　　表 2-2

序号	技能操作步骤	要求
1	准备工作	(1) 按照《公路路基路面现场测试规程》(JTG 3450—2019) 进行测试； (2) 仪器设备的准备：钢卷尺、钢直尺、全站仪、水平尺、坡度测量仪、尼龙线
2	开始选点	(1) 确认路基或路面上已恢复的桩号； (2) 在测试路段内选取测试的断面 (接缝) 位置并做好标记 (图 2-5)。**注意**：将路基路面宽度、横坡、高程、中线偏位选在 K0+080 同一断面
3	开始测量	(1) 用钢卷尺沿中心线垂直方向水平量取路基路面各部分的宽度及总宽度； (2) 通过全站仪依次测量路基路面横坡、纵断面高程和中线偏位
4	完成报告	填写好记录表，做到诚信、可靠

图 2-5　做好标记

(二) 记录案例

根据技能任务的实际测试结果完成表 2-3 中纵断高程、横坡、宽度和中线偏位等差值计算，并给出结论。

路基路面几何尺寸检测记录表　　　　　　　　　表 2-3

序号	测点桩号	纵断高程（m）			横坡（%）			宽度（m）			中线偏位（mm）
		实测值	设计值	差值	实测值	设计值	差值	实测值	设计值	差值	实测值
1											
2											
3											
4											
5											

任务评价

（一）自我评价

任务	级别		
	掌握的操作	仍需加强	完全不理解
选点			
进行测量			
计算偏差			
完成报告			
在本次任务实施过程中的自评结果	A. 优秀　B. 良好　C. 仍需努力　D. 搞不清楚		

（二）答题闯关

1. 选择题

（1）路幅宽度是指(　　)。
　　A. 两侧路肩外边缘之间宽度　　　　B. 行车道宽度
　　C. 人行道宽度　　　　　　　　　　D. 行车道与中分带之和

（2）纵横缝顺直度检测时，将尼龙线对齐(　　)长的纵缝两端并拉直。
　　A. 20mm　　　B. 20cm　　　C. 10mm　　　D. 10cm

（3）下列哪一种不属于路基边坡形状？(　　)
　　A. 直线　　　B. 折线　　　C. 弧线　　　D. 台阶

（4）当有路缘石或中央分隔带时，以两侧(　　)边缘为横坡测定的基准点。
　　A. 路缘石　　B. 行车道　　C. 人行道　　D. 中分带

（5）纵横缝顺直度检测时，用钢直尺量测横缝与尼龙线之间的(　　)间距。
　　A. 最大　　　B. 最小　　　C. 平均　　　D. 随机

2. 判断题

（1）路基边坡坡度的检测只能选用全站仪法。　　　　　　　　　　　　　　(　　)

(2)路面实际中心线偏离设计中心线的距离为路面中线偏位。( )
(3)以高差平均值为该接缝处的相邻板高差。( )
(4)土方路基的纵断高程检测频率为每100m测2点。( )
(5)确定设计高程纵断面位置后,无须做记号即可测量。( )

任务2.2 挖坑及钻芯法测定路面厚度

任务描述

路面是公路结构的重要组成部分,其厚度直接影响道路的承载能力和使用寿命。路面各结构层厚度的检测一般与压实度检测同时进行,当采用灌砂法进行压实度检测时,可以两区挖坑灌砂深度为结构厚度;当采用钻芯法检测压实度时,可以直接量取芯样测出结构厚度;还可以采用雷达及超声波法进行无破损检测,直接测出结构厚度。

因此,通过挖坑及钻芯法来测定路面厚度,可以为公路维护、改造和设计提供重要参考依据。本任务主要学习挖坑及钻芯法测定路面厚度试验方法。

相关知识

(一)适用范围

挖坑及钻芯法适用于测试路面结构层厚度。其中,挖坑法适用于基层或砂石路面的厚度测试,钻芯法适用于沥青面层、水泥混凝土路面板和能够取出完整芯样的基层的厚度测试。

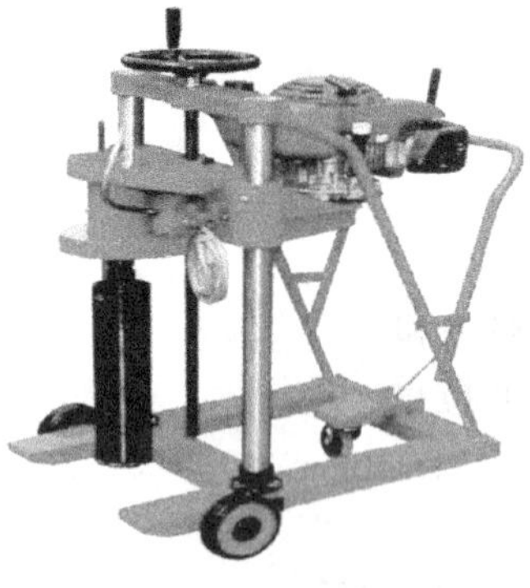

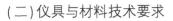

(二)仪具与材料技术要求

(1)挖坑法用镐、铲、凿子、锤子、小铲、毛刷等工具。

(2)钻芯法用路面取芯机(图2-6):有手推式或车载式两种,配有淋水冷却装置。钻头的标准直径为 $\phi 100\text{mm}$,如芯样仅供测量厚度,不做其他试验,对沥青面层与水泥混凝土板也可用直径 $\phi 50\text{mm}$ 的钻头;基层材料有可能损坏试件时,也可用直径 $\phi 150\text{mm}$ 的钻头,但钻孔深度均必须达到层厚。

图2-6 路面取芯机

(3)量尺:钢直尺、游标卡尺,分度值不大于1mm。
(4)其他:直尺、搪瓷盘、棉纱等。

(三)方法与步骤

1.准备工作

(1)确定挖坑测试或钻芯取样的位置,如为既有公路,应避开坑洞等显著缺陷或接缝位置。

(2)在选择的试验地点选一块约400mm×400mm的平坦表面,用毛刷将其清扫干净。

2. 挖坑法厚度测试步骤

(1)根据材料坚硬程度,选择镐、铲、凿子等适当的工具,开挖这一层材料,直至层位底面;在便于开挖的前提下,开挖面积应尽量缩小,坑洞大体呈圆形,边开挖边将材料铲出,置于搪瓷盘中。

(2)用毛刷清扫坑底,确认已开挖至下一层的顶面。

(3)将钢直尺平放横跨于坑的两边,用钢直尺从坑的中部位置垂直伸至坑底,测量坑底至直尺下缘的距离,即测试层的厚度 T_1,以 mm 计,准确至 1mm。

(4)用与取样层的相同材料填补试坑。对于有机结合料稳定类结构层,应按相同配比用新拌和的材料分层填补,并用小锤夯实平整;对于无机结合粒料结构层,可用挖坑时取出的材料适当加水拌和后分层填补,并用小锤夯实平整。

3. 钻芯法厚度测试步骤

(1)用路面取芯机钻孔并取出芯样,钻孔深度应超过测试层的底面。

(2)取出完整芯样,找出与下一层的分界面。

(3)用钢直尺或游标卡尺沿芯样圆周对称的十字方向量取表面至分界面的高度,共4处,计算其平均值,即该层的厚度 T_1,以 mm 计,准确至 1mm。

(4)清理干净坑中的残留物,用棉纱等吸干钻孔时留下的积水,待其干燥后采用同类型材料填补压实。

(5)取样时应注意以下几点:

①取得的路面试块应保持边角完整,颗粒不得散失。

②采取的路面混合料试样应整层取样,试样不得破碎。

③将钻取的芯样或切割的试块妥善盛放于盛样器中,必要时用塑料袋封装。

④填写样品标签,一式两份,一份粘贴在试样上,另一份作为记录备查。

⑤钻孔采取芯样的直径不宜小于最大集料粒径的3倍。

(四)数据处理

(1)按式(2-7)计算实测厚度 T_{1i} 与设计厚度 T_{0i} 之差。

$$\Delta T_i = T_{1i} - T_{0i} \tag{2-7}$$

式中:T_{1i}——路面第 i 层的实测厚度,mm;

T_{0i}——路面第 i 层的设计厚度,mm;

ΔT_i——路面第 i 层厚度的偏差,mm。

(2)计算一个测试路段厚度的平均值、标准偏差,并计算厚度代表值。

(五)报告

(1)本方法现场测试位置信息(如桩号、路面结构层类型等)。

(2)测试各位置的路面厚度实测值和设计值、路面厚度偏差。

(3)测试路段厚度的平均值、标准偏差、代表值。

任务实施

图 2-7 为某工地路面基层施工现场图,桩号为 K2+100~K2+500,采用挖坑法对该路面基层厚度进行评价。

图 2-7 某工地路面基层施工现场图

(一)操作流程与要求

该现场属于公路路面基层,通过挖坑法测得路面基层厚度可以对该路段进行检查层厚度评价,下面将按照理论知识中所学习挖坑法的测试步骤进行测试。技能操作流程与要求见表 2-4。

技能操作流程与要求　　表 2-4

序号	技能操作步骤	要求
1	准备工作	(1)在既有路面上避开坑洞等显著缺陷或接缝位置。 (2)在选择的试验地点,选一块约 400mm×400mm 的平坦表面,用毛刷将其清扫干净
2	开挖试坑	(1)根据材料坚硬程度,选择镐、铲、凿子等适当的工具,开挖这一层材料,直至层位底面;在便于开挖的前提下,开挖面积应尽量缩小,坑洞大体呈圆形,边开挖边将材料铲出,置于搪瓷盘中。 (2)用毛刷清扫坑底,确认已开挖至下一层的顶面
3	测量数据	将钢直尺平放,横跨于坑的两边,用钢直尺从坑的中部位置垂直伸至坑底,测量坑底至直尺下缘的距离,即测试层的厚度 T_1,以 mm 计,精确至 1mm
4	完成报告	填写好记录表,做到诚信、可靠

挖坑法操作现场图如图 2-8 所示。

(二)记录案例

根据技能任务的实际测试结果完成表 2-5 中厚度差值、代表值与合格率的计算,并给出结论。

图 2-8 挖坑法操作现场图

路面厚度检测记录表　　　　　　　　　　　　　表 2-5

检测依据：_____　检测目的：_____
检测方法：_____　仪器设备：_____
检测日期：_____　工程部位：_____　结构类型：_____　层位：_____

起讫桩号	测点桩号	检测点位置（m）		设计厚度 T_{1i}（cm）	实测厚度 T_{0i}（cm）	设计与实测厚度差值 ΔT_i（cm）
		左边	右边			
平均值		标准偏差			代表值	
检测数（点）		合格数			大于极限数（点）	
		合格率				
总结与结论						

复核：　　　　　试验：　　　　　记录：　　　　　计算：

任务评价

(一) 自我评价

任务	级别		
	掌握的操作	仍需加强	完全不理解
选点			
挖坑(钻芯)			
测量			
填补			
完成报告			
在本次任务实施过程中的自评结果	A.优秀　B.良好　C.仍需努力　D.搞不清楚		

(二) 答题闯关

1. 选择题

(1) 沥青面层及水泥混凝土路面板厚度用(　　)测定。
　　A. 挖坑法　　　B. 钻孔法　　　C. 灌砂法　　　D. 手工铺砂法

(2) 水泥混凝土面层厚度检测频率为每200m测(　　)点。
　　A.1　　　　　B.2　　　　　　C.3　　　　　　D.4

(3) 路面钻孔检测路面厚度时钻孔深度必须(　　)层厚。
　　A. 达到　　　　B. 小于　　　　C. 大于　　　　D. 都可以

(4) 钻芯机标准钻头直径为(　　)。
　　A.50mm　　　B.100mm　　　C.150mm　　　D.200mm

(5) 钻孔取样的直径不宜小于最大集料粒径的(　　)倍。
　　A.1　　　　　B.2　　　　　　C.3　　　　　　D.4

2. 判断题

(1) 挖坑法适用于沥青混凝土路面厚度的检测。(　　)
(2) 挖坑法检测路面厚度时选择一块约40cm×40cm的平坦表面作为试验地点。(　　)
(3) 填补坑洞时应采用与取样层相同的材料。(　　)
(4) 补坑结束时,应保持和原面层同样高度再压实。(　　)
(5) 挖坑法适用于检测路面基层或砂石路面的厚度。(　　)

项目3 ITEM THREE
路基路面压实度检测

知识目标

(1)掌握路基路面压实度检测方法。
(2)掌握灌砂法、核子密度法检测步骤。

技能目标

(1)能运用灌砂法进行路基路面压实度检测。
(2)能运用核子密度法进行路基路面压实度检测。

项目概述

压实度是路基路面施工质量检测的关键指标之一,表征现场压实后的密实状况。压实度越高,密实度越大,材料整体性能越好。在路基路面施工中,碾压工艺已成为施工质量控制的关键工序。某高速公路建设项目全线长 32.99km,设计速度为 100km/h。该公路工程中路基填料选用天然砂砾,密实性高,且承载能力强,施工特性较好。由于该公路路段需要分三层进行填筑,而每一层的松铺厚度均不一致,为提高施工整体质量,需要对路面压实度进行检测。本项目将详细介绍压实度检测的基本知识以及如何对路面压实度进行检测。

任务3.1 认知压实度检测基础知识

任务描述

大量室内试验和工程实践表明,压实可以增加路基路面材料的强度和防水性,减少路基路面在行车荷载作用下产生的变形,保证道路使用质量;若压实不足,路面容易产生车辙、裂缝、沉陷直至整个路面被剪切破坏。路基路面施工中,碾压成为施工质量控制的关键工序。接下来,我们来了解路基路面压实度的基本概念及影响因素,以及压实度的检测和评定方法。

相关知识

(一)基本概念

对于路基土、路面半刚性基层及粒料类柔性基层来说,压实度是指工地实际达到的干密度与室内标准击实试验所得的最大干密度的比值;对沥青面层、沥青稳定基层来说,压实度是指现场实际达到的密度与室内标准密度的比值。

(二)影响压实度的主要因素

(1)土的含水率是影响填土压实度的主要因素之一。低含水率时,水被土颗粒吸附在土粒表面,土颗粒因无毛细管作用而互相联结很弱,土粒在受到夯击等冲击作用时容易分散而难以获得较高的密实度。高含水率时,土中多余的水分在夯击时很难快速排出而在土孔隙中形成水团,削弱了土颗粒间的联结,使土粒润滑而变得易于移动,夯击或碾压时容易出现类似弹性变形的"橡皮土"现象,失去夯击效果。因此,在最佳含水率的情况下压实的土水稳性最好。

(2)土质对压实效果的影响。填筑路基时经常出现一个问题:在不同的地方,土的掺配比例不同,其标准干密度千差万别,现场取 100 个土样做击实,可能出现 100 个标准,其中无规律可循。在同样的压实条件下,不同性质土的压实性能是不一样的。不同性质的土有不同的最佳含水率及最大干密度,颗粒分散性(液限、黏性)较高的土其含水率较高干密度低。可见砂性土的压实效果优于黏性土(其原理就是土粒比表面积越大,土粒表面水膜所需的水就越多,加之黏土中含有亲水性较高胶体物质)。就填土压实而言,最适宜的是砂砾土、砂土和砂性土。这些土易压实,有足够的稳定性,沉陷小。最难压实的是黏土,在潮湿状态下这种土不稳定,最佳含水率比其他土类大,而最大干密度却较小,但经压实的黏土仍具有良好的防水性。

(3)压实机械对压实的影响。机械压实可以增加路基路面材料的密实度,增强路基路面材料的强度,提高公路的整体稳定性和抗水毁能力,这对减少路面在行车荷载作用下产生的永久变形,提高公路的使用性能和延长使用寿命具有十分重要的意义。同一种土的最佳含水率随压实功能的增大而减少,最大干密度则随压实功能的增大而提高。以高标准进行路基路面的压实,是保证路基路面具有足够强度和稳定性的一项最经济有效的技术措施。压实机械对一定含水率下的路基土和路面材料的压实状态有很大影响。

(4)碾压遍数对压实的影响。压实功能对压实效果的影响是除含水率外的另一重要因素。压实功能与压实效果曲线表明:同一种土的最佳含水率随压实功能的增大而减小,最大干密度则随压实功能的增大而提高;在相同含水率的条件下,功能越强,土基密实度越高。依此规律,工程实践中可以增强压实功能(吨位一定,增加碾压遍数),以提高路基强度或降低最佳含水率。

(5)压实厚度对压实效果具有明显影响。碾压层的铺土厚度应该与所用碾压机械重量或功能相适应,它随压实机械的类型而变。若碾压层过厚,不但碾压层底部的压实度达不到要求,铺土层上部的压实度也会受到不利的影响。若碾压层过薄,则会影响工程进度,也会增加碾压台班,浪费人力、物力,增加工程成本。相同压实条件下(土质、湿度与功能不变),由实测土层不同深度的密实度或压实度得知,压实度随深度呈递减,表层5cm最高。不同压实工具的有效压实深度有所差异,根据压实工具类型、土质及土基压实的基本要求,路基分层压实的厚度有具体规定数值。

(6)集料级配对压实的影响。集料的级配对碾压所能达到的压实度有显著影响。实践证明,均匀颗粒和砂,单一尺寸的砾石、碎石,这些集料都难以碾压密实。在级配集料基层或底基层施工中,使所用的集料的级配与室内试验确定标准干密度时,所用的集料级配相同非常重要。在集料发生离析的情况下,添加所缺的料并进行适当的拌和是必要的。施工中,只有严格控制级配,才能确保达到规定的压实状态。

(三)检测方法

土基和路面基层的标准密度以重型击实标准为准,沥青混凝土面层压实度以试验室标准密度最大理论密度或试验路段密度为准。对于特殊干旱、潮湿地区或过湿土以及铺筑中低级路面的三、四级公路路基,则以路基设计施工规范规定的击实试验方法和压实度标准进行评定。

现场密度按照《公路路基路面现场测试规程》(JTG 3450—2019)规定的方法,目前现场密度测试方法主要有灌砂法、环刀法、钻芯法、核子仪法。

在实际的工作中,路面压实度测试方法及适用范围见表3-1。此外,我国也采用地质雷达快速检测路面材料密实度(限于篇幅,本项目不做介绍)。

路面压实度测试方法及适用范围 表3-1

灌砂法	适用于在现场测定基层(底基层)、砂石路面以及路基土的各种材料压实层的密度和压实度,也适用于沥青表面处治、沥青贯入式面层的密度和压实度检测,但不适用于填石路堤等有大孔洞或大孔隙材料的压实度检测
环刀法	适用于现场测试细粒土及龄期不超过2d的无机结合料稳定细粒土结构的密度,并计算施工压实度,以评价结构层的压实质量
核子仪法	适用于现场用核子密度仪以散射法或直接透射法测定路基或路面材料的密度和含水率,并计算施工压实度;适用于施工质量的现场快速评定,不宜用作仲裁试验或评定验收试验
钻芯法	适用于测试从压实的沥青路面上钻取沥青混合料芯样的密度,并计算施工压实度,以评价结构层的压实质量;同时,适用于龄期较长的无机结合料稳定类基层和底基层的密度检测,以及路基土最大干密度和最佳含水率的确定

(四)评定方法

压实度评定的要点:

(1)控制平均压实度的置信下限,以保证总体水平。

(2)规定单点极限值不得超出给定值,防止局部隐患。

(3)规定合格界限以区分质量优劣。

检验评定段的压实度代表值K(算术平均值的置信下限)为

$$K = \overline{K} - S\frac{t_\alpha}{\sqrt{n}} \geq K_0 \tag{3-1}$$

式中:$\overline{K}$——检验评定段内各测点压实度的平均值;

t_α——t 分布表中随测点数和保证率(置信度 α)而变的系数,高速公路、一级公路:基层、底基层为 9%,路基、路面面层为 95%;其他公路:基层、底基层为 95%,路基、路面面层为 90%;

S——检测值的均方差;

n——检测点数;

K_0——压实度标准值。

对于路基、基层和底基层,当 $K \geq K_0$,且单点压实度 K 全部大于或等于规定值减 2 个百分点时,评定路段的压实度合格率为 100%;当 $K \geq K_0$,且单点压实度全部大于或等于规定极值时,按测定值不低于规定值减 2 个百分点的测点数计算合格率;当 $K < K_0$ 或某一单点压实度 K_i 小于规定极值时,该评定路段压实度为不合格,相应分项工程为不合格。路堤施工段落短时,分层压实度要全部符合要求,且实际样本数不小于 6 个。

对于沥青面层,当 $K \geq K_0$,且全部测点大于或等于规定值减 1 个百分点时,评定路段的压实度合格率为 100%;当 $K \geq K_0$ 时,按测定值低于规定值减 1 个百分点的测点数计算合格率;当 $K < K_0$ 时,评定路段的压实度为不合格,相应分项工程为不合格。

任务 3.2 灌砂法现场压实度检测

任务描述

灌砂法是利用均匀颗粒的砂去置换试洞的体积,是当前通用的方法。很多工程都把灌砂法列为现场测定密度的主要方法。灌砂法适用于测试各种土或路面材料的密度,其缺点是:需要携带大量的砂,而且称量次数较多,导致测试速度较慢。目前施工路段压实度的评价一般通过灌砂法进行。本任务将学习如何利用灌砂法来评定路面的压实度。

相关知识

(一)仪具与材料的准备

(1)灌砂筒:有大型灌砂筒和小型灌砂筒两种,根据需要采用。灌砂筒的主要尺寸见表 3-2。

灌砂筒的主要尺寸   表 3-2

结构		小型灌砂筒	大型灌砂筒
储砂筒	直径(mm)	100	150
	容积(cm^3)	2120	4600
流砂孔	直径(mm)	10	15
标定罐	内径(mm)	100	150
	外径(mm)	150	200

续上表

结构		小型灌砂筒	大型灌砂筒
金属方盘基板	边长(mm)	350	400
	深(mm)	40	50
	中孔直径(mm)	100	150

灌砂筒主要由储砂筒、流砂孔、标定罐和基板构成。

①储砂筒筒底中心有一个圆孔,下部装一倒置的圆锥形漏斗,漏斗上端开口,直接与储砂筒的圆孔相通。漏斗焊接在一块铁板上,铁板中心有一圆孔与漏斗上开口相接。储砂筒筒底与漏斗之间设有开关。

②开关铁板上也有一个相同直径的圆孔,即流砂孔。

③标定罐:用薄铁板制作的金属罐,上端周围有一罐缘。灌砂筒和标定罐如图3-1所示。

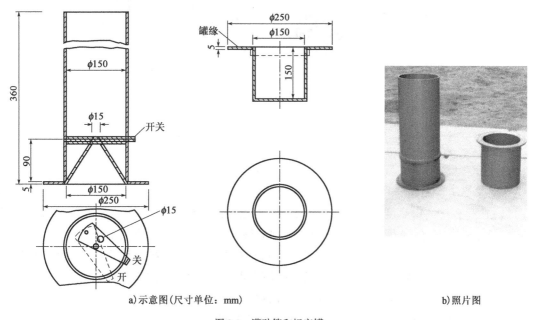

a)示意图(尺寸单位:mm)　　　　　　　　b)照片图

图3-1　灌砂筒和标定罐

注意:如果集料的最大粒径超过40mm,则应相应地增大灌砂筒和标定罐的尺寸;如果集料的最大粒径超过60mm,灌砂筒和现场试洞的直径应为200mm。当集料的最大粒径小于15mm、测定层的厚度不超过150mm时,宜采用ϕ100mm的小型灌砂筒测试;当集料的粒径等于或大于15mm,但不大于40mm,测定层的厚度超过150mm,但不超过200mm时,应用150mm的大型灌砂筒测试。

④基板:用薄铁板制作的金属方盘,盘的中心有一圆孔。

(2)玻璃板:边长为500~600mm的方形板。

(3)试样盘:小筒挖出的试样可用铝盒存放,大筒挖出的试样可用300mm×500mm×40mm的搪瓷盘存放。

(4)天平或台秤:称量10~15kg,感量不大于1g。用于含水率测定的天平精度,对细粒土、中粒土、粗粒土宜分别为 0.01g、0.1g、1.0g。

(5)含水率测定器具有铝盒、烘箱等。

(6)量砂:粒径 0.30~0.60mm 及 0.25~0.50mm 清洁干燥的均匀砂,约 2040kg,使用前须洗净、烘干,并放置足够长的时间,使其与空气的湿度达到平衡。

(7)盛砂的容器:如塑料桶等。

(8)其他:如凿子、改锥、铁锤、长把勺、小簸箕、毛刷等,如图 3-2 所示。

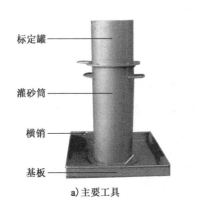
a)主要工具

b)其他工具

图 3-2　灌砂法试验用工具

灌砂法试验用工具如图 3-2 所示。

(二)标定量砂的单位质量

1.储砂筒下部圆锥体内砂的质量

(1)在灌砂筒筒口高度上,向灌砂筒内装砂至距筒顶(15±5)mm 为止。称取装入筒内砂的质量 m_1,准确至 1g。以后每次标定及试验都应该维持装砂高度与质量不变。

(2)将开关打开,让砂自由流出,并使流出砂的体积与工地所挖试坑内砂的体积相当(可等于标定罐的容积),然后关上开关,称量灌砂筒内剩余砂质量 m_5,准确至 1g。

(3)不晃动储砂筒中的砂,轻轻地将灌砂筒移至玻璃板上,将开关打开,让砂流出,直到储砂筒内的砂不再下流时,将开关关上,并小心地取走灌砂筒。

(4)收集并称量留在玻璃板上的砂或称量筒内的砂,准确至 1g。玻璃板上的砂就是填满锥体的砂 m_2。

(5)重复上述测量 3 次,取其平均值。

2.标定量砂的单位质量 γ_s

(1)用水确定标定罐的容积 V,准确至 1mL。

(2)在储砂筒中装入质量为 m_1 的砂,并将灌砂筒放在标定罐上,将开关打开,让砂流出。在整个流砂过程中,不要碰、动灌砂筒,直到储砂筒内的砂不再下流时,将开关关闭。取下灌砂筒,称量筒内剩余砂的质量 m_3,准确至 1g。

(3)按式(3-2)计算填满标定罐所需砂的质量 m_a:

$$m_a = m_1 - m_2 - m_3 \tag{3-2}$$

式中：m_a——标定罐中砂的质量，g；
m_1——装入灌砂筒内的砂的总质量，g；
m_2——灌砂筒下部圆锥体内砂的质量，g；
m_3——灌砂入标定罐后，筒内剩余砂的质量，g。

（4）重复上述测量3次，取其平均值。
（5）按式(3-3)计算量砂的单位质量 γ_s（g/cm³）：

$$\gamma_s = \frac{m_a}{V} \tag{3-3}$$

式中：V——标定罐的体积，cm³。

(三) 开始检测

（1）在试验地点，选一块平坦表面，并用毛刷将其清扫干净，其面积不得小于基板面积。
（2）将基板放在平坦表面上。当表面的粗糙度较大时，则将盛有量砂 m_5 的灌砂筒放在基板中间的圆孔上，将灌砂筒的开关打开，让砂流入基板的中孔，储砂筒内的砂不再下流时关闭开关。取下灌砂筒，并称量筒内砂的质量 m_6，准确至1g。当需要检测厚度时，应先测量厚度后再进行这一步骤。
（3）取走基板，并将留在试验地点的量砂收回，重新将表面清扫干净。
（4）将基板放回清扫干净的表面（尽量放在原处），沿基板中孔凿洞（洞的直径与灌砂筒一致）。在凿洞过程中，应注意勿使凿出的材料丢失，并随时将凿出的材料取出装入塑料袋，不使水分蒸发，也可放在大试样盒内。试洞的深度应等于测定层厚度，但不得有下层材料混入，最后将洞内的全部凿松材料取出。对土基或基层，为防止试样盘内材料的水分蒸发，可分几次称取材料的质量。全部取出材料的总质量为 m_w，准确至1g。
（5）从挖出的全部材料中取出有代表性的样品，放在铝盒或洁净的搪瓷盘中，测定其含水率（w，以%计）。样品的数量如下：当用小型灌砂筒测定时，对于细粒土，不少于100g；对于各种中粒土，不少于500g。当用大型灌砂筒测定时，对于细粒土，不少于200g；对于各种中粒土，不少于1000g；对于粗粒土或水泥、石灰、粉煤灰等无机结合料稳定材料，宜将取出的全部材料烘干，且不少于2000g，称其质量 m_d，准确至1g。当为沥青表面处治或沥青贯入结构类材料时，则省去测定含水率的步骤。
（6）将基板安放在试坑上，将灌砂筒安放在基板中间（储砂筒内放满砂质量 m_1），使灌砂筒的下口对准基板的中孔及试洞，打开灌砂筒的开关，让砂流入试坑。

注意：在此期间，勿碰、动灌砂筒。储砂筒内的砂不再下流时，关闭开关。小心取走灌砂筒，并称量筒内剩余砂的质量 m_4，准确到1g。

（7）如清扫干净的平坦表面的粗糙度不大，也可省去上述步骤（2）和（3）的操作。在试洞挖好后，将灌砂筒直接对准放在试坑上，中间不需要放基板。打开储砂筒的开关，让砂流入试坑。

注意：在此期间，勿碰动灌砂筒。储砂筒内的砂不再下流时，关闭开关，小心取走灌砂筒，并称量剩余砂的质量 m'_4，准确至1g。

（8）小心取出试筒内的量砂，以备下次试验时再用。若量砂的湿度已发生变化或量砂中混有杂质，则应该重新烘干、过筛，并放置一段时间，使其与空气的温度达到平衡后再用。

(四)数据处理

(1)按式(3-4)或式(3-5)计算填满试坑所用的砂的质量 m_b：

①灌砂时,试坑上放有基板时,则

$$m_b = m_1 - m_4 - (m_5 - m_6) \tag{3-4}$$

②灌砂时,试坑上不放基板时,则

$$m_b = m_1 - m_4' - m_2 \tag{3-5}$$

式中：m_b——填满试坑的砂的质量,g;

m_1——灌砂前灌砂筒内砂的质量,g;

m_2——灌砂筒下部圆锥内砂的质量,g;

m_4、m_4'——灌砂后,灌砂筒内剩余砂的质量,g;

m_5、m_6——灌砂筒下部圆锥体内及基板和粗糙表面间砂的合计质量,g。

(2)按式(3-6)计算试坑材料的湿密度 ρ_w：

$$\rho_w = \frac{m_w}{m_b} \times \gamma_s \tag{3-6}$$

式中：m_w——试坑中取出的全部材料的质量,g;

γ_s——量砂的单位质量,g/cm³。

(3)按式(3-7)计算试坑材料的干密度 ρ_d：

$$\rho_d = \frac{\rho_w}{1 + 0.01w} \tag{3-7}$$

式中：w——试坑材料的含水率,%。

(4)水泥、石灰、粉煤灰等无机结合料稳定土,可按下式计算干密度 ρ_d：

$$\rho_d = \frac{m_d}{m_b} \times \gamma_s \tag{3-8}$$

式中：m_d——试坑中取出的稳定土的烘干质量,g。

当试坑材料组成与击实试验的材料有较大差异时,可以试坑材料做标准击实试验,求取实际的最大干密度。

(五)完成报告

压实度应报告以下技术内容：

(1)测试路段信息(桩号、测试位置等)。

(2)压实度。

(3)测试路段压实度的平均值、标准偏差及代表值。

(六)注意事项

灌砂法是施工过程中常用的试验方法。灌砂法表面上看起来较为简单,但实际操作时常常不好掌握,并会引起较大误差;又因为它是测定压实度的依据,经常是质量检测监督部门与施工单位之间发生矛盾或纠纷的环节,所以应严格遵循试验的每个细节,以提高试验精度。为

使试验检测更准确,应注意以下几个环节:

(1)量砂要规则。量砂如果重复使用,一定要注意晾干,处理一致,否则影响量砂的松方密度。

(2)每换一次量砂,都必须测定松方密度,漏斗中砂的数量也应该每次重测。因此,量砂宜事先准备较多量。切勿到试验时临时找砂,又不做试验,仅使用以前的数据。

(3)地表面处理要平整,只要表面凸出一点(即使1mm),也会使整个表面高出一薄层,其体积也算到试坑中去了,会影响试验结果。因此,本方法一般宜放在基板上先测定一次粗糙表面消耗的量砂,按式(3-4)计算填坑的砂量,只有在非常光滑的情况下才能省去此操作步骤。

(4)在挖坑时试坑周壁应笔直,避免出现上大下小或上小下大的情形,这样会使检测密度偏大或偏小。

(5)灌砂时检测厚度应为整个碾压层厚,不能只取上部或者取到下一个碾压层中。

任务实施

图3-3为某路基现场图,桩号为K0+000~K1+000,采用灌砂法对该路基的压实度进行评价。

图3-3 某路基现场图

(一)操作流程与要求

该路基满足灌砂法的适用范围,通过灌砂法测得该路基现场压实度,对路段的压实度进行评价,下面将按照理论知识中所学习灌砂法的测试步骤进行测试。技能操作流程与要求见表3-3。

技能操作流程与要求 表3-3

序号	技能操作步骤	要求
1	准备工作	(1)按照《公路路基路面现场测试规程》(JTG 3450—2019)进行测试。 (2)仪器设备的准备:灌砂筒、基板、试样盘、天平或台秤、含水率测定器具、量砂、盛砂的容器。 (3)检测材料的准备:量砂需晾干、过筛,取0.15~0.3mm,量砂不能重复利用

续上表

序号	技能操作步骤	要求
2	开始检测	(1)根据表面沉降控制法选定观测点,在附近再选择一块平坦的表面,尺寸约为40cm×40cm。在基板中间圆孔上放置盛有量砂(质量记为 m_1)的灌砂筒,此时打开开关,使砂流入基板的中孔,直到不再下流时关闭开关。将灌砂筒取下之后,对内部砂质量进行称量,记为 m_2。 (2)沿着基板凿取直径为200mm的孔洞,将所有开挖土体全部拿出,放已知质量的袋子内密封。称取此塑料袋的全部试样质量,减去袋子的质量,记为 m_3。 (3)将全部材料中具有代表性的2g样品放到烤箱内干燥,随后测定其含水率。 (4)将灌砂筒放在试洞上的基板中间,放砂,直到要求的 m_4。随后,将灌砂筒的下口对准基板的试洞与中孔,打开灌砂筒的开关,保证砂能流入试坑,待灌砂筒的砂不再下流时,关闭开关,称量筒内剩余砂的质量,记为 m_5
3	数据处理	(1)测量摊平砂的直径;仔细称取量砂质量,精确至g。 (2)按照相关公式计算压实度。 (3)认真计算每一个评定区间路面压实度的平均值、标准偏差、变异系数,保证结果的正确性
4	完成报告	填写好记录表,做到诚信、可靠

操作过程如图3-4所示。

图3-4 操作过程

(二)记录案例

根据实训任务的实际测试结果完成表3-4中压实度、标准偏差和代表值的计算,并给出结论。

表 3-4

灌砂法压实度记录表
压实度检验报告（灌砂法）

工程名称：＿＿＿＿＿＿　　路段桩号：＿＿＿＿＿＿　　检测依据：＿＿＿＿＿＿　　检测目的：＿＿＿＿＿＿

检测方法：＿＿＿＿＿＿　　层次：＿＿＿＿＿＿　　温度：＿＿＿＿＿＿　　仪器设备：＿＿＿＿＿＿

最大干密度 ρ_0 (g/cm³)	试验编号	位置						含水率							要求压实度			
最佳含水率 (%) ||| 桩号	筒+砂重 (g)	筒+余砂重 (g)	试坑体积 (cm³)	试坑内湿土重 (g)	湿密度 (g/cm³)	锥砂重 (g)	盒号	盒重 (g)	盒+湿土重 (g)	盒+干土重 (g)	干土重 (g)	水重 (g)	砂密度 (g/cm³)	含水率 w (%)	平均含水率 L (%)	干密度 (g/cm³)	压实度 K (%)	层厚 (cm)
			A	B	$C=$ $(A-B-m_2)/s$	D	$E=$ D/C			F	G	H	$I=$ $H-F$	$J=$ $G-H$		$K=$ J/I	L	$N=$ $E/(1+0.01L)$	$M=$ N/D	

试验结果　$R=$　　　　$S=$　　　　$K=R-t_1S/\sqrt{n}=$

结论

试验：＿＿＿＿＿　　记录：＿＿＿＿＿　　计算：＿＿＿＿＿

复核：

注：m_2-锥砂重；ρ_s-砂密度；ρ_0-最大干密度。

任务评价

(一) 自我评价

任务	级别		
	掌握的操作	仍需加强	完全不理解
量砂			
选点			
进行试验			
计算压实度			
完成报告			
在本次任务实施过程中的自评结果	A.优秀　B.良好　C.仍需努力　D.搞不清楚		

(二) 答题闯关

1. 选择题

(1) 压实度检测方法有(　　)。
    A. 灌砂法　　　　　　　　　B. 环刀法
    C. 核子密度仪法　　　　　　D. 钻芯法

(2) 若在压实度检测中出现异议,规范规定的标准检测方法是(　　)。
    A. 核子密度仪法　　　　　　B. 环刀法
    C. 灌砂法　　　　　　　　　D. 密度法

(3) 属于土方路基基本要求的是(　　)。
    A. 应清除地表植被、杂物、积水、淤泥和表土,按规范和设计要求对基底压实
    B. 植方路基分层填筑,路拱合适,排水良好
    C. 完工后应按要求对取土坑和弃土场进行修整
    D. 路基边坡坡面平顺,稳定,不得亏坡

(4) 若高速公路的连接线为三级公路,路面结构为沥青混凝土,其路基压实度按(　　)标准。
    A. 高速公路、一级公路　　　B. 二级公路
    C. 三级公路　　　　　　　　D. 四级公路

2. 判断题

(1) 土的压实度是压实后的干密度与最大干密度之比。(　　)
(2) 当压实度检测样本数小于10时应按点合格来控制且实际样本数量不得少于6个。(　　)
(3) 当$K<K_0$时,评定路段的压实度为不合格,相应分项工程评为不合格。(　　)
(4) 基层压实度检测数据中有一个点压实度小于标准规定极值,但$K \geq K_0$,该评定路段压

实度为合格。   (   )

(5)《公路工程无机结合料稳定材料试验规程》(JTG 3441—2024)规定,击实试验应做两次平行试验,取两次试验的平均值作为最大干密度和最佳含水率。   (   )

*任务3.3 环刀法检测路面压实度

说明:带*号的为拓展任务,后同。

任务描述

环刀法是测量现场密度的传统方法。国内习惯采用的环刀容积通常为200cm³,环刀高度通常约5cm。采用环刀法测得的密度是环刀内土样所在深度范围内的平均密度。它不能代表整个碾压层的平均密度。由于碾压土层的密度一般是从上到下减小的,若环刀取样在碾压层的上部,则得到的数值往往偏大;若环刀取样的是碾压层的底部,则所得的数值将明显偏小。就检查路基土和路面结构层的压实度而言,我们需要的是整个碾压层的平均压实度,而不是碾压层中某一部分的压实度,因此,在用环刀法测定土的密度时,应使所得密度能代表整个碾压层的平均密度。然而,这在实际检测中是比较困难的,只有使环刀所取的土恰好是碾压层中间的砂,环刀法所得到的结果才可能与灌砂法的结果大致相同。另外,环刀法适用面较窄,对于含有粒料的稳定土及松散性材料无法使用。本任务将学习如何利用环刀法来检测路面的压实度,以及用环刀法检测路面压实度的步骤和方法。

相关知识

(一)仪具与材料的准备

(1)人工取土器或电动取土器。

①人工取土器包括环刀、环盖、定向筒和击实锤系统(导杆、落锤、手柄),如图3-5所示。环刀内径6~8cm,高2~5.4cm,壁厚1.5~2mm。

②电动取土器由底座、行走轮、立柱、齿轮箱、升降机构、取芯头等组成。电动取土器主要技术参数:工作电压DC24V(36Ah);转速5070r/min,无级调整;整机质量约35kg。

(2)天平:感量0.1g(用于取芯头内径小于70mm样品的称量)或1.0g(用于取芯头内

图3-5 环刀法试验仪器

径100mm样品的称量)。

(3)其他:镐、小铁锹、修土刀、毛刷、直尺、钢丝锯、凡士林、木板及测定含水率的设备等。

(二)开始测试

1. 用人工取土器测定黏性土及无机结合料稳定细粒土密度

(1)擦净环刀,称取环刀质量m_2,准确至0.1g。

(2)在试验地点,将面积约30cm×30cm的地面清扫干净,并将压实层铲去表面浮动及不平整的部分,达到一定深度,使环刀打下后能达到要求的取土深度,但不得扰动下层。

(3)将定向筒齿钉固定于铲平的地面上,顺次将环刀、环盖放入定向筒,与地面垂直。

(4)使导杆保持垂直状态,用人工取土器落锤将环刀打入压实层,至环盖顶面与定向筒上口齐平为止。

(5)去掉击实锤和定向筒,用镐将环刀及试样挖出。

(6)轻轻取下环盖,用修土刀由边至中削去环刀两端余土,用直尺检测直至修平为止。

(7)擦净环刀外壁,用天平称取环刀及试样合计质量m_1,准确至0.1g。

(8)自环刀中取出试样,取具有代表性的试样,测定其含水率。

2. 用人工取土器测定砂性土或砂层密度

(1)如为湿润的砂土,试验时不需要使用击实锤和定向筒。在铲平的地面上,仔细挖出一个直径较环刀外径略大的砂土柱,将环刀刃口向下,平置于砂土柱上,用两手平衡地将环刀垂直压下,直到砂土柱突出环刀上端约2cm时为止。

(2)削掉环刀口上的多余砂土,并用直尺刮平。

(3)在环刀上口盖一块平滑的木板,一只手按住木板,另一只手用小铁锹将试样从环刀底部切断,然后将装满试样的环刀转过来,削去环刀刃口上部的多余砂土,并用直尺刮平。

(4)擦净环刀外壁,称环刀与试样合计质量m_1,精确至0.1g。

(5)自环刀中取具有代表性的试样,测定其含水率。

(6)干燥的砂土不能挖成砂土柱时,可直接将环刀压入或打入土中。

3. 用电动取土器测定无机结合料细粒土和硬塑土密度

(1)装上所需规格的取芯头。在施工现场取芯前,选择一块平整的路段,将4只行走轮打起,4根定位销钉则采用人工加压的方法压入路基土层。松开锁紧手柄,旋动升降手轮,使取芯头刚好与土层接触,锁紧手柄。

(2)将电瓶与调速器接通,调速器的输出端接入取芯机电源插口。指示灯亮,显示电路已通;启动开关,电动机工作,带动取芯机构转动。根据土层含水率调节转速,操作升降手柄,上提取芯机构,停机、移开机器。由于取芯头圆筒外表有几条螺旋状突起,切下的土屑排在筒外顺螺纹上旋抛出地表,因此,将取芯套筒套在切削好的上芯立柱上,摇动即可取出样品。

(3)取出样品,立即按取芯套筒长度用修土刀或钢丝锯修平两端,制成所需规格土芯,如拟进行其他试验项目,装入铝盒,送试验室备用。

(4)用天平称量土芯带套筒质量m_1,从土芯中心部分取试样测定含水率。

(三)数据处理

按式(3-9)、式(3-10)分别计算试样的湿密度 ρ_w 及干密度 ρ_d:

$$\rho_w = \frac{4 \times (m_1 - m_2)}{\pi d^2 h} \tag{3-9}$$

$$\rho_d = \frac{\rho_w}{1 + 0.01w} \tag{3-10}$$

式中:ρ_w——试样的湿密度,g/cm³;

ρ_d——试样的干密度,g/cm³;

m_1——环刀或取芯套筒与试样合计质量,g;

m_2——环刀或取芯套筒质量,g;

d——环刀或取芯套筒直径,cm;

h——环刀或取芯套筒高度,cm;

w——试样的含水率,%。

(四)完成报告

应报告以下技术内容:

(1)测试路段信息(桩号、测试位置等)。

(2)压实度。

(3)测试路段压实度的平均值、标准偏差及变异系数。

*任务3.4 钻芯法检测路面压实度

任务描述

钻芯法适用于检验从压实的沥青路面上钻取的芯样试件的密度,以评定沥青混凝土面层的施工压实度。本任务将学习如何利用钻芯法来检测路面的压实度,以及用钻芯法检测路面压实度的步骤和方法。

相关知识

(一)仪具与材料的准备

(1)路面取芯钻机,如图3-6所示。

(2)天平:感量不大于0.1g。

(3)溢流水槽。

(4)静水力学电子天平,如图3-7所示。

 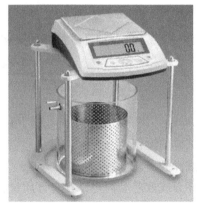

图 3-6　路面取芯钻机　　　　图 3-7　静水力学电子天平

（5）石蜡。

（6）其他：如卡尺、毛刷、小勺、取样袋（容器）、电风扇等。

（二）开始测试

1．钻取芯样

按《公路路基路面现场测试规程》（JTG 3450—2019）规定，钻取路面芯样，芯样直径不宜小于 100mm。当一次钻孔取得的芯样包含不同层位的沥青混合料时，应根据结构组合情况用切割机将芯样各层结合面锯开分层进行测定。钻孔取样应在路面完全冷却后进行，普通沥青路面通常在路面铺设第二天取样，改性沥青路面及沥青玛琋脂碎石混合料（SMA）路面宜在第三天以后取样。

2．测定试件密度

（1）在水中用毛刷轻轻刷净钻取的试件黏附的粉尘。如试件边角有浮松颗粒，应仔细清除。

（2）将试件晾干或用电风扇吹干不少于 24h，直至恒量。

（3）按《公路工程沥青及沥青混合料试验规程》（JTG E20—2011）和沥青混合料试件密度试验方法测定试件的毛体积密度 ρ_n。通常情况下采用表干法测试试件的毛体积密度；对吸水率大于 2% 的试件，宜采用蜡封法测试试件的毛体积相对密度；对吸水率小于 0.5% 的特别致密的沥青混合料，在施工质量检验时，允许采用水中重法测试表观相对密度。测试标准温度为 (259 ± 0.5)℃。

①对于吸水率小于 0.5% 的密实沥青混合料试件，采用水中重法测定。

$$V = \frac{m_a - m_w}{\rho_w} \tag{3-11}$$

②对于吸水率不大于 2% 的表面粗糙但较密实的沥青混凝土或 SMA 和沥青稳定碎石混合料试件，采用表干法测定。

$$V = \frac{m_f - m_w}{\rho_w} \tag{3-12}$$

③对于吸水率大于2%的沥青混凝土或沥青碎石混合料试件,以及不能用水中重法或表干法测密度的试件,用蜡封法测定。

④不能用表干法、蜡封法测定空隙较大的沥青碎石混合料及大空隙透水性开级配沥青混合料(OGFC)试件时,用体积法测定。

圆柱体试件的毛体积:

$$V = \frac{\pi d^2}{4} h \quad (3\text{-}13)$$

棱柱体试件的毛体积:

$$V = Lbh \quad (3\text{-}14)$$

⑤试件的视密度或毛体积密度:

$$\rho_s = \frac{m_a}{V} \quad (3\text{-}15)$$

式中:ρ_s——试件的视密度或毛体积密度,g/cm^3;

m_a——试件在空气中的质量,g;

m_f——试件的表干质量,指试件从水中取出,用洁净柔软的拧干湿毛巾轻轻擦去试件表面水后称取的质量,g;

m_w——试件的水中质量,指试件于网篮中浸水3~5min后称取的质量,g;

ρ_w——25℃时的密度,为0.9971g/cm^3;

d——表示圆柱体试件的直径,cm;

h——试件的高度,cm;

L——试件的长度,cm;

b——试件的宽度,cm。

3.沥青混合料标准密度确定

根据《公路沥青路面施工技术规范》(JTG F40—2004)的规定,确定计算压实度下的沥青混合料标准密度。

(三)数据处理

(1)当计算压实度的沥青混合料的标准密度采用马歇尔击实试件成型密度或试验路段钻孔取样密度时,沥青面层的压实度按下式计算:

$$K = \frac{\rho_s}{\rho_0} \times 100 \quad (3\text{-}16)$$

式中:K——沥青面层的压实度,%;

ρ_s——沥青混合料芯样试件的视密度或毛体积密度,g/cm^3;

ρ_0——沥青混合料标准密度,g/cm^3。

(2)由沥青混合料实测最大密度计算压实度时,应按下式进行空隙率折算,将结果作为标准密度,再按压实度公式计算压实度:

$$\rho_0 = \rho_t \times \frac{100 - VV}{100} \quad (3\text{-}17)$$

式中：ρ_t——沥青混合料的实测最大密度，g/cm^2；
　　　ρ_0——沥青混合料标准密度，g/cm^3；
　　　VV——试样的空隙率，%。

(3)计算一个评定路段检测的压实度平均值标准偏差、变异系数，并计算代表压实度。

(四)完成报告

应报告以下技术内容：
(1)测试路段信息(桩号、测试位置等)。
(2)压实度。
(3)测试路段压实度的平均值、标准偏差及变异系数。

任务3.5 核子密度湿度仪测定路面压实度

任务描述

在施工现场用核子密度湿度仪以散射法或直接透射法可以快速测定路基或路面材料的密度和含水率，并计算施工压实度。核子密度湿度仪按规定方法标定后其检测结果可作为工程质量评定与验收的依据。利用核子密度湿度仪可以测定路基的材料密度和含水率，以评定路段压实度，本任务将学习如何利用核子密度湿度仪测定路面压实度。

相关知识

(一)仪具与材料的准备

(1)核子密度湿度仪(图3-8)：符合国家规定的关于健康保护和安全使用标准，密度的测定范围为 $1.12\sim2.73 g/cm^3$，测定误差不大于 $\pm0.03 g/cm^3$，含水率测量范围为 $0\sim0.64$，测定误差不大于 $\pm0.015 g/cm^3$。

图3-8 核子密度湿度仪

核子密度湿度仪主要包括下列部件：
①射线源：双层密封的同位素放射源，如铯-137、钴-60或镭-226等。
②中子源：如镅(241)-铍等。
③探测器：γ射线探测器或中子探测器等。
④读数显示设备：如液晶显示器、脉冲计数器、数率表或直接读数表。
⑤标准板：提供检验仪器操作和散射计数参考标准用。
⑥安全防护设备：符合国家规定要求的设备。

⑦刮平板、钻杆、接线等。
(2)细砂:0.15~0.3mm。
(3)天平或台秤。
(4)其他:如毛刷等。

(二)适用范围

本方法用于测定沥青混合料面层的压实密度时,在表面用散射法测定,所测定沥青面层的层厚应不大于仪器性能检测的最大厚度;用于测定土基或基层材料的压实密度及含水率时,打洞后用直接透射法测定,测定层的厚度不宜大于30cm。

(三)准备工作

(1)每天使用前按下列步骤用标准板测定仪器的标准值:
①接通电源,按照仪器使用说明书建议的预热时间,预热测定仪器。
②在测定前,应检查仪器性能是否正常。在标准板上取3~4个读数的平均值建立原始标准值,并与使用说明书提供的标准值校对。如标准读数超过仪器使用说明书规定的限界,应重复此项标准的测量。若第二次标准计数仍超出规定的限界,需视作故障并进行仪器检查。
(2)在进行沥青混合料压实层密度测定前,应用核子密度湿度仪对钻孔取样的试件进行标定;测定其他材料密度时,宜与挖坑灌砂法的结果进行标定。标定的步骤如下:
①选择压实的路表面,按要求的测定步骤用核子密度湿度仪测定密度,读数。
②在测定的同一位置用钻机钻孔法或挖坑灌砂法取样,量测厚度,按规定的标准方法测元材料的密度。
③对同一种路面厚度及材料类型,在使用前至少测定15处,求取两种不同方法测定的密度的相关关系,其相关系数应不小于0.9。
(3)测试位置的选择:
①按照随机取样的方法确定测试位置,但与距路面边缘或其他物体的最小距离不得小于30cm。核子密度湿度仪距其他射线源不得少于10m。
②当用散射法测定时,用细砂填平测试位置路表结构凹凸不平的空隙,使路表面平整,能与仪器紧密接触。
③当使用直接透射法测定时,应在表面用钻杆打孔,孔深略深于要求测定的深度,孔应竖直圆滑并稍大于射线源探头。
(4)按照规定的时间,预热仪器。

(四)测定步骤

(1)用散射法测定时,将核子密度湿度仪平稳地置于测试位置。
(2)用直接透射法测定时,将放射源棒放下插入已预先打好的孔。
(3)打开仪器,测试员退出,距仪器2m以上,按照选定的测定时间进行测量,到达测定时间后,读取显示的各项数值,并迅速关机。

注意:有关各种型号的仪器具体操作步骤略有不同,可按照仪器使用说明书进行。

（五）数据处理

按照式(3-18)、式(3-19)计算施工干密度及压实度：

$$\rho_d = \frac{\rho_w}{1 + 0.01w} \tag{3-18}$$

$$K = \frac{\rho_d}{\rho_0 \times 100} \tag{3-19}$$

式中：K——测试地点的施工压实度，%；

w——试样的含水率，%；

ρ_w——试样的实测密度(湿密度)，g/cm^3；

ρ_d——试样的干密度，g/cm^3；

ρ_0——由击实试验得到的试样的最大干密度，g/cm^3。

（六）完成报告

报告应包括以下技术内容：

(1)测试路段信息(桩号、测试位置等)。

(2)每个测试位置的压实度。

(3)测试路段压实度的平均值、标准偏差及变异系数。

（七）注意事项

(1)在操作过程中和存放核子密度湿度仪时，要注意放射性防护：当仪器工作时，所有人员均应退至距离仪器 2m 以外的地方，等工作完成后再读数。

(2)当被测结构层厚度、材料有变化且进行灌砂法与核子密度湿度仪的校正标定时，灌砂法挖的试坑深度要标准。核子密度湿度仪与灌砂法配合使用才能收到较好效果。

(3)仪器不使用时，应装入专用的仪器箱，放置在核辐射规定的安全的地方。

(4)仪器应由经有关部门审查合格的专人保管、专人使用，从事仪器保管用使用的人员，应遵照有关核辐射检测的规定。不符合核防护规定的人员，不宜从事此项工作。

(5)对刚铺筑完成的热沥青混合料路面进行测试时，为避免影响测试结果，仪器不能长时间放置在路面上，测试完后应尽快将仪器从路面上移走冷却。

任务实施

某学校内有一新建路基，桩号为 K0+000～K0+800，采用核子密度湿度仪测定路基材料的密度和含水率并对该路基的压实度进行评价。

（一）操作流程与要求

下面将按照理论知识中所学习的核子密度湿度仪的测试步骤进行测定，技能操作流程与要求见表3-5。

技能操作流程与要求　　　　表 3-5

序号	技能操作步骤	要求
1	准备工作	(1)按照《公路路基路面现场测试规程》(JTG 3450—2019)进行测试。 (2)仪器设备的准备:核子密度湿度仪等。 (3)接通电源,按照仪器使用说明书建议的预热时间,预热测定仪。 (4)在测定前,应检查仪器性能是否正常。在标准板上取 3~4 个读数的平均值建立原始标准值,并与使用说明书提供的标准值校对。如标准读数超过仪器使用说明书规定的限界,应重复此项标准的测量。若第二次标准计数仍超出规定的限界,需视作故障并进行仪器检查
2	开始检测	(1)选择压实的路表面,按要求的测定步骤用核子密度湿度仪测定密度,读数。 (2)在测定的同一位置用钻机钻孔法或挖坑灌砂法取样,量测厚度,按规定的标准方法测元材料的密度。 (3)对同一种路面厚度及材料类型,在使用前至少测定 15 处,求取两种不同方法测定的密度的相关关系,其相关系数应不小于 0.9
3	数据处理	(1)以每个测点 5 个摆值的平均值作为该测点的摆值,按公式换算成标准温度20℃的摆值。 (2)计算每个测试位置 3 个测点摆值的平均值,作为该测试位置的摆值,取整数。 (3)认真计算每一个评定区间路面构造深度的平均值、标准偏差、变异系数,保证结果的正确性
4	完成报告	填写好记录表,做到诚信、可靠

(二)记录案例

根据实训任务的实际测试结果完成表 3-6,并给出结论。

核子密度湿度仪法压实度试验记录表　　　　表 3-6

合同段		取样地点				试验日期		
使用范围				试验方法编号				
核子密度湿度仪编号		密度/水分标定系数				密度/水分修正系数		
测点桩号及位置	湿密度 (g/cm³)	含水率 (%)	干密度 (g/cm³)	压实度 (%)	最大干密度 (g/cm³)	最佳含水率 (%)	层次	高程 (m)	距路床顶面高度 (m)	要求压实度 (%)
试验结果										

任务评价

(一)自我评价

任务	级别		
	掌握的操作	仍需加强	完全不理解
仪器操作			
选点			
检测步骤			
数据处理			
完成报告			
在本次任务实施过程中的自评结果	A.优秀　B.良好　C.仍需努力　D.搞不清楚		

(二)答题闯关

1.选择题

(1)沥青面层,当 $K \geqslant K_0$ 且全部测点大于等于规定值减( )个百分点时,评定路段的压实度合格率为100%。
　　A.1　　　　　B.2　　　　　C.3　　　　　D.4

(2)试验段密度用核子密度湿度仪定点检查密度不再变化为止,然后取不少于( )个钻孔试件的平均密度为计算压实度的标准密度。
　　A.15　　　　B.10　　　　C.7　　　　　D.12

(3)采用数理统计方法进行合格评定时,合格率不得低于( )%。
　　A.80　　　　B.85　　　　C.90　　　　D.100

(4)灌砂筒下部圆锥体内砂的质量应进行( )次取平均值。
　　A.2　　　　　B.3　　　　　C.4　　　　　D.5

(5)无机结合料稳定材料进行含水率检测,当含水率小于7时平行试验差要求是( )。
　　A.0.5　　　B.1　　　　　C.0.3　　　D.2

2.判断题

(1)灌砂法试验的选点不会影响压实度的检测结果。　　　　　　　　　　　(　)

(2)灌砂法检测时,地表面应处理平整,若凹凸不平应使用基板,以减少试验误差。
　　　　　　　　　　　　　　　　　　　　　　　　　　　　　　　　　(　)

(3)灌砂法需要用均匀颗粒的砂去置换洞的体积。　　　　　　　　　　　　(　)

(4)用灌砂法测定压实度时,当挖坑时出现上小下大的情形就会使检测密度偏小。
　　　　　　　　　　　　　　　　　　　　　　　　　　　　　　　　　(　)

(5)浅层核子密度湿度仪和中层核子密度湿度仪两种核子密度湿度仪都是用于检测材料的密度和湿度的,工作原理基本一样,但是使用方法和适宜的检测范围各不相同。　(　)

项目4 ITEM FOUR
路基路面强度指标检测

知识目标

(1)理解路面弯沉值、回弹模量和CBR的含义。
(2)了解路基路面回弹弯沉检测、回弹模量检测和CBR值检测的步骤。

技能目标

(1)学会用承载板法、贝克曼梁法检测路面的回弹弯沉。
(2)能运用承载板法、贝克曼梁法检测回弹模量对路基路面强度指标进行检测分析。

项目概述

我国交通基础设施建设快速发展,对公路质量的要求越来越高。路基路面强度指标检测是确保公路质量的关键环节,通过对路基路面强度的检测,可以及时发现并解决潜在的质量问题,提高公路的安全性,延长公路的使用寿命。本项目将介绍路基路面强度指标检测基本知识及评定、路基路面回弹弯沉检测、路基路面回弹模量检测、土基现场CBR值检测几种不同方法和路基路面强度指标检测。

任务4.1 认知路基路面强度指标检测基础知识

任务描述

回弹弯沉值用于反映路基、路面的综合承载能力(强度指标),其值越大,承载能力越小,反之则越大。回弹弯沉值适用于新建路面结构的设计、施工验收及旧路补强设计,通常指标准后轴载双轮组轮隙中心处的最大值。按检测指标规定,路面工程的实测项目应按高速公路、一级公路及其他公路分类确定,路面结构层厚度检验以允许偏差为标准。

相关知识

(一) 基本概念

土基是路面结构的支承物,车轮荷载通过路面结构传至土基,所以土基的荷载变形特性对路面结构的整体强度和刚度有很大影响。路面结构的损坏,除了它本身的原因外,主要是由土基变形过大所引起的。在路面结构的总变形中,土基的变形占很大部分,为70%~90%。

(二) 基本原因

土基回弹模量是指路基路面及筑路材料在荷载作用下产生的应力与其相应的回弹应变的比值。土基回弹模量表示土基在弹性变形阶段,在垂直荷载作用下,抵抗竖向变形的能力。如果垂直荷载为定值,土基回弹模量值越大,产生的垂直位移就越小;如果竖向位移是定值,回弹模量值越大,土基承受外荷载作用的能力就越大。因此,路面设计中采用回弹模量作为土基抗压强度的指标。

(三) 检测指标及要求

弯沉值测试是指在规定的标准轴载作用下,路基或路面表面轮隙中心处产生的总垂直变形(总弯沉)或垂直回弹变形值(回弹弯沉),以 0.01mm 为单位。通常所说的回弹弯沉是指轴载轮隙中心处的最大回弹弯沉值。路基、路面在荷载作用下产生的垂直变形卸载后能恢复的那一部分变形即回弹弯沉。

竣(交)工验收弯沉值是检验路面是否达到设计要求的指标之一。当厚度计算以层底拉应力为控制指标时,应根据拉应力计算所得的结构厚度;当确定结构厚度后,应根据该结构厚度、路基顶面回弹模量重新计算其路表弯沉值,该值即竣(交)工验收弯沉值。

(四) 检测方法

回弹弯沉值的检测方法较多,目前用得最多的是贝克曼梁法,在我国已有成熟的经验,但由于受检测速度等因素的限制,各国都对快速连续或动态检测进行了研究。现在我国逐渐引进的有法国洛克鲁瓦式自动弯沉仪,丹麦等国家发明并几经改进形成的落锤式弯沉仪(FWD)、激光式弯沉仪,美国的振动弯沉仪,等等。现将常用的几种弯沉检测方法进行简单的比较,见表4-1。

弯沉检测方法　　　　　　　　　　　表4-1

测试方法	特点
贝克曼梁法	传统方法,速度慢,静态测试,比较成熟,目前属于标准方法
自动弯沉法	利用贝克曼梁原理快速连续测试,属于静态测试范畴,但测定的是总弯沉,因此使用时应用贝克曼梁进行标定换算
落锤式弯沉仪法	利用重锤自由落下瞬间产生的冲击荷载测定弯沉,属于动态弯沉测试,能反算路面的回弹模量,快速,使用时根据需要可与贝克曼梁法建立相关关系,进行换算
激光式弯沉仪法	利用激光多普勒效应来测试地面在荷载作用下的垂直下沉速度,计算出最大弯沉及弯沉盆数据,可以正常行车速度在高速公路上进行检测,检测效率高,不影响交通,是目前世界上非常先进的弯沉检测方法,使用时应与落锤式弯沉仪法建立相关关系

每一双车道评定路段(不超过1km)采用贝克曼梁或自动弯沉仪测量弯沉值不少于80个点,采用落锤式弯沉仪测量弯沉值不少于40个点,多车道公路必须按车道数与双车道之比,相应增加测点。

任务4.2 路基路面回弹弯沉检测

任务描述

弯沉值可采用落锤式弯沉仪、自动弯沉仪或贝克曼梁测量。每一双车道评定路段(不超过1km)测量检查点数应符合表4-2规定,多车道公路应按车道数与双车道之比,相应增加测点。

弯沉测点数 表4-2

检测设备	落锤式弯沉仪	自动弯沉仪或贝克曼梁
测点数(点)	40	80

弯沉仪由贝克曼梁、百分表及表架组成。其中,贝克曼梁由合金铝制成,上有水准泡,其前臂(接触路面)与后臂(装百分表)长度比2∶1。弯沉仪长度有两种:一种长3.6m,前后臂分别为2.4m和1.2m;另一种加长的弯沉仪长5.4m,前后臂分别为3.6m和1.8m。当在半刚性基层沥青路面或水泥混凝土路面上测定时,宜采用长度为5.4m的贝克曼梁弯沉仪;对于柔性基层沥青路面或混合式结构沥青路面,可采用长度为3.6m的贝克曼梁弯沉仪。弯沉采用百分表量得,也可用自动记录装置进行测量。本任务将学习路基路面回弹弯沉检测方法。

相关知识

贝克曼梁法利用杠杆原理制成杠杆式弯沉仪测定轮隙弯沉,适用于路基及沥青路面的回弹弯沉检测,用于评定其整体承载能力,但不适用于路基冻结后的回弹弯沉检测。沥青路面的弯沉以沥青面层平均温度20℃为准,当路面平均温度在(20±2)℃以内时可不修正;在其他温度测试时,对厚度大于5cm的沥青路面,对于弯沉值应予以温度修正。

(一)测点的回弹弯沉值计算

测点的回弹弯沉值按下式计算:

$$L_T = (L_1 - L_2) \times 2 \tag{4-1}$$

式中:L_T——在路面温度为 T 时的回弹值,精确至 0.01mm;

L_1——车轮中心临近弯沉仪测头时百分表的最大读数,即初读数,精确至0.01mm;

L_2——汽车驶出弯沉影响半径后百分表的最大读数,即终读数,精确至0.01mm。

(二)路面测点的回弹弯沉值计算

进行弯沉仪支点变形修正时,路面测点的回弹弯沉值按下式计算:

$$L_T = (L_1 - L_2) \times 2 + (L_3 - L_4) \times 6 \tag{4-2}$$

式中：L_1——车轮中心临近弯沉仪测头时百分表的最大读数，即初读数，精确至 0.01mm；

L_2——汽车驶出弯沉影响半径后百分表的最大读数，即终读数，精确至 0.01mm；

L_3——车轮中心临近弯沉仪测头时检验用弯沉仪的最大读数，精确至 0.01mm；

L_4——汽车驶出弯沉影响半径后检验用弯沉仪的终读数，精确至 0.01mm。

式(4-2)适用于以下情况的测定：弯沉仪支座处有变形，但百分表架处路面已无变形。

(三) 温度修正

沥青面导层厚度大于 5cm 且路面温度超过 (20 ± 2)℃ 范围时，回弹弯沉值应进行温度修正，温度修正有两种方法。

1. 查图法

(1) 测定时的沥青层平均温度按下式计算：

$$T = \frac{T_{25} + T_m + T_e}{3} \tag{4-3}$$

式中：T——测定时沥青层平均温度，℃；

T_{25}——根据 T_0 由图 4-1 决定的路表下 25mm 处的温度，℃；

T_m——根据 T_0 由图 4-1 决定的沥青层中间深度的温度，℃；

T_e——根据 T_0 由图 4-1 决定的沥青层底面处的温度，℃。

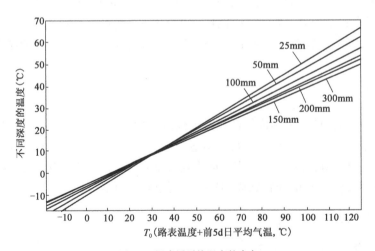

图 4-1 沥青层平均温度的决定

注：线上的数字表示路表下的不同深度，T_0 为测定时路表温度与测定前 5d 日平均气温的平均值之和，日平均气温为日最高气温与最低气温的平均值。

(2) 不同基层的沥青路面弯沉值的温度修正系数 K，根据沥青平均温度 T 及沥青层厚度，分别由图 4-2 及图 4-3 求取。

(3) 沥青路面回弹弯沉值按下式计算：

$$L_{20} = L_T \times K \tag{4-4}$$

式中：K——温度修正系数；

L_{20}——换算为20℃的沥青路面回弹弯沉值，精确至0.01mm；

L_T——测定时沥青面层内平均温度为T时的回弹弯沉值，精确至0.01mm。

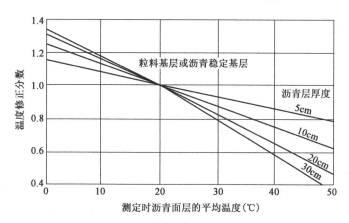

图4-2　路面弯沉温度修正系数曲线（适用于粒料基层及沥青稳定基层）

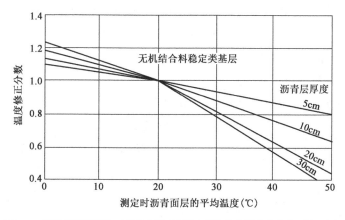

图4-3　路面弯沉温度修正系数曲线（适用于无机结合料稳定的半刚性基层）

2. 经验计算法

（1）测定时的沥青面层平均温度T按下式计算：

$$T = a + bT_0 \tag{4-5}$$

式中：T——测定时沥青面层平均温度，℃；

a——系数，$a = -2.65 + 0.52h$；

b——系数，$b = 0.62 \sim 0.008h$；

T_0——测定时路表温度与前5h平均气温之和，℃；

h——沥青面层厚度，cm。

（2）沥青路面弯沉的温度修正系数K按下式计算：

①当$T \geq 20℃$时，则

$$K = e^{\left(\frac{1}{T} + \frac{1}{20}\right)^t} \tag{4-6}$$

②当 $T < 20℃$ 时,则

$$K = e^{0.002h(20-T)} \quad (4-7)$$

(3)沥青路面回弹弯沉按式(4-4)计算。

(四)数据判定

(1)路基、沥青路面弯沉代表值为弯沉测量值的波动界限,按式(4-8)计算:

$$l_r = (\bar{l} + \beta S) K_1 K_3 \quad (4-8)$$

式中:l_r——弯沉代表值,精确至 0.01mm;

$\bar{l}$——实测弯沉的平均值,精确至 0.01mm;

S——标准偏差,精确至 0.01mm;

β——目标可靠值,见表 4-3;

K_1——湿度影响系数(路基顶面弯沉测定时,根据当地经验确定;路表弯沉测定时,根据实测弯沉值通过反算得到路基模量值,修正后得到结构模量值,然后得出测试状态下的弯沉湿度修正系数,或根据当地经验确定);

K_3——温度影响系数,路基顶面弯沉测定时取 1,路表弯沉测定时根据下式确定:

$$K_3 = e^{[9 \times 10^{-6}(\ln E_0 - 1) H_a + 4 \times 10^{-3}](20-T)} \quad (4-9)$$

式中:T——弯沉测定时沥青结合料类层中点实测温度或预估温度,℃;

H_a——沥青结合料类材料层厚度,mm;

E_0——平衡湿度状态下路基顶面回弹模量,MPa。

目标可靠指标 β 值　　　　表 4-3

公路等级	高速公路	一级公路	二级公路	三级公路	四级公路
目标可靠度(%)	95	90	85	80	75
目标可靠指标 β	1.65	1.28	1.04	0.84	0.52

注:弯沉值已按试验检测规程进行 20℃ 的沥青回弹路面弯沉值换算,不重复考虑温度影响系数。

(2)粒料类基层和底基层顶面弯沉代表值应按下式计算:

$$L_r = \bar{L} + Z_\alpha S \quad (4-10)$$

式中:L_r——评定路段的代表弯沉,精确至 0.01mm;

$\bar{L}$——评定路段内经各项修正后的各测点弯沉的平均值,精确至 0.01mm;

S——评定路段内经各项作正后的全部测点弯沉的标准偏差,精确至 0.01mm;

Z_α——与保证率有关的系数。

(3)二级及二级以下公路,当路基和粒料类基层、底基层的弯沉代表值不符合要求时,可将超出"$\bar{L} + (2 \sim 3)S$"的弯沉特异值舍弃,对舍弃的弯沉值大于"$\bar{L} + (2 \sim 3)S$"的点,应找出周围界限,进行局部处理,并对弯沉进行复测后重新计算平均值和标准偏差。高速公路、一级公路不得舍弃特异值。

(4)当弯沉代表值大于设计弯沉值时,相应分项工程应为不合格。若用两台弯沉仪同时进行左、右轮弯沉值测定,应按两个独立测点计,不能采用左、右两点的平均值。

任务实施

某学校有一条沥青混凝土路,桩号为 K0+000~K1+000,采用贝克曼梁法对该路面的弯沉值的检测进行评价。检测用仪器设备如图 4-4 所示。

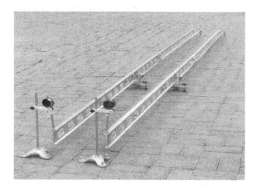
a) 路面弯沉仪

b) 路表温度计

c) 百分表

图 4-4 检测用仪器设备

(一) 操作流程与要求

技能操作流程与要求见表 4-4。

技能操作流程与要求　　　　　　　　　　　　　表 4-4

序号	技能操作步骤	要求
1	了解所需仪具与材料	(1)标准车:按前述规定选用。 (2)路面弯沉仪:由贝克曼梁、百分表及表架组成,弯沉值采用百分表量得。 (3)路表温度计:分度不大于 1%。 (4)其他:钢直尺、皮尺、口哨、白油漆、粉笔、指挥旗等
2	了解检测前工作要求	(1)检查并保持测定用加载车的车况及制动性能良好,轮胎符合规定充气压力。 (2)向汽车车槽中装载集料,并在地磅上称量后轴质量,应符合要求的轴重规定汽车行驶及测定过程中,轴重不得变化。 (3)测定轮胎接地面积:在平整光滑的硬质路面上用千斤顶将汽车后轴顶起,在轮胎下方铺一张新的复写纸和一张方格纸,轻轻落下千斤顶,即在方格纸印上轮胎印痕用求积仪或数方格的方法测算轮胎接地面积,准确至 $0.1 cm^2$
3	了解检测工作实施过程	(1)在测试路段布置测点,其距离随测试需要而定。测点应在路面行车道的轮迹带上,并用白油漆或粉笔做好标记。 (2)将试验车后轮轮隙对准测点后 3~5cm 的位置。 (3)将弯沉仪插入汽车后轮之间的缝隙处,与汽车方向一致,梁臂不得碰到轮胎,弯沉仪测头置于测点上(轮隙中心前方 3~5cm 处),并将百分表安装于弯沉仪的测定杆上,将百分表调零,用手指轻轻叩打弯沉仪,检查百分表是否稳定回零。弯沉仪可以是单侧测定,也可以双侧同时测定。 (4)测定者吹哨发令指挥汽车缓缓前进,百分表随路面变形的增加而持续向前转动。当表针转动到最大值时,迅速读取初读数 L_1。汽车仍在继续前进,表针反向回转,待汽车驶出弯沉影响半径(3m 以上)后,测定者吹口哨或挥动红旗指挥停车。待表针回转稳定后读取终读数 L_2。汽车前进的速度宜为 5km/h 左右

续上表

序号	技能操作步骤	要求
4	了解检测完毕后数据的计算处理	(1)检测数据填入记录表,精确至0.01mm。 (2)计算弯沉值
5	完成报告	填写好记录表,做到诚信、可靠

(二)记录案例

根据技能任务的实际测试结果完成表4-5。

路面强度检测记录表　　　　　　　　　　　　　表4-5

检测路段				路况描述		
测点桩号	读数值(精确至0.01mm)			回弹弯沉值 (精确至0.01mm)		备注
	左轮		右轮		左轮	右轮	
	初读数	终读数	初读数	终读数			
总测点数 n(点)			平均弯沉值 $\bar{L}$(精确至0.01mm)			
标准偏差 S (精确至0.01mm)			弯沉值代表值 L_r(精确至0.01mm)			

任务评价

(一)自我评价

任务	级别		
	掌握的操作	仍需加强	完全不理解
仪器操作			
工作准备			
检测步骤			
数据处理			
完成报告			
在本次任务实施过程中的自评结果	A.优秀　B.良好　C.仍需努力　D.搞不清楚		

(二)答题闯关

1.单选题

贝克曼梁测定回弹弯沉,百分表初读数为49,终读数为24。那么,回弹弯沉值为(　　)。
　　A.25(0.01mm)　　　　　　　　B.25(mm)
　　C.50(0.01mm)　　　　　　　　D.50(mm)

2.多选题

(1)土方路基交工验收时,需检测的项目包括(　　)。
　　A.压实度　　　　　　　　　　B.弯沉
　　C.横坡　　　　　　　　　　　D.中线偏位
(2)属于数理统计方法评定计分的检查项目有(　　)。
　　A.压实度　　　　　　　　　　B.弯沉
　　C.平整度　　　　　　　　　　D.结构层厚度

3.判断题

(1)弯沉测试中的自动弯沉仪法属于动态测试方法。　　　　　　　　(　　)
(2)路表回弹模量越大,表示路基路面的整体承载能力越大。　　　　(　　)
(3)水泥混凝土上加铺沥青面层的复合式路面,沥青面层应检测路表弯沉。(　　)
(4)沥青路面弯沉验收应在施工结束后立即检测。　　　　　　　　　(　　)

任务4.3　路基路面回弹模量检测

任务描述

用弯沉仪测试各点的回弹弯沉值,通过计算求得该材料回弹模量值的试验,既适用于土基和厚度不小于1m的粒料整层表面,也适用于在旧路表面测定路基路面的综合回弹模量。《公路沥青路面设计规范》(JTG D50—2017)规定路基顶面回弹模量值:极重交通不小于70MPa,特重交通不小于60MPa,重交通不小于50MPa,中等轻交通不小于40MPa。路基是路面结构的支撑体,而路面回弹模量是其主要的控制参数,因此对其进行检测极其重要。本任务将学习路基路面回弹模量检测。

相关知识

(1)各级压力下的影响量 α_i 按下式计算:

$$\alpha_i = \frac{(T_1 + T_2)\pi D^2 P_i}{4T_1 Q} \cdot \alpha \tag{4-11}$$

式中：T_1——测试车前后轴距，m；

T_2——加劲小梁距后轴距离，m；

D——承载板直径，m；

Q——测试车后轴重，N；

P_i——该级承载板压力，MPa；

α——总影响量，精确至 0.01mm；

α_i——该级压力的分级影响量，精确至 0.01mm。

(2)将各级计算回弹变形值点绘于标准计算纸上，排除显著偏离的异常点，绘出顺滑的 P-L 曲线，如曲线起始部分出现反弯，应按图 4-5 所示修正原点 O，O' 是修正后的原点。

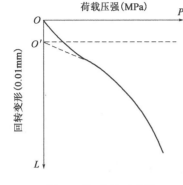

图 4-5 修正原点示意图

(3)按下式计算相应于各级荷载下的土基回弹模量值：

$$E_i = \frac{\pi D}{4} \cdot \frac{P_i}{L_i}(1 - \mu_0^2) \tag{4-12}$$

式中：E_i——相应于各级荷载下的土基回弹模量，MPa；

μ_0——土的泊松比，根据部颁路面设计规范规定选用；

D——承载板直径 30cm；

P_i——承载板压力，MPa；

L_i——相对于荷载时的回弹变形，cm。

(4)取结束试验前的各回弹变形值按线性回归方法由下式计算土基回弹模量 E_0 值：

$$E_0 = \frac{\pi D}{4} \cdot \frac{\sum P_i}{\sum L_i}(1 - \mu_0^2) \tag{4-13}$$

式中：E_0——土基回弹模量，MPa；

μ_0——土的泊松比，根据部颁路面设计规范规定选用；

L_i——相应荷载的回弹变形，cm；

P_i——对应于 L_i 的各级压力值。

任务实施

如图 4-6 所示，挖掘一个试槽，面积不小于 3m×2m，厚度不宜小于 1m 铺筑时，先挖 3m×2m×1m（长×宽×深）的坑，采用贝克曼梁法来测试弯沉值。

测试用仪器设备如图 4-7 所示。

(一)操作流程与要求

技能操作流程与要求见表 4-6。

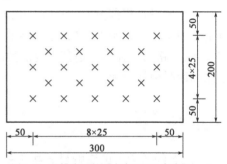

图 4-6 试槽表面的测点布置(尺寸单位：cm)

a) 刚性承载板　　　　　　b) 路面弯沉仪　　　　　　c) 秒表

d) 液压千斤顶　　　　　　e) 水平尺

图 4-7　测试用仪器设备

技能操作流程与要求　　　　　　　　　　　　　　　　　　　　　　表 4-6

序号	技能操作步骤	要求
1	了解所需仪具与材料	(1) 加载设施。 (2) 现场测试装置。 (3) 刚性承载板一块，板厚 20mm，直径为 φ30cm，直径两端设有立柱和可以调整高度的支座供安放弯沉仪测头，承载板放在土基表面上。 (4) 路面弯沉仪 2 台，由贝克曼梁、百分表及其支架组成。 (5) 液压千斤顶 1 台，80~100kN，装有经过标定的压力表或测力环，其容量不小于土基强度，测定精度不小于测力计量程的 1/100。 (6) 秒表。 (7) 水平尺。 (8) 其他：如细砂、毛刷、垂球、镐、铁锹、铲等
2	了解检测前工作要求	(1) 根据需要选择有代表性的测点，测点应位于水平的路基上，土质均匀，不含杂物。 (2) 仔细平整土基表面，撒干燥、洁净的细砂填平土基凹处，砂子不可覆盖全部土基表面避免形成夹层。 (3) 安置承载板，并用水平尺进行校正，使承载板置于水平状态。 (4) 将试验车置于测点上，在加劲小梁中部悬挂垂球测试，使之恰好对准承载板中心，然后收起垂球。 (5) 在承载板上安放千斤顶，上面衬垫钢圆筒，并将球座置于顶部与加劲横梁接触。如用测力环，应将测力环置于千斤顶与横梁中间，千斤顶及衬垫物必须保持垂直，以免加载时千斤顶倾倒发生事故或影响测试数据的准确性。 (6) 安放弯沉仪，将两台弯沉仪的测头分别置于承载板立柱的支座上，百分表对零或其他合适的初始位置

续上表

序号	技能操作步骤	要求
3	了解检测工作实施过程	(1)用千斤顶开始加载,注视测力环或压力表,至预压 0.5MPa,稳压 1min,使承载板与土基紧密接触,同时检查百分表的工作情况是否正常,然后放松千斤顶油门卸载,稳压 1min,将指标对零或记录初始读数。 (2)测定土基的压力-变形曲线。用千斤顶加载采用逐级加载卸载法,用压力表或测力环控制加载量。当荷载小于 0.1MPa 时,每级增加 0.02MPa,以后每级增加 0.04MPa 左右。为了使加载和计算方便,加载数值可适当调整为整数。每次加载至预定荷载后,稳定 1min,立即读记两台弯沉仪百分表数值,然后轻轻放开千斤顶油门卸载至 0,待卸载稳定 1min 后,再次读数,每次卸载后百分表不再对零。当两台弯沉仪百分表读数之差小于平均值的 30% 时,取平均值;如超过 30%,则应重测。当回弹变形值超过 1mm 时,即可停止加载
4	了解检测完毕后数据的计算处理	(1)检测数据填入记录表,精确至 0.01mm。 (2)计算变形量
5	完成报告	(1)试验时所采用的汽车。 (2)近期天气情况。 (3)试验时土基的含水率。 (4)土基密度和压实度。 (5)相应于各级荷载下的土基回弹模量值。 (6)土基回弹模量值

(二)记录案例

根据技能任务的实际测试结果完成表4-7。

承载板测定记录表 表 4-7

千斤顶读数	荷载 P（kN）	承载板力（MPa）	百分表读数(精确至 0.01mm)			总变形（精确至 0.01mm）	回弹变形（精确至 0.01mm）	分级影响量（精确至 0.01mm）	回弹变形（精确至 0.01mm）	E_i（MPa）
			加载前	加载后	卸载后					
总影响量 a										
土基回弹模量 E_0 值(MPa)										

任务评价

(一)自我评价

任务	级别		
	掌握的操作	仍需加强	完全不理解
仪器操作			
工作准备			
检测步骤			
数据处理			
完成报告			
在本次任务实施过程中的自评结果	A.优秀 B.良好 C.仍需努力 D.搞不清楚		

(二)答题闯关

1. 多选题

在沥青面层弯沉检测中,下列 4 种情况应进行追度修正的有( )。
  A. 路面温度 15℃,沥青面层厚度 10cm
  B. 路面温度 15℃,沥青面层厚度 4cm
  C. 路面温度 25℃,沥面层厚度 10cm
  D. 路面温度 25℃,沥青面层厚度 4cm

2. 判断题

(1)工程建设项目的质量等级是根据单位工程的优良率评定的。 (　　)
(2)石灰稳定土基层交工验收时,含水率作为实测项目之一,需进行检测和评定。(　　)
(3)沥青路面弯沉验收应在施工结束后立即检测。 (　　)

3. 简答题

(1)简述沥青路面弯沉评定方法。
(2)简述贝克曼梁法中所运用的器械。

任务 4.4　土基现场 CBR 值检测

任务描述

  承载比(CBR)值又称加州承载比,是规定贯入量时荷载压强的比值。CBR 值检测最早由美国加利福尼亚公路局首先提出,是评定土基及路面材料强度的一种方法。该法简便,试验数据稳定,因而被许多国家采用。目前我国已将 CBR 值列入设计和施工规范,作为路基填料选择的依据。

  本任务适用于在现场测试各种土基材料的现场 CBR 值,也适用于基层、底基层砂性土、天然砂砾、级配碎石等材料现场 CBR 值的检测,用于评价材料的承载能力,但不适用于填料粒径超过 31.5mm 的土基现场 CBR 值检测。本任务将学习 CBR 值的检测。对于粒径在 25mm 以内(最大粒径不得超过 40mm 且含量不超过 5%)的各种质路面基层、底基层材料,在试验室内用规定的试筒制成标准试件,在路面材料强度仪上进行 CBR 检测,即可测定材料的 CBR 值。

相关知识

(一)理论知识

CBR值是指试件抵抗局部荷载压入贯入量达到2.5mm或5mm时的荷载强度与标准碎石压入相同贯入量时的标准压强(7MPa或10.5MPa)的比值,用百分比表示。标准压强用高质量碎石材料大量试验求得。

为了合理选择路基填料,确保路基的强度和稳定性,《公路路基实际规范》(JTG D30—2015)、《公路路基施工技术规范》(JTG/T 3610—2019)和《公路沥青路面设计规范》(JTG D50—2017)都规定了路基填料的最小强度(CBR值)要求,见表4-8。在路基施工之前,必须对所用填料进行CBR值检测。

路基填料最小强度(CBR)值和最大粒径要求　　　　表4-8

填料应用部位(路床顶面以下深度)(m)			填料最小强度(CBR)(%)			填料最大粒径(mm)
			高速公路、一级公路	二级公路	三级公路	
填方路基	上路床	0.00~0.30	8	6	5	100
	下路床	轻、中及重交通	0.30~0.80	5	4	3	100
		特重、极重交通	0.30~1.20				
	上路堤	轻、中及重交通	0.80~1.50	4	3	3	150
		特重、极重交通	1.20~1.90				
	下路堤	轻、中及重交通	>1.50	3	2	2	150
		特重、极重交通	>1.90				
零填及挖方路基	上路床	0.00~0.30	8	6	5	100
	下路床	轻、中及重交通	0.30~0.80	5	4	3	100
		特重、极重	0.30~1.20				

土基现场CBR值与土工试验的室内CBR值有所区别,具体如下:

(1)试验条件不同。这里所指的是在公路土基现场条件下测定的土基含水率、压实度与室内试验不同,其试样也未经泡水。因此,应通过试验,寻找两者之间的关系,将土基现场CBR值换算为室内试验CBR值后,再用于路基施工强度检测或评定。

(2)试验的出发点不同。土基现场填料的CBR试验是为了评定路用的材料的强度,而室内CBR试验则更多是为了衡量土基的整体承载力。

(二)检测方法

(1)将贯入试验得到的等级荷重数除以贯入断面积(1963.5mm²),得到各级压强(MPa),绘制荷载压强-贯入量曲线,如图4-8所示。图上曲线1

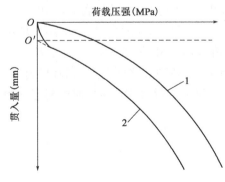

图4-8 荷载压强-贯入量关系曲线图

不需要修正,曲线 2 在起点处有明显凹凸,需要进行修正。修正时在拐点引一切线,与纵坐标交于 O' 点,O' 即修正后的原点。

(2)从压强-贯入量曲线上读取贯入量为 2.5mm 及 5.0mm 时的荷载压强 P_1,按式(4-14)计算现场 CBR 值。CBR 一般以贯入量 2.5mm 时的测试值为准,当贯入量为 5.0mm 时的 CBR 值大于贯入量为 2.5mm 时的 CBR 值时,应重新试验,如重新试验仍然如此时,则以贯入量 5.0mm 时的 CBR 值为准。

$$CBR_{现场} = \frac{P_1}{P_0} \times 100 \tag{4-14}$$

式中:$CBR_{现场}$——CBR,准确至 0.1;

P_1——荷载压强,MPa;

P_0——标准压强,当贯入量为 2.5mm 时为 7MPa,当贯入量为 5.0mm 时为 10.5MPa。

(3)任务注意事项:本方法的测试结果对填料粒径较为敏感,一般用于填料粒径小于 19.0mm 的土基测试,能够取得较好的测试效果。

任务实施

某学校有一条沥青混凝土路,桩号为 K0+000~K1+000。试进行 CBR 试验。试验用工具仪器如图 4-9 所示。

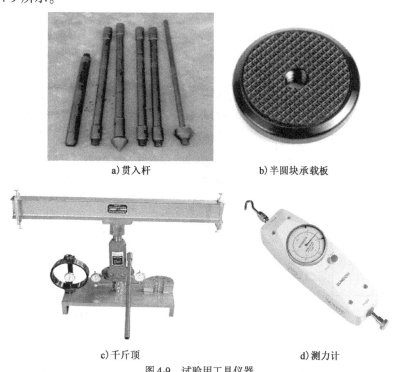

a)贯入杆　　　　　　b)半圆块承载板

c)千斤顶　　　　　　d)测力计

图 4-9　试验用工具仪器

(一)操作流程与要求

技能操作流程与要求见表 4-9。

技能操作流程与要求   表4-9

序号	技能操作步骤	要求
1	了解所需仪具与材料	(1)荷重装置。 (2)现场测试装置。 (3)贯入杆:直径50mm,长约200mm的金属圆柱体。 (4)承载板:直径150mm,中心孔眼直径52mm,每块1.25kg,共4块,并沿直径分为两个半圆块。 (5)贯入量测定装置:由刚性平台及百分表组成。百分表量程20mm,精度0.01mm,数量2个,对称固定于贯入杆上,端部与刚性平台接触,平台跨度不小于500mm。此设备也可用两台贝克曼梁弯沉仪代替。 (6)细砂:洁净干燥的细砂,粒径0.3~0.6mm。 (7)其他:如铁铲、盘、直尺、毛刷、天平等
2	了解检测前工作要求	(1)将测试地点直径约300mm范围的表面找平,用毛刷刷净浮土。如表面为粗粒土,应撒布少许洁净的细砂填平,但不能覆盖全部土基表面避免形成夹层。 (2)设置贯入杆与千斤顶。千斤顶应顶在加劲横梁上且调节至高度适中。贯入杆应与土基表面紧密接触。 (3)将支架平台、百分表(或两台贝克曼梁弯沉仪)安装好
3	了解检测工作实施过程	(1)在贯入杆位置安放4块1.25kg的分开成半圆的承载板,共5kg。 (2)试验贯入前,先在贯入杆上施加45N荷载后,将测力计及百分表调0,记录初始读数。 (3)用千斤顶连续加载,使贯入杆以1mm/min的速度压入土基,分别记录贯入量为0.5mm、1.0mm、1.5mm、2.0mm、2.5mm、3.0mm、4.0mm、5.0mm、7.5mm、10.0mm、12.5mm时的测力计和百分表读数,每级贯入量测力计和百分表的读数应保持同步。贯入量以两个百分表读数的平均值计,当两个百分表读数差值超过其平均值的30%时,应停止测试,并检查原因。根据情况,也可在贯入量达到7.5mm时结束试验。 (4)卸除荷载,移去测试装置。 (5)在试验点取样,测试材料含水率。取样量如下:最大粒径不大于4.75mm,试样量约120g;最大粒径不大于19.0mm,试样量约250g;最大粒径不大于31.5mm,试样量约500g。 (6)在紧靠试验点旁边的适当位置,采用灌砂法或环刀法测试土基的密度
4	了解检测完毕后数据的计算处理	(1)检测数据填入记录表,精确至0.01mm。 (2)计算CBR值
5	完成报告	(1)测试位置信息(包括桩号、现场材料类型、材料粒径等)。 (2)含水率、干密度。 (3)荷载压强、标准压强、CBR值及相应的贯入量

(二)记录案例

根据技能任务的实际测试结果完成表4-10。

现场 CBR 值测定记录表 表 4-10

	预定贯入量 (mm)	贯入量百分表读数（精确至 0.01mm）			测力计读数	压力 (MPa)
		1	2	平均		
加载记录	0.0					
	0.5					
	1.0					
	1.5					
	2.0					
	2.5					
	3.0					
	4.0					
	5.0					
	7.5					
	10.0					
	12.5					

CBR$_{现场}$ 计算：

贯入断面面积：　　　cm²
相当于贯入量 2.5mm 时的荷载压强标准压强 = 7MPa
相当于贯入量 5.0mm 时的荷载压强标准压强 = 10.5MPa
CBR$_{2.5}$ =　　　（%）CBR$_5$ =　　　（%）
试验结果现场 CBR =　　　（%）

	序号	湿土重 (g)	干土重 (g)	水重 (g)	含水率 (%)	平均含水率 (%)
含水率计算	1					
	2					

	序号	式样湿重	式样干重	体积	干密度	平均干密度
密度计算	1					
	2					

任务评价

（一）自我评价

任务	级别		
	掌握的操作	仍需加强	完全不理解
仪器操作			
工作准备			
检测步骤			
数据处理			
完成报告			
在本次任务实施过程中的自评结果	A.优秀　B.良好　C.仍需努力　D.搞不清楚		

(二) 答题闯关

判断题

(1) 测试车轮胎气压,应达到车辆轮胎规定的标准气压。（　）

(2) 每个测试项目开始前或连续测试超过 800km 后应按照规定的方法进行系统应力传感器的标定,记录下标定数据并存档。（　）

(3) 根据测试里程向水罐加注足够用量的清洁测试用水。（　）

(4) 测试过程中,测试人员应及时、准确地将测试路段需要标记的起终点和其他特殊点的位置输入测试数据记录。（　）

(5) 分别计算出每种速度下各路段 3 次测试结果的总平均值和标准偏差,超过 2 倍标准偏差的值应予以舍弃。（　）

项目5 ITEM FIVE
路面平整度检测

知识目标

(1) 熟悉目前我国规范常用路面平整度检测的方法及原理。
(2) 掌握3m直尺法、连续式平整度仪法和车载式颠簸累积仪法测试的步骤。

技能目标

(1) 能运用3m直尺法进行路面平整度检测操作。
(2) 能运用连续式平整度仪法进行路面平整度检测操作。

项目概述

平整度是路面施工质量与服务水平的重要指标之一,是指以规定的标准量规,间断或连续地量测路表面的凹凸情况,即不平整度的指标。路面的平整度与路面各结构层次的平整状况有着一定的联系,即各结构层次的平整效果将累积反映到路面表面上。路面面层直接与车辆接触,其不平整的表面将会增大行车阻力,使车辆产生附加振动作用。这种振动作用会造成行车颠簸,影响行车的速度和安全及驾驶的平稳性和乘客的舒适性。同时,振动作用会对路面施加冲击力,从而加剧路面和汽车机件损坏和轮胎的磨损,并增大油耗。而且,不平整的路面会积滞雨水,加速路面的破坏。因此,平整度的检测与评定是公路施工与养护的一个非常重要的环节。

任务5.1 认知路面平整度检测基础知识

 **任务描述**

新建高速公路某路段桩号 K32+000 ~ K33+100,双向四车道,设计行车速度120km/h,为

反映新建路段施工质量,在开放交通前施工单位用连续式平整度仪对其沥青路面平整度作了检测,测定结果见表 5-1。

平整度检测记录　　　　　　　　　表 5-1

测定区间桩号	标准偏差 σ	标准偏差平均值 S	状况评定
K32+000	0.46		
K32+100	0.46		
K32+200	0.46		
K32+300	0.50		
K32+400	0.48		
K32+500	0.60	0.54	合格
K32+600	0.67		
K32+700	0.43		
K32+800	0.72		
K32+900	0.50		
K33+000	0.54		
K33+100	0.68		

由表 5-1 可知,该路段面层的平整度符合要求,标准偏差 σ 是表征路面平整度的一个指标,在路面施工质量控制中严格检测路面平整度,保证路面平整度满足设计要求尤为重要。本任务介绍几种常见的平整度检测方法以及如何对路面平整度进行评定。

相关知识

(一) 基本概念

平整度是衡量路面施工质量与服务水平的重要指标之一,是指以规定的标准量规,间断或连续地量测路表面的凹凸情况。

(二) 基本原因

路面的平整度与路面各结构层次的平整状况有着一定的联系,即各层次的平整效果将累积反映到路面表面上。

(三) 检测指标及要求

有关规范对路基、路面、基层、底基层的平整度的要求见表 5-2。

路基、路面、基层、底基层的平整度要求 表 5-2

结构类型	规定值或允许偏差						检查方法与频率
	3m 直尺：最大间隙(mm)				平整度仪：标准偏差 σ(mm) 国际平整度指数 IRI(m/km)		
	高速公路、一级公路		其他公路		高速公路、一级公路	其他公路	
	基层	底基层	基层	底基层			
土方路基	≤15		≤20				3m 直尺：200m 测2处×5尺
填方路基	≤20		≤30				
水泥混凝土面层	3		5		1.32(2.2)	2.0(3.3)	
沥青混凝土面层	—		≤5		1.2(2.0)	2.5(4.2)	
沥青碎石面层	—		≤5		1.2(2.0)	2.5(4.2)	3m 直尺：200m 测2处×5尺（水泥混凝土面层为半幅车道），平整度仪，全线每车道连续按每100m 计算标准偏差 σ 或 IRI
沥青贯入式面层	≤8				≤3.5(5.8)		
沥青表面处治面层	≤10				≤4.5(7.5)		
稳定土基层、底基层	—	≤12	≤12	≤15			
稳定粒料基层、底基层	≤8	≤12	≤12	≤15			
级配碎石基层、底基层	≤8	≤12	≤12	≤15			
填隙碎石(矿渣)基层、底基层	—	≤12	≤12	≤15			

注：括号中的数值为 IRI(m/km)。

（四）检测方法

平整度的测试设备分为断面类及反应类两大类。断面类指标实际上用于评定路面凹凸情况，可用最常用的 3m 直尺法及连续式平整度仪法测得，还可精确测定高程得到；反应类指标评定路面凹凸引起车辆振动的颠簸情况。反应类指标是驾驶员和乘客直接感受到的平整度指标，因此它实际上是舒适性能指标。常用的测试设备是车载式颠簸累积仪。现已有更新型的自动化测试设备，如纵断面分析仪、路面平整度数据采集系统测定车等。常见几种平整度测试方法的特点及技术指标比较见表 5-3。国际上通用 IRI 衡量路面行驶舒适性或路面行驶质量，可通过标定试验得出 IRI 与标准偏差 σ 或单向累计值(VBI)之间的关系。

平整度测试方法比较 表 5-3

方法	特点	技术指标
3m 直尺法	设备简单，结果直观，间断测试，工作效率低，反映凸凹程度	最大间隙 h(mm)
连续式平整度仪法	设备较复杂，连续测试，工作效率高，反映凸凹程度	标准偏差 σ(mm)
车载式颠簸累积仪	设备复杂，工作效率高，连续测试，反映舒适性	单向累计值(cm/km)

任务 5.2 3m 直尺测定平整度

任务描述

把一定长度的金属直尺放在被测定的路面上,路面由于高低不平,与直尺间存在间隙。测量出路面与直尺间的最大间隙,即可作为路面平整度指标,单位以 mm 计。本检测方法适用于沥青路面施工过程中的接缝或与结构物连接处平整度的检测,也可用于除高速公路、一级公路以外其他等级公路的路基路面工程质量检查验收或进行路况评定。

3m 直尺法有单尺测定最大间隙及等距离(1.5m)连续测定两种。两种方法测定的路面平整度有较好的相关关系。前者常用于施工质量控制与检查验收,单尺测定时要计算出测定段的合格率;等距离连续测试也可用于施工质量检查验收,要算出标准偏差,用标准偏差来表示平整程度。本任务将学习如何利用 3m 直尺法来评定路面的平整度。

相关知识

(一)仪具与材料的准备

1. 3m 直尺

3m 直尺测量基准面长度为 3m,基准面应平直,用硬木或铝合金钢等材料制成,如图 5-1 所示。

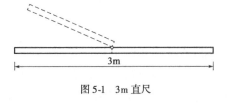

图 5-1 3m 直尺

2. 楔形塞尺

楔形塞尺是硬本或金属制的三角形塞尺,有手柄,如图 5-2 所示。塞尺的长度与高度之比不小于 10,宽度不大于 15mm,边部有高度标记,刻度精度小于或等于 0.2mm。

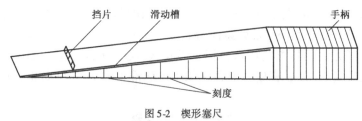

图 5-2 楔形塞尺

3. 其他

皮尺或钢尺、粉笔等。

(二)准备工作

(1)按照有关规范的规定选择测试路段。

(2)测试路段的测试地点选择:当进行沥青路面施工过程中的质量检测时,测试地点应选在接缝处,以单杆测定评定;除高速公路以外,可用于其他等级公路路基路面工程质量检查验收或进行路况评定,每200m 测 2 处,每处连续测量 10 尺(1m=3 尺,约 0.33m)。除特殊需要外,应以行车道一侧车轮轮迹(距车道线 0.8~1.0m)作为连续测定的标准位置,如图 5-3 所示。对旧路已形成车辙的路面,应取车辙中间位置为测定位置,用粉笔在路面上做好标记。

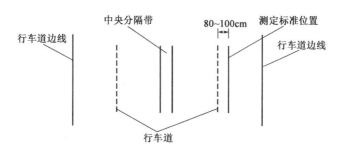

图 5-3 测点位置示意图

(3)清扫路面测定位置处的污物。

(三)开始检测

(1)施工过程中检测时,按根据需要确定的方向,将3m 直尺摆在测试地点的路面上。
(2)目测 3m 直尺底面与路面之间的间隙情况,确定最大间隙的位置。
(3)用有高度标线的塞尺塞进间隙,量测其最大间隙的高度(mm);或者用深度尺在最大间隙位置量测直尺上顶面距地面的深度,该深度减去尺高即测试点的最大间隙的高度,准确至 0.2mm,如图 5-4 所示。

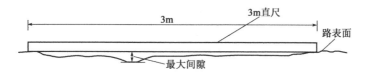

图 5-4 3m 直尺法测平整度示意图

(4)施工结束后检测时,按现行《公路工程质量检验评定标准 第一册 土建工程》(JTG F80/1)的规定,每 1 处连续检测 10 尺,按上述步骤测记 10 个最大间隙。

(四)数据处理

单杆检测路面的平整度计算,以 3m 直尺与路面的最大间隙为测定结果。连续测定 10 尺时,判断每个测定值是否合格,根据要求计算合格百分率,并计算 10 个最大间隙的平均值,即

$$合格率(\%) = \frac{合格尺数}{总测尺数} \times 100 \tag{5-1}$$

（五）完成报告

单尺检测应随时记录测试位置及检测结果。连续测定10尺时,应报告平均值、不合格尺数、合格率。

任务实施

某学校有一条沥青混凝土路,桩号为K0+000~K1+000,采用3m直尺法对该路面的平整度进行评价。

（一）操作流程与要求

该路面属于沥青混凝土路面,满足3m直尺法的适用范围,通过3m直尺法测得路面的最大间隙可以对该路段的平整度进行评价。下面将按照相关知识中所学习的3m直尺法的测试步骤进行测试。技能操作流程与要求见表5-4。

技能操作流程与要求 表5-4

序号	技能操作步骤	要求
1	准备工作	(1)按照《公路路基路面现场测试规程》(JTG 3450—2019)进行测试。 (2)仪器设备的准备:如3m直尺、楔形塞尺、皮尺或钢尺、粉笔等,如图5-5所示
2	开始检测	(1)测试路段的测试地点选择:该沥青路面已形成车辙,应取车辙中间位置为测定位置,用粉笔在路面上做好标记,每200m测2处,每处连续测量10尺。检测现场如图5-6所示。 (2)按照步骤进行检测:按照确定的方向,将3m直尺摆在路面上,目测3m直尺底面与路面之间的间隙情况,确定最大间隙的位置,用楔形塞尺测间隙
3	数据处理	(1)检测数据填入记录表,精确至0.2mm。 (2)计算合格点数、合格率
4	完成报告	填写好记录表,做到诚信、可靠

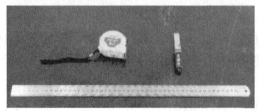

图5-5 测试用工具

图5-6 检测现场照片

(二)记录案例

根据技能任务的实际测试结果完成表 5-5 中的不合格尺数、最大间隙、合格点数、合格率的计算,并给出结论。

3m 直尺检测平整度记录表　　　　　　　　　　　　　　　　　表 5-5

起讫桩号	实测值(mm)										不合格尺数	最大间隙(mm)	合格率(%)
	1	2	3	4	5	6	7	8	9	10			
检测点数		标准值				合格点数				合格率			
总结结论													

任务评价

(一)自我评价

任务	级别		
	掌握的操作	仍需加强	完全不理解
选择检测路段			
进行检测			
计算合格率			
完成报告			
在本次任务实施过程中的自评结果	A.优秀　B.良好　C.仍需努力　D.搞不清楚		

(二)答题闯关

1. 单选题

(1)用 3m 直尺法测定平整度,连续测定(　　　)尺时,应报告平均值、不合格尺数、合格率。

　　A. 5　　　　　　B. 8　　　　　　C. 10　　　　　　D. 15

(2)用3m直尺法检测路面平整度时,将有高度标线的塞尺塞进最大间隙,量记最大间隙的高度,精确至( )。

  A.0.2mm   B.0.5mm   C.0.1mm   D.没有要求

(3)当进行路基路面工程质量检查验收或路况评定时,3m直尺法测定的标准位置为( )。

  A.行车道中心线   B.行车道一侧车轮轮迹带
  C.行车道左边缘   D.行车道右边缘

(4)用3m直尺法测定平整度时,所用塞尺的刻度读数分辨率应小于或等于( )mm。

  A.0.05   B.0.1
  C.0.2   D.1

2.多选题

(1)3m直尺法有( )。

  A.单尺测定最大间隙   B.等距离连续测定
  C.连续平整度仪测定   D.不等距离连续测定

(2)3m直尺法的测试要点为( )。

  A.将3m直尺摆在测试地点的路面上
  B.用有高度标线的塞尺塞进最大间隙处,量记最大间隙的高度,精确至0.2mm
  C.目测3m直尺底面与路面之间的间隙情况,确定最大间隙的位置
  D.无论什么情况,每1处连续检测10尺,按上述步骤测记10个最大间隙

3.判断题

(1)高速公路土方路基平整度常采用3m直尺法测定。   ( )

(2)沥青混凝土面层平整度用3m直尺法检测的合格率为96%,则平整度的评分值为96。   ( )

(3)3m直尺法有单尺测定最大间隙及等距离连续测定两种。前者常用于施工质量控制与检查验收。   ( )

(4)单杆检测路面的平整度计算,以3m直尺与路面的最大间隙为测定结果。连续测定10尺时,只要10个最大间隙的平均值合格即满足要求。   ( )

任务5.3 连续式平整度仪测定平整度

任务描述

连续式平整度仪测定平整度的原理:按一定采样间距,量测路表面与八轮仪机架的基点之间距离的单向偏差(凸起或凹下),以一定长度区间的标准偏差(以mm计)反映路面平整度。标准偏差σ越大,路表面越不平整。本检测方法适用于测定路表面的平整度,评定路面的施

工质量和使用质量,但不适用于已有较多坑槽、破损严重的路面的测定。利用连续式平整度仪可以测定路面的纵向相对高程,以路面的纵向相对高程标准偏差来表示路面的平整度,本任务将学习如何使用连续式平整度仪来评定路面的平整度。

相关知识

(一)仪具与材料的准备

(1)连续式平整度仪构造示意图如图5-7所示。

除特殊情况外,连续式平整度仪的标准长度为3m,其质量应符合仪器标准的要求。中间为一个3m长的机架,机架可缩短或折叠,前后各有4个行走轮,前后两组行走轮的轴间距离为3m。机架中间有一个能起落的测定轮。机架上装有蓄电池及可拆卸的检测箱,检测箱可采用显示、记录、打印或绘图等方式输出测试结果。测定轮上装有位移传感器,自动采集位移数据时,测定间距为10cm,每个计算区间的长度为100m,100m输出一次结果。当为人工检测,无自动采集数据及计算功能时,应能记录测试曲线。机架头装有一牵引钩及手拉柄,可用人力或汽车牵引。

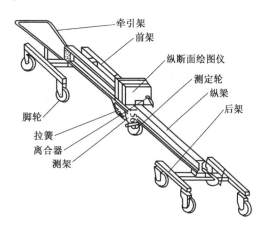

图5-7 连续式平整度仪构造示意图

(2)牵引车:小面包车或其他小型牵引汽车。

(3)皮尺或测绳。

(二)准备工作

(1)选择测试路段。

(2)当为满足施工过程中质量检测需要时,测试地点可根据需要确定;当为满足路面工程质量检查验收或进行路况评定需要时,通常以行车道一侧车轮轮迹带作为连续测定的标准位置。对旧路已形成车辙的路面,取一侧车辙中间位置为测定位置。在测试路段面上定测试位置,当以内侧轮迹带(IWP)或外侧轮迹带(OWP)作为测定位置时,测定位置距车道标线80~100cm。

(3)清扫路面测定位置处的脏物。

(4)检查仪器,检测箱各部分应完好、灵敏,并将各连续线接妥,安装记录设备。

(三)开始测试

(1)将连续式平整度仪置于测试路段路面起点。

(2)在牵引车的后部,将连续式平整度仪与牵引车连接好,按照仪器使用手册依次完成各项操作。

(3)起动牵引车,沿路面纵向行驶,横向位置保持稳定。

(4)确认连续式平整度仪工作正常。牵引连续式平整度仪的速度应保持匀速,速度宜为5km/h,最快不得超过12km/h。

说明:在测试路段较短时,也可用人力拖拉平整度仪测定路面的平整度,但拖拉时应保持匀速前进。

(四)计算

(1)连续式平整度测定仪测定后,可按每10cm间距采集的位移值自动计算100m计算区间的平整度标准偏差,还可记录测试长度、曲线振幅大于某一定值(3mm、5mm、8mm、10mm等)的次数、曲线振幅的单向(凸起或凹下)累计值及以3m机架为基准的中点路面偏差曲线图,并打印输出。当采用人工计算时,在记录曲线上任意设一基准线,每隔一定距离(宜为1.5m)读取曲线偏离基准线的偏离位移值d_i。

(2)每一计算区间的路面平整度以该区间测定结果的标准偏差表示,按式(5-2)计算:

$$\sigma_i = \sqrt{\frac{\sum(\bar{d}-d_i)^2}{n-1}} \qquad (5\text{-}2)$$

式中:σ_i——各计算区间的平整度计算值,mm;

d_i——以100m为一个计算区间,每隔一定距离(自动采集间距为10cm,人工采集间距为1.5m)采集的路面凹凸偏差位移值,mm;

n——计算区间用于计算标准偏差的测试数据个数。

(3)计算一个评定路段内各区间平整度标准偏差的平均值、标准偏差、变异系数。

(五)完成报告

试验应列表报告每一个评定路段内各测定区间的平整度标准偏差、各评定路段平整度的平均值、标准偏差、变异系数以及不合格区间数。

任务实施

某学校内有一条沥青混凝土路,桩号为K0+000~K1+100,采用连续式平整度仪测定路面的相对高程的标准偏差,对该路面的平整度进行评价。

(一)操作流程与要求

通过连续式平整度仪测得路面相对高程的标准偏差可以对该路段进行平整度的评价,下面将按照相关知识中所学习连续式平整度仪的测试步骤进行测试,技能操作流程与要求见表5-6。

技能操作流程与要求　　　　　表5-6

序号	技能操作步骤	要求
1	准备工作	(1)按照《公路路基路面现场测试规程》(JTG 3450—2019)的规定进行测试。 (2)仪器设备的准备:连续式平整度仪、小面包车、皮尺等。 (3)检查连续式平整度仪的测试情况

续上表

序号	技能操作步骤	要求
2	开始检测	(1)选择测试路段,以行车道一侧车轮轮迹带作为连续测定的标准位置,测定位置距车道标线 80~100cm。 (2)按照步骤进行检测:清洁路面,将连续式平整度仪置于测试路段路面起点。将连续式平整度仪与小面包车连接好,按照仪器使用手册依次完成各项操作。起动小面包车,沿路面纵向行驶,横向位置保持稳定。连续式平整度仪检测现场照片如图 5-8 所示
3	数据处理	(1)连续式平整度测定仪测定后,按每 10cm 间距采集的位移值自动计算 100m 计算区间的平整度标准偏差。 (2)认真计算每一个评定区间路面标准偏差的平均值、变异系数,保证结果的正确
4	完成报告	填写好记录表,做到诚信、可靠

图 5-8　连续式平整度仪检测现场照片

(二)记录案例

根据技能任务的实际测试结果完成表 5-7,并给出结论。

平整度检测记录(连续式平整度仪法)　　　　表 5-7

测定区间桩号	序号	标准偏差(mm)	平均值(mm)	标准偏差(mm)	变异系数(%)	合格区间数	合格率(%)

任务评价

(一)自我评价

任务	级别		
	掌握的操作	仍需加强	完全不理解
仪器操作			
工作准备			
检测步骤			
数据处理			
完成报告			
在本次任务实施过程中的自评结果	A.优秀 B.良好 C.仍需努力 D.搞不清楚		

(二)答题闯关

1.单选题

(1)连续式平整度仪测定平整度时,其技术指标是(   )。
　　A.最大间隙　　　　　　　　　　B.标准偏差
　　C.单向累计值　　　　　　　　　D.国际平整度指标

(2)使用连续式平整度仪测定路面平整度时,牵引平整度仪的车速宜为(   )。
　　A.5km/h,最大不得超过12km/h　　B.8km/h,最大不得超过15km/h
　　C.10km/h,最大不得超过16km/h　　D.15km/h,最大不得超过20km/h

(3)连续式平整度仪法测定路面平整度时,一个计算区间的路面平整度为该区间测定结果的(   )表示。
　　A.最大间隙　　　　　　　　　　B.标准偏差
　　C.单向累计值　　　　　　　　　D.国际平整度指数

(4)连续式平整度仪测定路面平整度时,每一计算区间的路面平整度以(   )表示。
　　A.该区间测定结果的标准偏差 σ_i 表示,单位为 mm
　　B.该区间测定结果的标准偏差 σ_i 表示,单位为 cm
　　C.该区间测定结果的标准偏差 σ_i 表示,无单位
　　D.该区间测定结果的合格率表示,单位为%

2.多选题

连续式平整度仪自动采集位移数据时(   )。
　　A.测定间距为10cm　　　　　　　B.每一计算区间的长度为100m
　　C.100m输出一次结果　　　　　　D.1km输出一次结果

3.判断题

(1)连续式平整度仪不适用于有较多坑槽、破损严重的路面。　　　　　　　　　(   )

(2)使用连续式平整度仪法,在选择测试路段的路面测试地点时与3m直尺法相同。
(　　)
(3)连续式平整度仪法可用人力拖拉或汽车牵引。（　　）
(4)连续式平整度仪的标准长度为5m。（　　）

任务5.4　车载式颠簸累积仪测定平整度

任务描述

车载式颠簸累积仪适用于测定路面表面平整度,用于评定路面的施工质量和使用舒适性。车载式颠簸累积仪的工作原理是:测试车以一定的速度(以30km/h为宜,一般不超过40km/h)在路面上行驶。路面上凹凸不平引起汽车激振,通过机械传感器可测量后轴与车厢之间的单向累计值。当用该方法测量车辆在路面上通行时,用其后轴与车厢之间的单向累计值表示路面的平整度,以cm/km计。单向累计值越大,说明路面平整度越差,舒适性也越差。本任务将学习如何利用车载式颠簸累积仪来评定路面的平整度。

相关知识

(一)仪具与材料的准备

(1)车载式颠簸累积仪:由机械传感器、数据处理器及微型打印机组成。机械传感器固定安装在测试车的底板上。车载式颠簸累积仪安装示意图如图5-9所示。该仪器的主要技术性能指标如下:

①测试速度:可在30~50km/h范围内选定。
②最小读数:1cm。
③最大测试幅值:±30cm。
④最大显示值:9999cm。
⑤系统最高反应频率:5kHz。

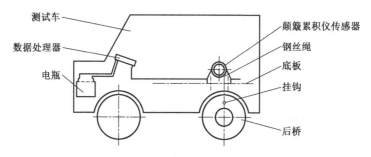

图5-9　车载式颠簸累积仪安装示意图

(2)测试车:旅行车、越野车或小轿车。

(二)准备工作

(1)承载车出现以下情况之一时,均应进行仪器测值与 IRI 的相关性试验:在正常状态下行驶超过 2000km;相关性试验的时间间隔超过 1 年;减震器、轮胎等发生更换、维修。

(2)检查测试车轮胎气压,应达到车辆轮胎规定的标准气压,车胎应清洁,不得黏附杂物,承载车载重及分布应与仪器相关性标定试验时一致。

(3)现场安装距离测量系统,应确保紧固装置安装牢固,螺钉无松动。

(4)检查测试系统各部分应符合测试要求,不应有明显的可视性破损。

(5)打开系统电源,启动控制程序,检查系统各部分的工作状态。

(三)开始测试

(1)测试开始之前应让测试车以测试速度行驶(5~10km),按照规定的预热时间对测试系统预热。

(2)测试车停在测试起点前 300~500m 处,启动平整度测试系统程序,按照测试路段的现场技术要求设置所需的测试状态。

(3)驾驶员在进入测试路段前应保持标定时的车速,沿正常行车轨迹驶入测试路段。

(4)进入测试路段后,测试人员启动系统的采集和记录程序,在测试过程中必须及时、准确地将测试路段的起终点和其他需要特殊标记点的位置输入程序。

(5)当测试车辆驶出测试路段后,测试人员停止数据采集和记录,并恢复仪器各部分至初始状态。

(6)测试人员检查数据文件,数据文件应完整,内容应正常,否则需要重新测试。

(7)关闭测试系统电源,结束测试。

(四)车载式颠簸累积仪测值与 IRI 的相关性试验

1. 基本要求

车载式颠簸累积仪测值受测试速度等因素影响,因此检测系统的每一种实际采用的测试速度均应单独进行试验,建立相关性关系式。同时,试验过程及分析结果应详细记录并存档。

2. 试验条件

(1)按照 IRI 值每段间距大于 1.0 的范围选择不少于 4 段不同平整度水平的路段,且有足够加速或减速长度的路段。根据实际测试公路 IRI 的分布情况,可以增加某些范围内的标定路段。

(2)每路段长度不小于 300m。

(3)每一路段内的平整度应均匀,包括路段前 50m 的引道。

(4)选择坡度变化较小的直线路段,路段交通量小,便于疏导。

(5)标定宜选择在车道的正常行驶轮迹上进行,明确标出标定路段的轮迹、起终点。

3. 标定步骤

(1) 距离标定。

①选择坡度变化较小的平坦直线路段,长度不小于500m,标出起终点和行驶轨迹。

②标定开始之前应让测试车以测试速度行驶 5~10km,按照规定的预热时间对测试系统进行预热。

③将测试车的前轮对准起点线,启动距离校准程序,然后令车辆沿着路段轨迹直线行驶,避免突然加速或减速。接近终点时,减速停车,确保测试车的前轮对准终点线,结束距离校准程序。

④重复此过程,确保距离传感器脉冲当量的准确性(应在允许误差范围之内)。

(2) 用车载式颠簸累积仪按选定的测试速度测试每个标定路段的反应值,重复测试至少5次,取其平均值作为该路段的反应值。

(3) IRI 值的确定。

①以精密水准仪作为标准仪具,分别测量标定路段两个轮迹的纵断面高程,要求采样间隔为250mm,高程测试精度为0.5mm。然后,用 IRI 标准计算程序对每个轮迹的纵断面测试值进行模型计算,得到该轮迹的 IRI 值,两个轮迹 IRI 值的平均值即该路段的 IRI 值。

②其他符合世界银行一类平整度测试标准的纵断面测试仪具也可以作为确定标定路段标准 IRI 值的仪具。

(4) 试验数据处理。用数理统计的方法,对各路段的 IRI 值和相应的车载式颠簸累积仪检测值进行回归分析,建立相关性关系式[式(5-3)],相关系数 R 应不小于0.99。

$$IRI = a + bVBI_v \tag{5-3}$$

式中:IRI——国际平整度指数,m/km;

VBI_v——测试速度 v,km/h,车载式颠簸累积仪测得的单向累计值,cm/km;

a、b——回归系数。

(五) 完成报告

(1) 应列表报告每一个评定路段内各测定区间的单向累计值,各评定路段单向累计值的平均值、标准偏差、变异系数。

(2) 测试速度。

(3) 试验结果与 IRI 等其他平整度指标建立的相关关系式、参数值、相关系数。

(六) 注意事项

(1) 检测结果与测试车机械系统的振动特性和车辆行驶速度有关。减振性能好,则单向累计值测值小;车速越高,单向累计值测值越大。因此,必须通过对机械系统的良好保养和检测时严格控制车速来保持测定结果的稳定性。

(2) 用车载式颠簸累积仪测出的单向累计值,与用连续式平整仪测出的标准偏差 σ 概念不同,可通过对比试验,建立两者的相关关系,将单向累计值换算为 σ,用于路面平整度评定。

(3) 大量研究观察得出:$\sigma = 0.61IRI$。

(4) IRI 是国际上公认的衡量路面行驶舒适性或路面行驶质量的指数。也可以通过标定试验,建立单向累计值与 IRI 的相关关系,将车载式颠簸累积仪测出的单向累计值换算为 IRI。

任务实施

某学校内有一条沥青混凝土路,桩号为 K0+000～K1+400,采用车载式颠簸累积仪其后轴与车厢之间的单向累计值对该路面的平整度进行评价。

(一)操作流程与要求

通过连车载式颠簸累积仪测得其后轴与车厢之间的单向累计值,对该路段进行平整度的评价,下面将按照理论知识中所学的车载式颠簸累积仪的测试步骤进行测试,技能操作流程与要求见表5-8。

技能操作流程与要求　　　　表5-8

序号	技能操作步骤	要求
1	准备工作	(1)按照《公路路基路面现场测试规程》(JTG 3450—2019)的规定进行测试。 (2)仪器设备的准备:车载式颠簸累积仪、小面包车,如图5-10所示。 (3)检查车载式颠簸累积仪的测试情况
2	开始检测	(1)让小面包车以35km/h的速度行驶6km,同时对系统进行预热。 (2)进入测试路段后,启动系统的采集和记录程序,将测试路段的起终点的位置输入,并记录测试数据
3	数据处理	(1)用数理统计的方法,对各路段的 IRI 值和相应的车载式颠簸累积仪检测值进行回归分析,建立相关性关系式,相关系数 R 应不小于0.99。 (2)认真计算每一个评定路段内各测定区间的单向累计值,各评定路段单向累计值的平均值、标准偏差、变异系数,保证结果的正确性
4	完成报告	填写好记录表,做到诚信、可靠

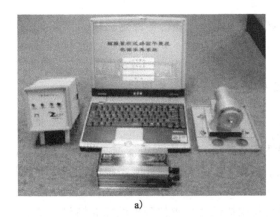

a)　　　　　　　　　　　　　　　b)

图5-10　车载式颠簸累积仪

(二)记录案例

根据技能任务的实际测试结果完成表5-9,并给出结论。

平整度检测记录(车载式颠簸累积仪)　　　　　　表5-9

序号	桩号区间	规范值(m/km)	实测值(m/km)	实测结果打印记录
总平均数		合格点数		总点数		合格率	

任务评价

(一)自我评价

任务	级别		
	掌握的操作	仍需加强	完全不理解
仪器操作			
工作准备			
检测步骤			
数据处理			
完成报告			
在本次任务实施过程中的自评结果	A.优秀　B.良好　C.仍需努力　D.搞不清楚		

(二)答题闯关

1. 多选题

以下关于车载式颠簸累积仪测定路表面平整度说法正确的是(　　　)。

　　A.测量车辆在路面上通行时后轴与车厢之间的单向累计值

　　B.用单向累计值表示路面的平整度

　　C.用标准偏差表示路面的平整度

　　D.单位为 cm/km

2. 判断题

(1)车载式颠簸累积仪测量车辆在路面通行时后轴与车厢之间的单向累计值表示路面平整度。　　　　　　　　　　　　　　　　　　　　　　　　　　　　　　　　(　　)

(2)车载式颠簸累积仪适用于已有较多坑槽、破损严重路面的测定。　　　(　　)

项目6 ITEM SIX
路面抗滑性能检测

知识目标

(1)了解路面抗滑性能测试方法。
(2)知道手工铺砂法、摆式仪法和摩擦系数测定系统的测试步骤。

技能目标

(1)能运用手工铺砂法进行构造深度检测。
(2)能运用摆式仪检测路面摩擦系数。

项目概述

路面抗滑能力是反映公路路面能否防止车轮滑溜,保证安全行车的重要指标,以路表摩阻系数或构造深度表示。随着路网覆盖面积的增大、营运车辆的增多,交通事故频发,行车安全越来越被人们所重视。路面的抗滑性能与行车安全性密切相关。接下来我们将了解路面抗滑性能的基本概念、影响路面抗滑性能的因素以及如何对路面抗滑的性能进行评定。

任务6.1 认知路面抗滑性能检测基础知识

任务描述

某高速公路全长122.8km,双向六车道,设计速度120km/h,日均交通量约230000辆,交通量等级为特重。为反映路段内抗滑水平,首先将横向力系数SFC划分为SFC<40、40≤SFC<45、45≤SFC<50、50≤SFC<55、55≤SFC<60、60≤SFC<65、65≤SFC<70、≥70等8个区间,随后统计落在这些区间的路段长度,将统计数据列于表6-1。以一定速度行驶在潮湿路面上,测试轮胎所受到的侧向摩擦阻力与垂直荷载的比值,称为横向力系数(SFC)。

横向力系数及交通事故统计表　　　　　　　　　表6-1

SFC	SFC<40	40≤SFC<45	45≤SFC<50	50≤SFC<55	55≤SFC<60	60≤SFC<65	65≤SFC<70	SFC≥70
里程(km)	6.82	43.30	55.98	11.04	2.72	1.20	0.38	0
交通事故数	108	742	789	95	13	2	0	0

由表6-1可知,路面的横向力系数越小,该路段交通事故数也越多。横向力系数是表征路面抗滑性能的一个指标,在路面施工质量控制中严格检测路面抗滑性能,保证路面抗滑性能满足设计要求尤为重要。因此,本任务将介绍路面抗滑性能的检测基本知识及评定。

相关知识

本任务涉及的理论知识如下。

(一)基本概念

路面抗滑性能是路面的表面安全技术性能,是指车辆轮胎受到制动时,路面防止轮胎滑移的能力。通常抗滑性能被看作路面的表面特性,并用轮胎与路面间的摩擦阻力系数来表示。

(二)基本原理

路面的抗滑性能由内在因素及外在因素两方面决定。内在因素主要体现为路面的表面特性,外在因素则包含路面温度、干湿状态、行车速度和轮胎特性等。

1. 路面表面特性

路面表面特性包括路表面微观构造和宏观构造。表面微观构造深度是指集料表面的粗糙度,它随车轮的反复磨耗而逐渐减小,通常采用石料磨光值(PSV)表征抗磨光的性能。路面面层所用集料满足石料磨光值要求,表面粗涩,就可获得较好的微观构造。微观构造在低速(30～50km/h)时对路表抗滑性能起决定性作用,而高速时起的主要作用是宏观构造。宏观构造是由路表外露集料间形成的构造,用构造深度表示。其功能是使车轮下的路表水迅速排除,以避免形成水膜。宏观构造主要取决于沥青用量和集料级配等。适当减少沥青用量,采用有棱角、形状接近立方体的集料,路面表面抗滑性能相对较好。

2. 路面温度、干湿状态

一般随着路面温度的升高,路面抗滑性能会降低。干湿状态对路面抗滑性能影响较大。干燥状态下的路面一般是能保证汽车安全行驶的,但当路表处于潮湿、积水状态,特别是路表与轮胎之间形成水膜时,车速越高,轮胎与水膜接触区的水越来不及排出,轮胎与路面石料不能充分接触,使路面抗滑能力大幅度下降,或者路面结冰与积雪,抗滑性能则减小很多。这就是雨雪天发生的事故所占比率很高的原因。

3. 行车速度、轮胎特性

随着车速的提高,路面抗滑性能将会降低。轮胎特性包括轮胎的磨耗量、表面形状及构造。轮胎的磨耗量增加,抗滑性能降低,当轮胎磨耗率达到80%及以上时,摩擦系数减少10%~30%;轮胎表面形状、轮胎的橡胶性质、轮胎的接触压力、轮重都对抗滑性能有影响。

(三)检测指标

抗滑性能可采用构造深度(TD)、摆值(BPN)、横向力系数(SFC)等指标来进行评定。根据《公路沥青路面设计规范》(JTG D50—2017),高速公路、一级公路以及山岭重丘区二级和三级公路的路面在交工验收时,其抗滑技术指标应满足表6-2的技术要求。

各级公路沥青路面抗滑技术要求 表6-2

年平均降雨量 (mm)	交工检测指标值	
	横向力系数 SFC	构造深度 TD(mm)
>1000	≥54	≥0.55
500~1000	≥50	≥0.50
250~500	≥45	≥0.4

注:1. 横向力系数 SFC 用横向力系数测试车,在(60±1)km/h 车速下测。
  2. 构造深度 TD 用铺砂法测定。

根据《公路工程质量检验评定标准》(JTG F80/1—2017),水泥混凝土面层应符合表6-3的要求。

各级公路水泥混凝土面层的构造深度 TD 要求 表6-3

公路等级	高速公路、一级公路		其他公路	
	横向力系数 SFC	构造深度 TD(mm)	横向力系数 SFC	构造深度 TD(mm)
一般路段	≥50	0.7~1.1	≥50	0.5~1.0
特殊路段	≥55	0.8~1.2	≥50	0.6~1.0

注:特殊路段包括高速公路、一级公路特殊路段,其他公路特殊路段。高速公路、一级公路特殊路段包括立体交叉匝道、平面交叉口、弯道、变速车道、组合坡度不小于3%坡度段、桥面、隧道路面及收费站广场等处;其他公路特殊路段包括设超高段、组合坡度大于或等于4%坡度段、交叉口路段、桥面及其上下坡段、隧道路面及集镇附近路段等处。

(四)检测方法

按照《公路路基路面现场测试规程》(JTG 3450—2019)的方法,目前抗滑性能测试方法主要包括:①手工铺砂法;②电动铺砂仪;③车载式激光构造深度仪;④摆式仪;⑤数字式摆式仪;⑥单轮式横向力系数测试系统;⑦双轮式横向力系数测试系统;⑧动态旋转式摩擦系数测试仪。

在实际的工作中,电动铺砂法很少采用,而动态旋转式摩擦系数测定仪不适合现场路面抗滑性能检测与评定。主要测试方法的测试指标及适用范围见表6-4。

主要测试方法的测试指标及适用范围　　　　　表6-4

测试方法	测试指标	适用范围
手工铺砂法、电动铺砂法	构造深度 TD	适用于测试沥青路面及无坑槽水泥混凝土路面表面构造深度,用以评定路面表面抗滑性能
车载式激光构造深度测试法	构造深度 TD	适用于各类车载式激光构造深度仪在新、改建路面工程质量验收和无严重破损病害及没有积水、积雪、泥浆等正常行车条件下连续测试路面构造深度,但不适用于带有沟槽构造的水泥路面
摆式仪法、数字式摆式仪	摩擦摆值 BPN	无坑槽水泥路面和沥青路面的摆式摩擦摆值 BPN
摩擦系数测定车（单轮式法、双轮式法）	横向力系数 SFC	在新、改建路面工程质量验收和无严重坑槽、车辙等病害的正常行车条件下连续测试

任务6.2 路面构造深度检测

任务描述

手工铺砂法测定路面构造深度的原理:将已知体积的细砂摊铺在所要测试路表的测点上,量取摊平覆盖砂的圆形直径。计算嵌入凹凸不平的表面空隙中的砂的体积与所覆盖面积的比值,从而求得路面构造深度。施工路段的抗滑性能的评价可通过铺砂法进行,本任务将学习如何利用手工铺砂法来评定路面的抗滑性能。

相关知识

(一)仪具与材料的准备

手工铺砂仪由量砂筒、推平板组成。

量砂筒:如图 6-1a)所示,一端是封闭的,容积为 (25 ± 0.15) mL,可通过称量砂筒中水的质量确定其容积 V,调整其高度,使其容积符合要求。带一专门的刮尺将筒口量砂刮平。

推平板:如图 6-1b)所示,推平板应为木制或铝制,直径 50mm,底面粘一层厚 1.5mm 的橡胶片,上面有一个圆柱把手。

量砂:足够数量的干燥洁净的匀质砂,粒径为 0.15~0.3mm。

量尺:如图 6-1c)所示,钢板尺、钢卷尺,或采用已将直径换算成构造深度作为刻度单位的专用的构造深度尺。

其他:装砂容器(带小铲)、扫帚或毛刷、挡风板等。

(二)选点

对测试路段按随机取样选点的方法,确定测点所在横断面位置。测点应选在行车道的轮迹带上,距路面边缘不应小于 1m。

a) 量砂筒

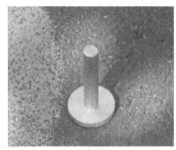
b) 推平板

c) 量尺

图 6-1 主要的仪器图

(三) 开始检测

(1) 用扫帚或毛刷子将测点附近的路面清扫干净,面积不小于 30cm×30cm。

(2) 用小铲向量砂筒中缓缓注入准备好的量砂至量砂高出量筒成尖顶状,手提量砂筒上部,用钢尺轻轻叩打量砂筒中部 3 次,并用刮尺边沿筒口一次刮平。

(3) 将砂倒在路面上,用推平板由里向外重复做摊铺动作,稍稍用力将砂向外均匀摊开,使砂填入路表面的空隙,尽可能将砂摊成圆形,并不得在表面留有浮动余砂。

(4) 用钢板尺测量所构成圆的两个垂直方向的直径,取其平均值,准确至 1mm;或者用专用尺直接测量构造深度。

(5) 按以上方法,同一处平行测试不少于 3 次,3 个测点均位于轮迹带上,测点间距 3~5m。对同一处测试应该由同一个试验员进行。该处的测试位置以中间测点的位置表示。

(四) 数据处理

(1) 构造深度测定结果按式(6-1)计算:

$$\text{TD} = \frac{1000V}{\frac{\pi D^2}{4}} = \frac{31831}{D^2} \tag{6-1}$$

式中:V——砂的体积,25cm³;

D——推平砂的平均直径,mm。

(2) 每一处均取 3 次路面构造深度的测定结果的平均值作为试验结果,精确至 0.01mm。当平均值小于 0.2mm 时,试验结果以 <0.2mm 表示。

(3) 计算每一个评定区间路面构造深度的平均值、标准偏差、变异系数。

(五) 完成报告

手工铺砂法应报告以下技术内容:

(1) 测试路段信息(桩号、测试位置等)。

(2) 构造深度。

(3) 测试路段构造深度的平均值、标准偏差及变异系数。

(六) 任务注意事项

(1) 试验时,量砂需晾干才能使用,并且只能一次性使用,不得重复使用。
(2) 不可直接用量砂筒装量砂,以免影响量砂密度的均匀性。
(3) 摊铺时不可用力过大或向外推挤。
(4) 构造深度的检测频率为每200m一处。

任务实施

某学校有一条沥青混凝土路,桩号为 K0+000~K1+000,采用手工铺砂法对该路面的抗滑性能进行评价。

(一) 操作流程与要求

该路面属于沥青混凝土路面,满足手工铺砂法的适用范围,通过手工铺砂法测得路面的构造深度,可以对该路段进行抗滑性能的评价。下面将按照相关知识中所学的手工铺砂法的测试步骤进行测试,技能操作流程与要求见表6-5。

技能操作流程与要求　　　　　　　　　　表6-5

序号	技能操作步骤	要求
1	准备工作	(1) 按照《公路路基路面现场测试规程》(JTG 3450—2019)的规定进行测试。 (2) 仪器设备的准备:量砂筒、挡风板、推平板、量尺等。 (3) 检测材料的准备:量砂需晾干、过筛,取0.15~0.3mm,量砂不能重复利用
2	开始检测	(1) 选点要求:根据手工铺砂法的要求,双车道每200m测1处,在同一处选取不少于3个测点进行平行测定,间距3~5m,选点应在轮迹带上,距路面边缘不应小于1m。对同一处,应该由同一个试验员进行测定。本次实训路段长500m,因此选择两处进行测试。 (2) 按照步骤进行检测:立好挡风板,将砂倒在路面上,用推平板稍用力由里向外均匀摊铺,尽量铺成圆形,直到表面没有浮砂,如图6-2所示
3	数据处理	(1) 测量摊平砂的直径:测量构成圆的两个垂直方向直径,取其平均值,精确至1mm。 (2) 计算构造深度,取3次平均值,精确至0.1mm。 (3) 认真计算每一个评定区间路面构造深度的平均值、标准偏差、变异系数,保证结果的正确性
4	完成报告	填写好记录表,做到诚信、可靠

图6-2　检测现场照片

(二)记录案例

根据技能任务的实际测试结果完成表6-6中的构造深度、平均构造深度、标准偏差和变异系数计算,并给出结论。

手工铺砂测构造深度记录表　　　　　　　　　　表6-6

测点位置		砂的体积 V (cm^3)	铺砂直径 D(mm)			构造深度(mm)		备注
桩号	横距(m)		1	2	平均值	单值	平均值	
设计值(mm)			平均值(mm)			标准偏差(mm)		
变异系数(%)			测点数			合格率(%)		
结论								

任务评价

(一)自我评价

任务	级别		
	掌握的操作	仍需加强	完全不理解
量砂			
选点			
进行试验			
计算构造深度			
完成报告			
在本次任务实施过程中的自评结果	A.优秀　B.良好　C.仍需努力　D.搞不清楚		

(二)答题闯关

1.选择题

(1)用手工铺砂法进行路面构造深度测定时,对测试路段按随机选点的方法,确定测定所在横断面位置。测点应选在车道的轮迹带上,距路面边缘不应小于(　　)。

　　A.0.5m　　　　B.1m　　　　C.1.5m　　　　D.2m

(2)手工铺砂法开始测试之前清扫出的测试面积不小于(　　)。

　　A.20cm×20cm　　　　　　B.25cm×25cm

　　C.30cm×30cm　　　　　　D.40cm×40cm

(3)使用手工铺砂法进行路面构造深度的测定时,每处的测定位置以(　　)的位置表示。

　　A.最前测点　　B.中间测点　　C.最后测点　　D.都可以

(4)手工铺砂法以3次测定的平均值作为构造深度,以下数据表示正确的是(　　)。

　　A.0.15mm　　B.0.1mm　　C.<0.2mm　　D.0.10mm

(5)使用手工铺砂法进行路面构造深度的测定时,同一处平行测定应不少于(　　)次。

　　A.3　　　　B.2　　　　C.5　　　　D.4

2.判断题

(1)手工铺砂法测定路面构造深度,所使用量砂筒的容积为25mL。　　(　　)

(2)在其他情况一致的条件下,路面构造深度越大,其抗滑性能越强。　　(　　)

(3)用铺砂法测定路面构造深度,摊铺量砂时,表面允许留有少量余砂。　　(　　)

(4)在同一处测定构造深度时,应由两名检测人员交替进行平行测定。　　(　　)

(5)为了避免浪费,手工铺砂法所采用的量砂测定后可回收直接使用。　　(　　)

*任务6.3　电动铺砂法测试路面构造深度

任务描述

电动铺砂法测定路面构造深度的原理:将固定体积量砂在路面上的摊铺长度与在玻璃板上的摊铺长度进行比较后,得到构造深度。手工铺砂法与电动铺砂法测试的构造深度存在差值,使用时应进行换算。电动铺砂法和手动铺砂法虽原理相同,但测定方法有差异。本任务将学习如何利用电动铺砂法来评定路面的抗滑性能,了解电动铺砂仪的测试步骤和方法。

相关知识

(一)仪具与材料的准备

(1)电动铺砂仪:利用可充电的直流电源将量砂通过沙漏铺设成宽度为5cm,厚度均匀一致的器具。

(2)量砂:足够数量的干燥洁净的匀质砂,粒径为 0.15~0.3mm。

(3)标准量筒:容积 50mL。

(4)玻璃板:面积大于电动铺砂仪,板厚不小于 5mm。

(5)其他:直尺、灌砂漏斗、扫帚、毛刷等。

(二)选点

对测试路段按随机取样选点的方法,确定测点所在横断面位置。测点应选在行车道的轮迹带上,距路面边缘不应小于 1m。

(三)电动铺砂仪标定

(1)将电动铺砂仪平放在玻璃板上,将沙漏移至电动铺砂仪起始端部。

(2)使灌砂漏斗口和量筒口大致齐平。通过漏斗向量筒中缓缓注入准备好的量砂,直至量砂高出量筒成尖顶状,用直尺沿筒口一次刮平,其容积为 50mL。

(3)使漏斗口与电动铺砂仪沙漏上口大致齐平。将砂通过漏斗均匀倒入沙漏,倒入过程中前后移动漏斗,使砂的表面大致齐平,但不得用任何其他工具刮动砂。

(4)启动开关,使沙漏向另一端缓缓运动,量砂沿沙漏底部铺成宽 50mm 的带状,待砂全部漏完后停止。

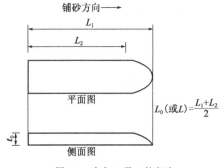

图 6-3 决定 L_0 及 L 的方法

(5)按图 6-3,依式(6-2)由 L_1 及 L_2 的平均值计算量砂的摊铺长度 L_0,精确至 1mm。

$$L_0 = \frac{L_1 + L_2}{2} \quad (6-2)$$

式中:L_0——玻璃板上 50mL 量砂摊铺的长度,mm;

L_1、L_2——按图 6-3 的方法量取的摊铺长度,mm。

(6)重复标定 3 次,取平均值决定 L_0,准确至 1mm。标定应在每次测试前进行,用同一种量砂,由同一测试人员进行。

(四)开始测试

(1)将测试地点用毛刷刷净,面积大于电动铺砂仪。

(2)将电动铺砂仪沿路面纵向平稳地放在路面上,将沙漏移至端部。

(3)按电动铺砂仪标定(2)~(5)相同的步骤,在测试地点摊铺 50mL 量砂,按图 6-3 的方法量取摊铺长度 L_1 及 L_2,由式(6-3)计算 L,准确至 1mm。

$$L = \frac{L_1 + L_2}{2} \quad (6-3)$$

式中:L——路面上 50mL 量砂摊铺的长度,mm。

(4)按以上方法,同一处平行测试不少于 3 次,3 个测点均位于轮迹带上,测点间距 3~5m。该处的测试位置以中间测点的位置表示。

(五)数据处理

(1)按式(6-4)计算电动铺砂仪在玻璃板上摊铺的量砂厚度 t_0,即

$$t_0 = \frac{V}{B \times L_0} \times 1000 = \frac{100}{L_0} \qquad (6-4)$$

式中:t_0——量砂在玻璃板上摊铺的标定厚度,mm;
  V——量砂体积,50mL;
  B——电动铺砂仪铺砂宽度,50mm;
  L_0——玻璃板上50mL量砂摊铺的长度,mm。

(2)按式(6-5)计算构造深度TD,即

$$TD = \frac{L_0 - L}{L} \times t_0 = \frac{L_0 - L}{L \times L_0} \times 1000 \qquad (6-5)$$

(3)每一处均取3次路面构造深度的测试结果的平均值作为试验结果,精确至0.1mm。当平均值小于0.2mm时,试验结果以<0.2mm表示。

(4)计算每一个评定区间路面构造深度的平均值、标准偏差、变异系数。

(六)完成报告

应报告以下技术内容:
(1)测试路段信息(桩号、测试位置等)。
(2)构造深度。
(3)测试路段构造深度的平均值、标准偏差及变异系数。

(七)任务注意事项

电动铺砂仪的标定十分重要,为保证试验结果的准确性,标定应使用与实际试验相同的砂,并由同一试验员进行。

*任务6.4 车载式激光构造深度仪测试路面构造深度

任务描述

利用激光测距的原理测量地面材料颗粒表面以及材料颗粒之间的深度变化的情况,其输出的测试结果是沿测线断面一定间距长度内的平均深度数据。由于计算模式的差别,激光测距所测构造深度与铺砂法的测定结果存在一定的差异。本任务将学习如何利用车载式激光构造深度仪测试路面构造深度,评定路面的抗滑性能。

相关知识

(一)仪具与材料的准备

1. 测试系统主要技术要求

测试系统由承载车、距离传感器、激光传感器和主控制单元组成,配备的专用软件应自动控制进行数据采集、传输、记录和数据处理。其主要技术要求如下:

(1)最大测试速度:≥50km/h。
(2)采样间隔:≤5mm。
(3)传感器垂直测距示值误差:≤0.1mm。
(4)距离标定误差:<0.1%。

2. 准备工作

(1)设备安装到承载车上以后应按本任务第四条的规定进行相关性试验。
(2)对测试系统各传感器进行自标定。
(3)现场安装距离测量装置时,应确保机械紧固装置安装牢固。
(4)打开测试系统电源,启动控制程序,检查各部分的工作状态,并预热测试系统。

(二)开始检测

(1)承载车停在测试起点前50~100m处,启动测试系统程序,按照测试路段的现场技术要求设置所需的测试状态。
(2)驾驶员应按照规定的测试速度范围驾驶承载车,避免急加速和急减速,急弯路段应放慢车速,沿正常行车轨迹驶入测试路段。
(3)进入测试路段后,测试人员启动控制单元的采集和记录程序,在测试过程中必须及时、准确地将测试路段的起终点和其他需要特殊标记的位置输入测试数据记录中。
(4)当承载车驶出测试路段后,测试人员停止数据采集和记录,并恢复仪器各部分至初始状态。
(5)检查测试数据文件应完整,内容应正常,否则需要重新测试。
(6)关闭测试系统电源,结束测试。

(三)数据处理

计算每一个评定区间路面构造深度的平均值、标准偏差、变异系数。

(四)激光构造深度仪测值与手工铺砂法构造深度值相关性试验

(1)选择构造深度分别在0.0~0.3mm、0.30~0.55mm、0.55~0.80mm、0.8~1.2mm范围的4段长度分别为100m的试验路段。试验前将路面清扫干净,并在起终点做上标记。
(2)在每个试验路段上沿一侧行车轮迹用铺砂法测试至少10个点的构造深度值,并计算平均值。
(3)驾驶承载车以30~50km/h的速度驶过试验路段,并且保证激光构造深度仪的激光传感器探头沿铺砂法所测构造深度的行车轮迹运行,计算试验路段的构造深度平均值。

(4)建立两种方法的相关性关系式,要求相关系数 R 不小于 0.97。

(五)完成报告

应报告以下技术内容:
(1)测试路段信息(包括桩号、测试位置等)。
(2)测试路段构造深度的平均值、标准偏差及变异系数。
(3)若进行相关性试验,还应报告相关性关系式及相关系数。

(六)任务注意事项

由于测试工作原理所限,车载式激光构造深度仪在具有槽状或坑状表面构造的水泥混凝土路面上使用受到限制。

任务6.5 路面摩擦系数检测

任务描述

摆值是摆式仪的刻度值,为摩擦系数的 100 倍。摆式仪测定路面摩擦系数的原理:为了模拟汽车以一定速度行驶时汽车轮胎与路面表面之间的摩擦作用,使具有一定质量和一定长度的摆锤从一定高度自由下摆,让摆锤底面橡胶片与路面表面接触并滑动一定长度。由于克服摩擦力而损耗部分能量,摆锤回摆不到起始高度。摆的位能损失等于安装于摆臂末端的橡胶片滑过路面时克服路面摩擦力所做的功。所以,回摆高度越小,与起始高度的差值越大,说明摩擦系数越大。利用摆式仪可以测定路面的摩擦系数,以评定路面在潮湿状态下的抗滑能力。本拓展任务将学习如何利用摆式仪测定路面摩擦系数。

相关知识

(一)仪具与材料的准备

(1)摆式仪:其结构示意图如图 6-4 所示。摆及摆的连接部分总质量为 (1500 ± 30) g,摆动中心至摆的重心距离为 (410 ± 5) mm,测定时摆在路面上滑动长度为 (126 ± 1) mm,摆上橡胶的片端部距摆动中心距离为 510mm,橡胶片对路面的正向静压力为 (22.2 ± 0.5) N。
(2)橡胶片:当用于测定路面抗滑值时,其尺寸为 6.35mm × 25.4mm × 76.2mm。橡胶质量应符合表 6-7 的要求。当橡胶片使用后,其端部在长度方向上磨耗超过 1.6mm 或边缘在宽度方向上磨耗超过 3.2mm 或有油类污染时,即应更换新橡胶片;新橡胶片应先在干燥路面上测试 10 次后再用于测试。橡胶片的有效使用期从出厂日期起算,为 12 个月。

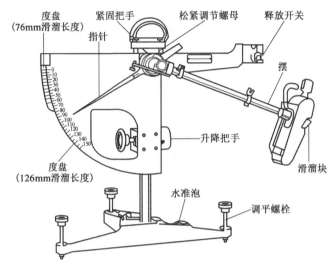

图 6-4 摆式仪结构示意图

橡胶物理性质技术要求 表 6-7

性质指标	温度(℃)				
	0	10	20	30	40
弹性(%)	43~49	58~65	66~73	71~77	74~79
硬度(IR)	55±5				

(3)滑动长度量尺(长126mm)。

(4)喷水壶。

(5)路面温度计:分度不大于1℃。

(6)其他:毛刷或扫帚、记录表格等。

(二)选点

对测试路段按随机取样选点的方法,确定测点所在横断面位置。测点应选在行车道的轮迹带上,距路面边缘不应小于1m。

(三)开始测试

(1)清洁路面:用扫帚或其他工具将测点处的路面上打扫干净。

(2)仪器调平:将仪器置于路面测点上,并使摆的摆动方向与行车方向一致。转动底座上的调平螺栓,使水准泡居中。

(3)调零:放松紧固把手,转动升降把手,使摆升高并能自由摆动,然后旋紧紧固把手。将摆固定在右侧悬臂上,使摆处于水平位置,并把指针拨至右端与摆杆贴紧。右手按下释放开关,使摆向左带动指针摆动,当摆达到最高位置后刚开始下落时,用左手将摆杆接住,此时指针应指零。指针若不指零,通过转动松紧调节螺母进行调整后,重复上述步骤,直至指针指零,调零允许误差为±1。

(4)校核滑动长度：

①让摆处于自然下垂状态,松开紧固把手,转动升降把手使摆下降,并提起举升柄使摆向左侧移动,然后放下举升柄使橡胶片长边下缘轻轻触地。

②在边侧紧靠橡胶片摆放滑动长度量尺,使量尺左端对准橡胶片触地下缘。

③提起举升柄使摆向右侧移动,然后放下举升柄使橡胶片下缘轻轻触地,检查橡胶片下缘是否与滑动长度量尺的右端齐平。若齐平,则说明橡胶片两次触地的距离(滑动长度)符合(126±1)mm 的要求。左右两次橡胶片长边边缘应以刚刚接触路面为准,不可借摆的力量向前滑动,以免标定的滑动长度与实际不符。若不齐平,通过升高或降低摆或仪器底座的高度进行调整。微调时,也可用旋转仪器底座上的调平螺栓调整仪器底座高度的方法,但需注意保持水准泡居中。

④重复上述步骤,直至滑动长度符合(126±1)mm 的要求。

(5)将摆固定在右侧悬臂上,使摆处于水平位置,并把指针拨至右端靠紧摆杆。

(6)用喷水壶浇洒测点处路面,使之处于湿润状态。

(7)按下右侧悬臂上的释放开关,使摆在路面滑过。当摆杆回落时,用手接住摆杆并读数,但不做记录。

(8)按照上述步骤(6)和(7)操作 5 次,读记每次测试的摆值。5 个摆值中最大值与最小值的差值不得大于 3。如差值大于 3,应重复上述各项操作,且至符合规定为止。

(9)在测点处用温度计测记潮湿路表温度,精确到1℃。

(10)重复上述步骤(1)~(9),完成一个测试位置 3 个测点的摆值测试,以 3 次测定结果的平均值作为该测试位置的代表值(精确到1℃)。

(四)数据处理

(1)当路面温度为 $T(℃)$ 时测得的摆值 BPN_T 应按式(6-6)换算成标准温度 20℃ 的摆值 BPN_{20}：

$$BPN_{20} = BPN_T + \Delta BPN \tag{6-6}$$

式中：BPN_{20}——换算成标准温度 20℃ 时的摆值；

BPN_T——路面温度 T 时测得的摆值；

ΔBPN——温度修正值,可按表 6-8 采用。

温度修正值　　　　　　表 6-8

温度(℃)	0	5	10	15	20	25	30	35	40
温度修正值 ΔBPN	-6	-4	-3	-1	0	+2	+3	+5	+7

(2)计算每个测试位置 3 个测点摆值的平均值作为该测试位置的摆值,取整数。

(3)计算一个测试路段摆值的平均值、标准偏差、变异系数。

(五)完成报告

摆式仪应报告以下技术内容：

(1)测试路段信息(桩号、测试位置等)。

(2)每个测试位置的摆值(3个测点的平均值)。

(3)测试路段构造深度的平均值、标准偏差及变异系数。

(六)任务注意事项

(1)检查摆式仪的调零灵敏情况,并定期进行仪器的标定。

(2)用摆式仪测定标定滑动长度是一个重要环节,标定时应取滑块与路面正好轻轻接触的点进行量取,切不可给摆锤一个力,让它有滑动后再量取,这样标定,滑动长度则偏长,所测摆值偏大。

任务实施

某学校内有一沥青混凝土路,桩号为 K0+000~K0+800,试用摆式仪测定路面摩擦系数对该路面的抗滑性能进行评价。

(一)操作流程与要求

通过摆式仪测得路面的摩擦系数可以对该路段进行抗滑性能的评价,下面将按照知识任务中所学习摆式仪的测试步骤进行测试,技能操作流程与要求见表6-9。

技能操作流程与要求　　　　　　　　　　　　　　表6-9

序号	技能操作步骤	要求
1	准备工作	(1)按照《公路路基路面现场测试规程》(JTG 3450—2019)的规定进行测试。 (2)仪器设备的准备:摆式仪、橡胶片、滑动长度量尺、喷水壶、路面温度计、毛刷等。 (3)检查摆式仪的调零灵敏性
2	开始检测	(1)选点要求:每200m测1处,在同一处选取不少于3个测点进行平行测定,间距3~5m,选点应在轮迹带上,距路面边缘不应小于1m。本次实训路段长500m,因此选择两处进行测试。 (2)按照步骤进行检测:清洁路面,仪器调平、调零,校准滑动长度,固定摆、拨好指针,用喷壶洒水,按下释放开关读数不记录,重复5次并记录,同一处平行测定3次,见图6-5
3	数据处理	(1)计算每个测点5个摆值的平均值作为该测点的摆值,按公式换算成标准温度20℃的摆值。 (2)计算每个测试位置3个测点摆值的平均值作为该测试位置的摆值,取整数。 (3)认真计算每一个评定区间路面构造深度的平均值、标准偏差、变异系数,保证结果的正确性
4	完成报告	填写好记录表,做到诚信、可靠

(二)记录案例

根据技能任务的实际测试结果完成表6-10,并给出结论。

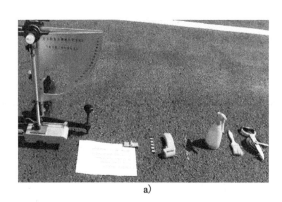
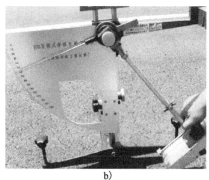

a) b)

图 6-5 摆式仪测试现场照片

摆式仪测定路面抗滑值试验记录 表 6-10

天气情况							晴		设计值(BPN)		≥58
测点位置		摆值(BPN)						路面温度	换算成 20℃摆值	平均值 (BPN)	路面外观 描述
桩号	横距(m)	1	2	3	4	5	均值				
测点数			平均值(BPN)					标准偏差(BPN)			
变异系数(%)			合格点数					合格率(%)			
结论											

任务评价

（一）自我评价

任务	级别		
	掌握的操作	仍需加强	完全不理解
仪器操作			
选点			
检测步骤			
数据处理			
完成报告			
在本次任务实施过程中的自评结果	A.优秀　B.良好　C.仍需努力　D.搞不清楚		

（二）答题闯关

1.选择题

（1）用摆式仪测定某单点抗滑值,5次读数分别为55、54、56、54、55,则该点抗滑值为(　　)BPN。

A.54　　　　　B.56　　　　　C.需重测　　　　　D.55

（2）摆式仪在路面横断面的测点应选择行车道轮迹处,且据路面边缘不应(　　)。

A.大于1m　　　B.大于0.5m　　　C.小于1m　　　D.小于0.5m

（3）摆式摩擦仪调零允许误差为(　　)BPN。

A.±1　　　　　B.±2　　　　　C.±3　　　　　D.0

（4）在用摆式仪开始进行测试时,(　　)不做记录。

A.第一次测定　　　　　　　　B.前三次测定

C.最后一次测定　　　　　　　D.第一次和第二次测定

（5）用摆式仪测试路面抗滑性能时,同一处平行测定的次数要求为(　　)。

A.3次　　　　　B.2次　　　　　C.5次　　　　　D.4次

2.判断题

（1）用摆式仪测定路面抗滑值,当路面试验温度20℃时,不进行温度修正。(　　)

（2）用摆式仪测定路面抗滑值,使用前必须进行标定。(　　)

（3）用摆式仪测量路面摩擦系数时,测值需要换算成标准温度25℃的摆值。(　　)

（4）用摆式仪测定路面抗滑值试验测试时,在测点处重复的操作测定5次,5次数值中最大值与最小值的差值不得大于3BPN。(　　)

（5）用摆式仪测定路面抗滑值试验方法摆式仪摆动中心至摆的重心距离为(410±5)mm。(　　)

任务6.6 单轮式横向力系数测试系统测定路面摩擦系数

任务描述

我国标准体系所引入的横向力系数测试系统是英国的 SCRIM 系统,其工作原理:与行车方向成 20°偏角的并承受一定垂直荷载的测定轮。利用单轮式横向力系数测试系统可以测定路面的摩擦系数,以评定路面的抗滑能力。本任务将学习如何利用单轮式横向力系数测试系统测定路面摩擦系数。

相关知识

(一)仪具与材料的准备

1. 单轮式横向力系数测试系统主要技术要求

单轮式横向力系数测试系统由承载车、距离测试装置、横向力系数测试装置、供水装置和主控制单元组成,如图6-6所示。

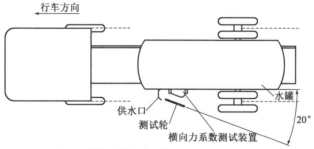

图 6-6 单轮式横向力系数测试系统结构示意图

主控制单元除实施对测试装置和供水装置的操作控制外,还控制数据的传输、记录与计算等环节,其主要技术要求如下:

(1)承载车应为具有固定和安装测试、储供水、控制和记录等系统的载重车底盘,具有在水罐满载状态下最高车速大于 100km/h 的性能。

(2)测试轮胎类型:光面天然橡胶充气轮胎。

(3)测试轮胎规格:3.00-20-4PR。

(4)测试轮胎标准气压:$(3.5 \pm 0.2) kg/cm^2$。

(5)测试轮偏置角:19.5°~21°。

(6)测试轮静态垂直标准荷载:$(2000 \pm 20) N$。

(7)拉力传感器非线性误差:<0.05%。

(8)拉力传感器有效量程:0~2000N。

(9)距离标定误差:<2%。

2.准备工作

(1)每个测试项目开始前或连续测试超过1000km后,应按照规定的方法进行系统应力传感器的标定,记录下标定数据并存档。

(2)检查测试车轮胎气压,应达到规定的标准气压。

(3)检查测试轮胎磨损情况,当其直径比新轮胎减小6mm(胎面磨损3mm)及以上或有明显损伤、裂口时,必须更换新轮胎。新更换的新轮胎在正式测试前应试测约2km。

(4)检查测试轮气压,应达到$(3.5±0.2)\text{kg/cm}^2$。

(5)检查测试轮固定螺栓,必须拧紧。将测试轮放到正常测试时的位置进行检查,其应能够沿两侧滑柱上下自由升降。

(6)根据测试里程向水罐加注足够用量的清洁测试用水。

(7)当出水控制为固定式开关时,需将开关设置在对应的测试速度位置,放下测试轮并检查洒水口出水情况和洒水位置;洒水位置应在测试轮接触地面中点沿行驶方向前方$(400±50)$mm处,洒水宽度应为中心线两侧各不小于约75mm。

(8)启动控制单元,检查各项功能和技术参数选择状态均应正常。

(二)开始检测

(1)正式开始测试前,首先应按规定的时间要求启动控制单元,进行通电预热。

(2)进入测试路段前,测试人员设置所需的系统技术参数,并将测试轮胎至少提前500m降至路面上进行预跑。

(3)进入测试路段后,驾驶员应保持较为均匀的行车速度,并沿正常行车轨迹行驶。当为固定出水控制方式时,行驶最高速度不得超过出水开关事先设置所对应的速度。

(4)在测试过程中,测试人员应及时、准确地将测试路段需要标记的起终点和其他特殊点的位置输入测试数据记录中。

(5)承载车驶出测试路段后,测试人员停止测试程序,提升起测量轮并恢复仪器各部分至初始状态。

(6)检查数据文件内容,应完整正常,否则需要重新测试。

(7)关闭测试系统电源,结束测试。

(三)数据处理

(1)SFC值的速度修正。

将测试结果使用时所需的速度作为标准测试速度,其他测试速度条件下得到的SFC值应通过式(6-7)转换至标准速度下的等效SFC值,即

$$\text{SFC}_{标} = \text{SFC}_{测} - 0.22(V_{标} - V_{测}) \tag{6-7}$$

式中:$\text{SFC}_{标}$——标准测试速度下的等效SFC值;

$\text{SFC}_{测}$——现场实际测试速度条件下的SFC测试值;

$V_{标}$——标准测试速度,km/h;

$V_{测}$——现场实际测试速度。

（2）SFC 值的温度修正。

测试系统的标准现场测试地面温度范围为(20 ± 5)℃，其他地面温度条件下测试的 SFC 值必须通过表 6-11 转换为标准温度下的等效 SFC 值。系统测试要求控制在$(8\sim60)$℃的地面温度范围内。

SFC 值温度修正　　　　　表 6-11

温度(℃)	10	15	20	25	30	35	40	45	50	55	60
修正	-3	-1	0	+1	+3	+4	+6	+7	+8	+9	+10

（3）计算一个测试路段摆值的平均值、标准偏差、变异系数。

（四）完成报告

报告包含以下技术内容：
(1)测试路段信息(包括桩号、测试位置等)。
(2)测试速度、温度。
(3)测试路段横向力系数 SFC 的平均值、标准偏差及代表值。
(4)若进行相关性试验，还应报告相关性关系式及相关系数。

（五）任务注意事项

(1)测试准备工作较多，需耐心细致地做好各项工作的检查与准备。
(2)认真做好数据的处理工作。

任务实施

某二级公路，桩号为 K0+000～K10+500，采用单轮式横向力系数测试系统测定路面摩擦系数，对该路面的抗滑性能进行评价。

（一）操作流程与要求

通过单轮式横向力系数测试系统测得路面的摩擦系数可以对该路段进行抗滑性能的评价，下面将按照相关知识中所学的单轮式横向力系数测试系统的测试步骤进行测试，技能操作流程与要求见表 6-12。

技能操作流程与要求　　　　　表 6-12

序号	技能操作步骤	要求
1	准备工作	(1)按照《公路路基路面现场测试规程》(JTG 3450—2019)的规定进行测试。 (2)对测试系统进行标定，检查承载车(图 6-7)和测试轮的轮胎气压，检查测试轮胎磨损情况，检查各项控制功能键，等等
2	开始检测	按照步骤进行检测：预热、预跑，设置所需的测试状态，开始测试，结束测试
3	数据处理	进行速度和温度修正
4	完成报告	填写好记录表，做到诚信、可靠

图 6-7 承载车

(二) 记录案例

表 6-13 为路面摩擦系数试验检测记录表(单轮式横向力系数测试系统),根据技能任务的实际测试结果完成表格。

路面摩擦系数试验检测记录表(单轮式横向力系数测试系统)　　表 6-13

工程部位/用途		某在建高速公路		委托/任务编号	—
检测依据		《公路路基路面现场测试规程》(JTG 3450—2019)			
检测条件		室外		检测日期	×××年××月××日
主要仪器设备及编号		单轮式横向力系数测试系统			
结构层次		上面层		路面类型	沥青混凝土
桩号	位置	测试速度 (km/h)	SFC 测值	地表温度 (℃)	SFC 温度修正值	标准温度下等效 SFC

任务评价

(一) 自我评价

任务	级别		
	掌握的操作	仍需加强	完全不理解
准备工作			
检测步骤			
不同类型摩擦系数测试设备间相关性试验			
完成报告			
在本次任务实施过程中的自评结果	A.优秀　B.良好　C.仍需努力　D.搞不清楚		

(二) 答题闯关

1. 选择题

(1) 我国标准体系中引入的横向力系数测试系统是英国的 SCRIM 系统,其在测试横向力系数时,测定轮与行车方向成(　　)偏角。
  A. 15°   B. 20°   C. 22°   D. 25°

(2) 承载车应为能够固定和安装测试、储供水、控制和记录等系统的载重车底盘,具有在水罐满载状态下最高行车速度大于(　　)km/h 的性能。
  A. 60   B. 80   C. 100   D. 120

(3) 当测试轮胎直径比新轮胎减小(　　)mm(胎面磨损 3mm)及以上或有明显损伤、裂口时,必须更换新轮胎。新更换的新轮胎在正式测试前应试测约 2km。
  A. 5   B. 4   C. 6   D. 3

(4) 检查测试轮气压,应达到(　　)kg/cm² 。
  A. 3.5±0.1 B. 3.5±0.2 C. 3.0±0.2 D. 3.5±0.1

(5) 进入测试路段前,测试人员设置所需的系统技术参数,并将测试轮胎至少提前(　　)m 降至路面上进行预跑。
  A. 600   B. 400   C. 500   D. 300

2. 判断题

(1) 测试车轮胎气压,应达到车辆轮胎规定的标准气压。(　　)

(2) 每个测试项目开始前或连续测试超过 800km 后,应按照规定的方法进行系统应力传感器的标定,记录下标定数据并存档。(　　)

(3) 根据测试里程向水罐加注足够用量的清洁测试用水。(　　)

(4) 在测试过程中,测试人员应及时、准确地将测试路段需要标记的起终点和其他特殊点的位置输入测试数据记录中。(　　)

(5) 分别计算出每种速度下各路段 3 次测试结果的总平均值和标准偏差,超过 2 倍标准偏差的值应予以舍弃。(　　)

*任务6.7　双轮式横向力系数测试系统测定路面摩擦系数

任务描述

双轮式横向力系数测试系统以英国制造的 Mu-Meter 摩擦系数测试系统为代表,其工作原理为:互成15°夹角(与行车方向各成7.5°偏角),并承受一定垂直荷载的两个测定轮,以一定速度行驶在潮湿路面上,测试轮胎所受到的侧向摩擦阻力与垂直荷载的比值,即横向力系数。本任务将学习如何利用双轮式横向力系数测试系统测定路面摩擦系数。

相关知识

(一)仪具与材料的准备

1. 双轮式横向力系数测试系统主要技术要求

双轮式横向力系数测试系统主要由牵引车、供水系统、测试单元、主控制单元、标定装置等组成,其结构平面和侧视示意图如图 6-8 和图 6-9 所示。双轮式横向力系数测试系统的主要技术要求如下:

(1)牵引车最高行驶速度必须大于 80km/h,车辆后部可安装专用拖挂的装置,车辆应配备警灯及相关警示标志。

(2)测试单元总重:256kg。

(3)单轮静态标准荷载:1.27kN。

(4)测试轮夹角:15°。

(5)横向力系数测试轮气压:(70 ± 3.5)kPa。

(6)距离测试轮气压:(210 ± 13.7)kPa。

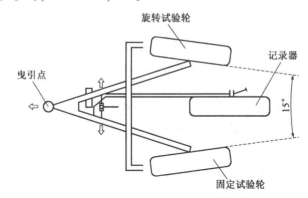

图 6-8 双轮式横向力系数测试系统结构平面示意图

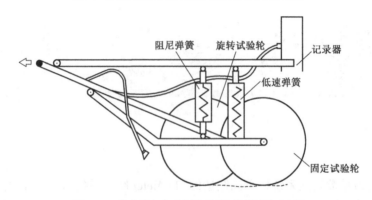

图 6-9 双轮式横向力系数测试系统结构侧视示意图

(7)测试轮规格:4.00/4.80-8 光面轮胎。
(8)路面洒水厚度:(0.5~1.0)mm。
(9)测试速度范围:(40~60)km/h。

2. 准备工作

(1)进入现场测试前应进行应力传感器标定。将设备配套提供的标定板放在地面上,人工将测试仪在板上按要求拖拉 3 遍,由系统自动判断标定是否通过,标定通过后再进行路面测试。

(2)正式开始测试前设备应预热 10min 左右,并检查汽油机能否正常工作,机油是否需要更换。

(3)检查横向力系数测试轮、距离测试轮(水车车轮)的轮胎胎压应满足规定要求,长距离或长时间测试过程中也应补充检查胎压。

(4)降下横向力系数测试轮,打开水阀检查水流情况应正常,水流应符合要求,检查仪表各项指数应正常,然后升起测试轮。

(5)将牵引车与洒水车(可选)、测试单元及控制线路连接线依次连好,启动主控制单元进入测试状态,同时发动汽油机,打开水阀,准备测试。

(二) 开始检测

(1)在测试路段起点前约 500m 处停住,开机预热时间不少于 20min。

(2)将车辆驶向测试路段,在提前约 200m 处打开水阀,降下测试轮。横向力系数测试车速保持在 40~60km/h 范围内匀速行驶。

(3)测试过程中,测试人员应及时、准确地将测试路段需要标记的起终点和其他特殊点的位置输入测试数据记录。

(4)驶出测试路段后,停止测试过程,存储数据文件。

(三) 数据处理

计算一个测试路段路面摩擦系数的平均值、标准偏差、变异系数。

(四) 完成报告

报告包含以下技术内容:
(1)测试路段信息(包括桩号、测试位置等)。
(2)测试速度、温度。
(3)测试路段路面摩擦系数的平均值、标准偏差及代表值。
(4)若进行相关性试验,还应报告相关性关系式及相关系数。

(五) 任务注意事项

由于 Mu-Meter 摩擦系数测试系统的测试机构测试轮的偏角、荷载、轮胎等与 SCRIM 测试车不同,所测得的横向力系数也不同于 SCRIM 测试车。因此,应通过对比试验,建立相关关系式,将 Mu-Meter 摩擦系数测试系统的测值转换为 SCRIM 系统的 SFC 值后,才能进行路面抗滑性能的评定。

项目7 ITEM SEVEN
路面渗水、错台、车辙检测

知识目标

(1) 了解路面渗水、错台、车辙检测的方法。
(2) 了解沥青路面渗水系数检测、路面错台与沥青路面车辙检测的步骤。

技能目标

(1) 能运用渗水仪进行沥青路面渗水系数检测。
(2) 能运用水准仪检测路面错台。
(3) 能运用激光车辙仪检测沥青路面车辙。

项目概述

沥青路面渗水性能通常用渗水系数表征。渗水系数是指在规定的水头压力下,水在单位时间内通过一定面积的路面渗入下层的量,单位为 mL/min。渗水系数是表征路面渗水的一个指标,因此,在路面施工质量控制中严格检测路面渗水系数,保证路面渗水系数能满足设计要求尤为重要;路面错台、车辙也是水泥混凝土路面施工质量检验指标。本项目将学习渗水系数检测方法以及路面错台和车辙检测方法。

任务 7.1 沥青路面渗水系数检测

任务描述

某新建一级公路,桩号 K12+300 ~ K13+300,双向六车道,设计速度 100km/h,为反映新建路段施工质量,在沥青路面完成碾压 12h 前,施工单位用渗水仪对其沥青路面渗水系数作了测定,测定结果见表 7-1。

路面渗水系数检测记录　　　　　　　　　　　　表 7-1

测试地点桩号	测点距道路中心距	路况描述	量筒读数(mL)			渗水500mL需要的时间(s)	渗水系数(mL/min)		备注
			初始计时	180s	360s		测点值	平均值	
K12+300	4.4	干燥	100	487	—	—	128.4	129.6	合格
	0.9	干燥	100	488	—	—	129.3		
	-2.6	干燥	100	492	—	—	131.2		
K12+500	4.2	干燥	100	474	—	—	134.3	135.3	合格
	1.3	干燥	100	498	—	—	133.6		
	-2.6	干燥	100	495	—	—	138.0		
K12+700	4.0	干燥	100	440	—	—	132.1	133.0	合格
	-1.4	干燥	100	468	—	—	134.2		
	-4.4	干燥	100	479	—	—	132.6		
K12+900	4.6	干燥	100	463	—	—	165.3	164.7	合格
	-1.8	干燥	100	482	—	—	164.9		
	-5.1	干燥	100	493	—	—	163.8		
K13+200	1.2	干燥	100	447	—	—	119.5	119.5	合格
	1.0	干燥	100	492	—	—	118.3		
	-4.4	干燥	100	492	—	—	120.8		
检测频率(处/km)	5		渗水系数规范要求(mL/min)			≤200	合格率(%)		100

由表 7-1 可知,在公路使用过程中,灰尘极易堵塞路面空隙,使渗水试验无法做好,因此,渗水系数测试应在路面施工结束后进行。同时,对于公称最大粒径大于 26.5mm 的下面层或基层混合料,由于渗水系数的测定方法及指标问题,不适用于渗水系数的测定。本任务将学习如何利用渗水仪来评定路面的渗水性。

相关知识

(一)仪具与材料的准备

(1)渗水仪:其结构示意图如图 7-1 所示;上部盛水量筒由透明的有机玻璃制成,容积 600mL,上有刻度,在 100mL 及 500mL 处刻有粗标线,下方通过 $\phi 10mm$ 的细管与底座相接,中间有一开关;量筒通过支架连接,底座下方开口内径 150mm,外径 165mm,仪器附压重铁圈两个,每个质量约 5kg,内径 160mm。

(2)水桶及大漏斗。

(3)秒表。

(4)密封材料:玻璃腻子、油灰或橡皮泥。

(5)其他:水、红墨水、粉笔、扫帚等。

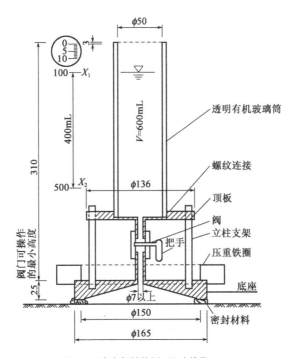

图 7-1 渗水仪结构图(尺寸单位:mm)

(二)准备工作

(1)在测试路段的行车路面上,按随机取样方法选择测试位置,每一个检测路段应测定 5 个测点。用扫帚清扫表面,并用粉笔画上测试标记。

(2)在洁净的水桶内滴入几点红墨水,使水成淡红色。

(3)装妥渗水仪。

(三)开始检测

(1)将清扫后的路面用粉笔按测试仪器底座大小画好圆圈记号。

(2)在路面上沿底座圆圈抹一薄层密封材料,边涂边用手压紧,使密封材料嵌满缝隙且牢固地黏结在路面上,密封材料圈的内径与底座内径相同,约 150mm,将组合好的渗水仪底座用力压在路面密封材料圈上,再加上压重铁圈压住仪器底座,以防止力水从底座与路面间流出。

(3)关闭细管下方的开关,向仪器上方的量筒注入淡红色的水至满,总量为 600mL。

(4)迅速将开关全部打开,水开始从细管下部流出,待水面下降 100mL 时,立即按动秒表,每间隔 60s,读记仪器管的刻度一次,至水面下降 500mL 时为止。在测试过程中,如水从底座与密封材料圈间渗出,说明底座与路面密封不好,应移至附近干燥路面处重新操作。若水面下降速度很慢,从水面下降至 100mL 开始,测得 3min 的渗水量即可停止。若试验时水面下降至一定程度后基本保持不动,说明路面基本不透水或根本不透水,应在报告中注明。

(5)按以上步骤在同 1 个检测路段选择 5 个测点测定渗水系数,取其平均值,作为检测结果。

(四)数据处理

沥青路面的渗水系数按式(7-1)计算,计算时以水面从100mL下降至500mL所需的时间为标准。若渗水时间过长,也可采用3min通过的水量计算。

$$C_w = \frac{V_2 - V_1}{t_2 - t_1} \times 60 \qquad (7\text{-}1)$$

式中:C_w——路面渗水系数,mL/min;

V_1——第一次读数时的水量,mL,通常为100mL;

V_2——第二次读数时的水量,mL,通常为500mL;

t_1——第一次读数时的时间,s;

t_2——第二次读数时的时间,s。

(五)完成报告

列表逐点报告每个检测路段各个测点的渗水系数,以及5个测点的平均值、标准偏差、变异系数。若路面不透水,则在报告中注明0。

(六)注意事项

(1)薄层密封材料应紧密涂压。

(2)应使密封材料圈的内径与底座内径相同。

任务实施

某学校有一条沥青混凝土路,桩号为K0+200~K1+200,采用渗水仪法对该路面的渗水系数进行检测。

(一)操作流程与要求

该路面属于沥青混凝土路面,满足渗水仪法的适用范围。采用渗水仪测得沥青路面的渗水系数,对该路段进行透水性的评价。下面将按照理论知识中所学的渗水仪的测试步骤进行测试,技能操作流程与要求见表7-2。

技能操作流程与要求 表7-2

序号	操作步骤	要求
1	准备工作	(1)按照《公路路基路面现场测试规程》(JTG 3450—2019)的规定进行测试。 (2)仪器设备的准备:渗水仪、水桶及大漏斗、秒表等。 (3)检测材料的准备:橡皮泥、水、红墨水、粉笔、扫帚等
2	开始检测	(1)在检测路段的行车路面上,按随机取样方法选择测试位置,每一个检测路段应测定5个测点,用扫帚清扫表面,并用粉笔做好测试标记;在洁净的水桶内滴入几点红墨水,使水成淡红色;装妥路面渗水仪。 (2)按照步骤进行检测:画圈,用橡皮泥进行密封,将渗水仪放到圈上,压紧,如图7-2所示。随后,注入红色的水,开始检测

续上表

序号	操作步骤	要求
3	数据处理	(1)计算各个测点水面从100mL下降至500mL所需的时间。 (2)计算各个测点的渗水系数,以及5个测点的平均值、标准偏差、变异系数
4	完成报告	填写好记录表,做到诚信、可靠

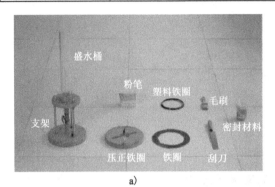

图7-2 渗水仪测试现场照片

(二)记录案例

根据技能任务的实际测试结果完成表7-3中的渗水系数、合格率和变异系数计算,并给出结论。

路面渗水系数检测记录表　　　　　　表7-3

测试地点桩号	测点距路面中心距	路况描述	量筒读数(mL)			渗水500mL需要的时间(s)	渗水系数(mL/min)		备注
			初始计时	180s	360s		测点值	平均值	
检测频率(处/km)		5	渗水系数规范要求(mL/min)			≤200	合格率(%)		

任务评价

(一) 自我评价

任务	级别		
	掌握的操作	仍需加强	完全不理解
仪器操作			
准备工作			
检测步骤			
数据处理			
完成报告			
在本次任务实施过程中的自评结果	A.优秀　B.良好　C.仍需努力　D.搞不清楚		

(二) 答题闯关

1. 选择题

(1) 进行沥青路面渗水系数测试时,第一次和第二次计时的水量差为(　　)mL。
　　A. 200　　　　　　　　　　　　B. 300
　　C. 400　　　　　　　　　　　　D. 500

(2) 以下关于路面渗透性检测方法的论述正确的有(　　)。
　　A. 路面渗透性能可以用渗水系数表征
　　B. 路面渗水系数与空隙率有很大关系
　　C. 控制好空隙率和压实度就能完全保证路面渗水性能
　　D. 渗水系数法可以用于公称最大粒径大于 26.5mm 的下面层或基层混合料

(3) 沥青路面的渗水系数计算时,一般以水面从(　　)下降至(　　)所需的时间为准。
　　A. 100mL　　　　　　　　　　　B. 500mL
　　C. 200mL　　　　　　　　　　　D. 700mL

(4) 路面渗水试验应按照随机取样方法选择测试位置,每一个检测路段应测定(　　)个测点。
　　A. 3　　　　　　　　　　　　　B. 5
　　C. 10　　　　　　　　　　　　 D. 8

2. 判断题

无机结合料稳定材料渗水试验方法可用于测定密实型无机结合料基层的渗水系数。
　　　　　　　　　　　　　　　　　　　　　　　　　　　　　　　　　(　　)

任务7.2 路面错台检测

任务描述

路面错台通常指不同构造物或相邻水泥混凝土板块接缝间出现的高程突变,以mm计。若路面错台过大,则会使路面局部不平整,严重影响行车舒适性。因此,路面错台不仅是路面病害调查项目,也是水泥混凝土路面施工质量检验指标。利用水准仪可以检测路面错台,以评定路面行车舒适性。本方法适用于测定路面在人工构造物端部接头、水泥混凝土路面或桥梁的伸缩缝以及沥青路面裂缝两侧沉降所造成的错台(台阶)高度,以评价路面行车舒适性能(跳车情况),并作为计算维修工作量的依据。本任务将学习如何利用水准仪进行路面错台检测。

相关知识

(一)仪具与材料的准备

(1)基准尺:3m直尺或2m直尺。

图7-3 水准仪

(2)量尺。
①深度尺:分辨率不大于0.5mm。
②钢直尺:量程不小于200mm。
③钢卷尺:量程不小于5m。
④塞尺:分度值不大于0.5mm。
(3)水准仪或全站仪。
①水准仪:精度DS3,如图7-3所示。
②全站仪:测角精度2″,测距精度$\pm[2\text{mm} + 2 \times 10^{-6}s(s$ 为测距$)]$。

(二)准备工作

测试前,应对测试位置进行清理,保证无浮砂、污泥等影响测试结果的污染物。

(三)开始检测

选择需要测试的断面,记录位置、桩号,描述错台的情况。路面错台的测试位置应选在接缝高差最大处,根据需要也可选择其他有代表性的位置。根据实际情况选择以下测试方法。

1.基准尺法

使基准尺垂直跨越接缝并平放于高出的一侧,用塞尺或钢直尺量测接缝处基准尺下基准面与位置较低板块的高差,即该处的错台高度D,精确至1mm。

2. 深度尺法

将深度尺垂直置于高出的一侧,将测头顶出至与沉降面接触为止,稳定后读数,即该处的错台高度 D,精确至 1mm。测点的选择应避开水泥混凝土板块崩边的位置。

3. 水准仪(全站仪)法

将水准仪(全站仪)架设于路面平顺处调平,沿接缝在选定测点的两侧分别量测相对高程,精确至 1mm。塔尺(棱镜)应放置在平整处,避开路面凸起和凹陷的位置。

新建水泥混凝土路面错台的测定:按每条胀缝 2 点,每 200m 抽纵、横接缝各 2 条,每条 2 个测点进行。高速公路、一级公路允许偏差为 2mm,其他等级公路为 3mm。

(四)数据处理

(1)基准尺法和深度尺法的测试结果直接作为错台高度 D,精确至 1mm。
(2)水准仪(全站仪)法需计算接缝间的相对高程、差值的绝对值作为错台高度 D,精确至 1mm。

(五)完成报告

报告应包括以下技术内容:
(1)测试位置信息(包括桩号、路面及构造物概况等)。
(2)错台高度 D。

任务实施

某学校内有一水泥混凝土路,桩号为 K0+100~K0+700,采用水准仪测定水泥路面错台,对该路面的行车舒适性进行评价。

(一)操作流程与要求

通过水准仪测定路面错台可以对该路段进行行车舒适性的评价,下面将按照相关知识中所学的水准仪的测试步骤进行测试,技能操作流程与要求见表 7-4。

技能操作流程与要求　　　　表 7-4

序号	操作步骤	要求
1	准备工作	(1)按照《公路路基路面现场测试规程》(JTG 3450—2019)的规定进行测试。 (2)仪器设备的准备:水准仪等。 (3)检查水准仪的调零灵敏情况
2	开始检测	将水准仪架设于路面平顺处调平,沿接缝在选定测点的两侧分别量测相对高程,精确至 1mm。塔尺放置在平整处,避开路面凸起和凹陷的位置,见图 7-4
3	数据处理	计算接缝间的相对高程、差值的绝对值作为错台高度 D,精确至 1mm
4	完成报告	填写好记录表,做到诚信、可靠

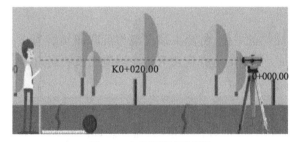

图 7-4　水准仪测试示意图

(二) 记录案例

根据技能任务的实际测试结果完成表 7-5,并给出结论。

水准仪测定水泥路面错台试验记录　　　　表 7-5

桩号及部位	规定值或允许偏差(mm)	
起讫桩号	实测值(mm)	最大错台高度(mm)
结论		

任务评价

(一) 自我评价

任务	级别		
	掌握的操作	仍需加强	完全不理解
仪器操作			
准备工作			
检测步骤			
数据处理			
完成报告			
在本次任务实施过程中的自评结果	A.优秀　B.良好　C.仍需努力　D.搞不清楚		

(二)答题闯关

选择题

(1)路面错台测试方法用以评价路面的(　　)。
　　A.承载能力　　　B.平整度　　　　C.抗滑能力　　　D.行车舒适性能
(2)路面错台的测试以(　　)作为测定结果。
　　A.测定的错台读数与各测点的距离汇成的纵断面图
　　B.设计纵断面高程
　　C.最大错台位置
　　D.最大错台高度

任务7.3　沥青路面车辙检测

任务描述

沥青路面车辙是指路面经汽车反复行驶产生流动变形、磨损、沉陷后,在车行道行车轨迹上产生的纵向带状辙槽,车辙深度以 mm 计。达到一定深度的车辙,会增加车辆变道的操控难度,影响行车安全性;会降低路面横向平整度以及行车舒适性;还可能积水,加速路面的破坏。因此,车辙是沥青路面使用性能评价指标,也是沥青路面养护决策的依据。利用路面激光车辙仪、横断面尺或者基准尺可以测定沥青路面的车辙,以评定路面的使用性能,车辙的控制指标,国内没有统一指标,国外将车辙深度作为评价指标。该检测方法适用于测定沥青路面的车辙,供评定路面使用状况及计算维修工作量时使用。本任务将学习如何利用路面激光车辙仪测定沥青路面的车辙。

相关知识

(一)仪具与材料的准备

(1)路面激光车辙仪如图 7-5 所示。具体如下:
①纵向距离测量误差:≤0.1%。
②纵向采样间距:≤200mm。
③有效测试宽度≥3.5m,测点不少于 13 点,测试精度 0.1mm,横向采样间距≤300mm。
④车辙深度测量范围:0~50mm。
(2)路面横断面尺:金属制直尺,刻度间距 50mm,长度不小于一个车道宽度;顶面平直,最大弯曲不大于 1mm,两端有把手及高度为 100~200mm 的支脚,两支脚的高度相同,作为基准尺使用。路面横断面尺如图 7-6 所示。

图 7-5 路面激光车辙仪

图 7-6 路面横断面尺

(3)基准尺:金属制尺,长度不小于一个车道宽度,最大弯曲不超过1mm,表面平直。
(4)量尺。
①钢直尺:量程不小于300mm,分度值为1mm。
②钢卷尺:量程不小于3000mm,分度值为1mm。
③塞尺:分度值不大于0.5mm。

(二)准备工作

(1)车辙测试的基准测量宽度应符合下列规定:
①对于高速公路及一级公路,以发生车辙的一个车道两侧标线宽度中点到中点的距离为基准测量宽度。
②对于二级及二级以下公路,当有车道区划线时,以发生车辙的一个车道两侧标线宽度中点到中点的距离为基准测量宽度;当无车道区划线时,以形成车辙部位的一个设计车道作为基准测量宽度。
(2)横断面尺测试方法准备工作。
确定测试路段,按规定的方法选取测试断面,并做好标记。
(3)基准尺测试方法转变工作。
①当不需要测试横断面,仅需要测试最大车辙时,可采用本方法。
②确定测试路段,按规定的方法选取测试断面,并做好标记。
(4)激光车辙仪测试方法准备工作。
①确定测试路段,要求测试路段无积水、无冰雪、无污染。
②将测试设备所有轮胎气压调整为设备所要求的标准气压,检查车辆和测试设备是否工作正常。
③查看天气预报,当风速大于6级时不宜进行测试。

(三)开始检测

1. 横断面尺测试方法检测步骤

(1)选择需测试车辙的断面,将横断面尺置于该测试断面上,方向与路面中心线垂直,两端支脚置于测试车道两侧。
(2)沿横断面尺每隔200mm设一个测点,将钢直尺垂直立于路面上,读取横断面尺底面与路面之间的高差,精确至1mm。如果断面的最高处或最低处明显不在测试点上,应加密测点。
(3)记录测试断面的桩号、位置及不同断面处的高差。

2. 基准尺测试方法检测步骤

(1) 选择需测试车辙的断面,将基准尺置于该测试断面上,方向与路面中心线垂直。

(2) 若车辙形状为图7-7中a)～c)形式,则需分别量测左、右轮迹带的车辙深度,将基准尺分别置于左、右轮迹带辙槽两端最高位置,目测确定左、右轮迹带最大车辙位置,用量尺量取基准尺底面与路面之间的高差,精确至1mm,记录车辙深度。

(3) 若车辙形状为图7-7中d)～g)形式,则直接将基准尺置于断面辙槽两端最高位置,目测确定断面最大车辙位置,用量尺量取基准尺底面与路面之间的高差,精确至1mm,记录车辙深度。

(4) 记录测试断面的桩号、位置及断面处车辙深度。

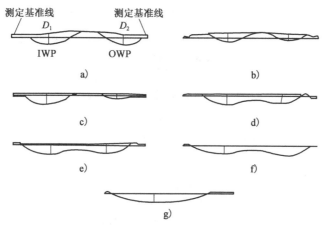

图7-7 不同形状、不同程度的路面车辙示意图
IWP、OWP-左轮迹带及右轮迹带;D_1、D_2-左轮迹带、右轮迹带车辙深度

3. 激光车辙仪测试方法检测步骤

(1) 使测试车辆就位于测试区间起点前一定距离,以保证到达测试区域时能够达到测试要求的稳定车速,启动测试设备并将其调整至工作状态。

(2) 设定测试系统参数,输入路线名称、路段桩号、测试车道和测试方向等信息。

(3) 根据交通量、路面状况等实际情况确定测试速度。

(4) 测试时,应分车道测试,保持测试车中心线与车道中心线重合,测试系统自动记录被测试车道的路面车辙数据。

(5) 测试结束,保存数据。

(四) 数据处理

(1) 应按规定的模式计算车辙深度,绘制横断面图及顶面基准线。

(2) 在横断面图上确定车辙深度。

(五) 完成报告

本方法应报告以下技术内容:

(1)测试位置信息(如桩号等)。
(2)每个断面的车辙深度值。
(3)测试路段的平均车辙深度。

任务实施

某学校有一条沥青混凝土路,桩号为 K1+400~K2+600,采用横断面尺法对该路面的车辙进行检测。

(一)操作流程与要求

利用横断面尺测得路面的车辙厚度,可以对该路段的施工质量进行评价,下面将按照相关知识中所学的横断面尺的测试步骤进行测试,技能操作流程与要求见表7-6。

技能操作流程与要求　　　　　　　　　　　　　　　表7-6

序号	技能操作步骤	要求
1	准备工作	(1)按照《公路路基路面现场测试规程》(JTG 3450—2019)的规定进行测试。 (2)仪器设备的准备:横断面尺、皮尺、塞尺,如图7-8 所示
2	开始检测	(1)确定测试路段,按规定的方法选取测试断面,并做好标记。 (2)按照步骤进行检测:选择需测试车辙的断面,将横断面尺置于该测试断面上,方向与路面中心线垂直,两端支脚置于测试车道两侧,沿横断面尺每隔200mm 设一个测点,将钢直尺垂直立于路面上,读取横断面尺底面与路面之间的高差,精确至1mm;如果断面的最高处或最低处明显不在测试点上,应加密测点
3	数据处理	记录测试断面的桩号、位置及不同断面处的高差,画出基准线(图7-9),得出车辙高程
4	完成报告	填写好记录表,做到诚信、可靠

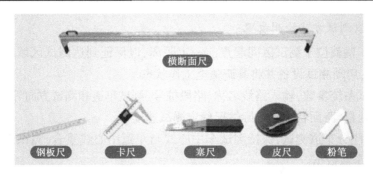

图7-8　仪器设备

图7-9　基准线

(二)记录案例

表7-7为横断面尺检测沥青路面车辙记录表,根据技能任务的实际测试结果完成表格。

横断面尺检测沥青路面车辙记录表   表7-7

桩号	车道	左侧车辙深度 RU_1（mm）	右侧车辙深度 RU_2（mm）	最大车辙深度 RU（mm）
最大车辙平均深度 RU（mm）				
备注				

任务评价

（一）自我评价

任务	级别		
	掌握的操作	仍需加强	完全不理解
仪器操作			
准备工作			
检测步骤			
数据处理			
完成报告			
在本次任务实施过程中的自评结果	A. 优秀　B. 良好　C. 仍需努力　D. 搞不清楚		

（二）答题闯关

选择题

进行沥青路面车辙测试时，针对内外侧轮迹带的车辙深度 D_1 和 D_2，以（　　）作为断面的车辙深度。

　　A. 其中最小值　　　　　　　　B. 两者平均值

　　C. 其中最大值　　　　　　　　D. 两者之差值

项目8 ITEM EIGHT
桥涵地基承载力检测

知识目标

(1)了解桥涵地基岩土的分类。
(2)了解静力触探和圆锥动力触探法测定桥涵地基承载力测试步骤。
(3)了解规范法确定桥涵地基承载力基本容许值。

技能目标

(1)能运用静力触探法和圆锥动力触探法测定桥涵地基承载力。
(2)能运用规范法确定桥涵地基承载力基本容许值以及计算修正后的地基承载力容许值。

项目概述

地基承载力是地基土单位面积上随荷载增加所发挥的承载潜力,是评价地基稳定性的综合性指标。为了保证桥梁、路基、房屋建筑安全可靠,我们应对地基承载力进行测定。接下来我们将学习地基、地基承载力的基本概念,如何测定地基承载力和计算地基承载力容许值以及修正后的地基承载力容许值。

任务8.1 认知桥涵地基承载力检测基础知识

任务描述

1173年兴建的意大利比萨斜塔(图8-1),当建至24m时发现塔身倾斜而被迫停工。100年后续建至塔顶(高约55m)。至今塔身一侧下沉了1m以上,另一侧下沉了约3m,倾斜达5.8°。1932年曾灌注了1000t水泥,防止下沉的效果仍然不明显。在以后的数十年里,该塔仍以每年 1mm 的速度下沉。意大利当局被迫于 1990 年关闭比萨斜塔，比萨斜塔因此成为世界著名的问题基础工程。在经历了十多年的应力解除并辅以配重的矫正工程后，工程专家组于 2001 年 6 月 16 日将该塔正式交给比萨市政当局。专家组声称，比萨斜塔目前的状态至少还能良好地保持 300 年。

各类地基承受基础传来的荷载的能力都有一定的限度。当超过这个限度，首先发生的是桥涵、路基、房屋建筑具有较大的不均匀沉降，引起桥涵、路基、房屋建筑开裂；如果超越这一限度过多，则可能因地基土发生剪切破坏而整体滑动或急剧下沉，造成桥梁、路基、房屋建筑的严重受损，进而引发安全事故，危及人民生命。

图 8-1　意大利比萨斜塔

本任务将学习地基基础及地基承载力的基础知识。

相关知识

（一）地基基础基本知识

1. 基本概念

天然地基上的浅基础，由于埋入地层深度较浅，施工一般采用敞开挖基坑修筑基础的方法。基坑挖至基底设计高程，或者已按设计要求加固、处理完毕后，必须经过基底检验，方可进行基础施工。

基底检验必须及时，以免使待检验基底暴露时间过久而改变原状土的结构或使原状土风化变质。

2. 桥涵地基承载力检验内容

桥涵地基承载力检验内容包括：基底平面位置、尺寸大小、高程是否符合设计要求，偏差值是否在现行有关规定允许范围以内，基底地质情况和承载力是否与设计资料相符，基底处理和排水情况是否符合《公路桥涵地基与基础设计规范》(JTG 3363—2019)（以下简称《规范》）的要求。施工记录及有关试验资料；地基经加固、处理后的地基承载力是否达到设计要求。本任务仅介绍桥涵地基承载力检测，其他检测方法比较简单，此处不作介绍。

3. 检测方法

按桥涵大小、地基土质复杂情况（如溶洞、断层、软弱夹层、易溶岩等）及结构对地基有无特殊要求，可采用以下方法检查：

(1)桥涵地基检验可采用直观法或触探法，必要时可进行土质试验。

(2)对于大、中桥和地基土质复杂、结构对地基有特殊要求的地基检验，一般采用触探法和钻(钻深至少 4m)取样做土工试验，或按设计要求进行荷载试验。

(3)特大桥按设计要求处理。

4. 检测注意事项

(1)如果地基经检测需要加固处理,则加固处理完毕后,应再进行检测,只有检测合格后,才能进行基础施工。

(2)为了有较好的可比性,加固前后两次的测试项目应力求对应,最好由同一组试验人员用同一组仪器进行。

(3)检测后应按规定格式填写相关记录表格,并由参加检测人员签名,作为竣工验收原始资料。

(二)地基承载力基本知识

在荷载作用下,地基会产生变形。随着荷载的增大,地基变形逐渐增大。初始阶段,地基土中应力处在弹性平衡状态,具有安全承载能力。当荷载增大到地基开始出现某点或小区域内各点在其某一方向平面上的剪应力达到土的抗剪强度时,该点或小区域内各点就会发生剪切破坏而处于极限平衡状态,土中应力将发生重分布。地基小范围的极限平衡状态大都可以恢复到弹性平衡状态,地基尚能趋于稳定,仍具有安全的承载能力。但此时地基变形稍大,必须验算变形的计算值,其不允许超过允许值。当荷载继续增大,地基出现较大范围的塑性区时,地基承载力不足而失去稳定,此时地基达到极限承载力。

地基设计采用正常极限状态,所选定的地基承载力为地基承载力容许值。地基承载力的验算,以修正后的地基承载力容许值$[f_a]$控制,该值是在地基原位测试或《规范》给出的各类岩土承载力基本容许值$[f_{a0}]$的基础上,经修正而得。地基承载力容许值是在保证建筑物安全可靠,并符合正常使用要求的前提下,地基土在单位面积上所能承受荷载的能力,通常用荷载强度(kPa)表示。

地基承载力容许值的确定要考虑两方面的要求,即基础沉降量不超过容许值和保证地基有足够的稳定性。地基承载力基本容许值$[f_{a0}]$为荷载试验地基土压力变形关系线性变形段内不超过比例界限点的地基压力值。

地基承载力容许值的确定方法有荷载试验法、原位测试法、规范法、地区经验法等。

地基承载力容许值应按以下原则确定:

(1)地基承载力基本容许值应首先考虑由荷载试验或其他原位测试取得,其值不应大于地基极限承载力的1/2。

对中小桥、涵洞,当受现场条件限制,或荷载试验和原位测试确有困难时,也可按照《规范》的有关规定采用。

(2)地基承载力基本容许值应根据基底埋深、基础宽度及地基土的类别进行修正。

(3)软土地基承载力容许值按《规范》有关规定确定。

(4)其他特殊性岩土地基承载力基本容许值可参照各地区经验或相应的标准确定。本项目重点介绍按《规范》的规定确定地基承载力容许值。

任务8.2 静力触探测定地基承载力

任务描述

静力触探是指利用压力装置将有触探头的触探杆压入试验土层,通过量测系统测土的贯入阻力,可确定土的某些基本物理力学特性,如土的变形模量、土的容许承载力等。静力触探加压方式有机械式、液压式和人力式三种。在现场进行静力触探试验,将静力触探所得比贯入阻力 P_s 与载荷试验、土工试验有关指标进行回归分析,可以得到适用于一定地区或一定土性的经验公式,可以通过静力触探所得的计算指标确定土的天然地基承载力。静力触探的贯入机理与建筑物地基强度和变形机理存在一定差异,故不经常使用。

静力触探的基本原理:用准静力(相对动力触探而言,没有或有很少冲击荷载)将一个内部装有传感器的触探头以匀速压入土中,由于地层中各种土的软硬不同,探头所受的阻力自然也不一样,传感器将这种大小不同的贯入阻力通过电信号输入到记录仪表中记录下来,再通过贯入阻力与土的工程地质特征之间的定性关系和统计相关关系,来实现取得土层剖面、提供浅基承载力、选择桩端持力层和预估单桩承载力等工程地质勘察目的。本任务将学习如何利用静力触探仪测定地基的承载力。

相关知识

(一)仪具与材料的准备

静力触探仪:包括主机、地锚、探杆、探头、控制仪表、十字剪切装置、连接线、随机文件等。静力触探仪装置图如图 8-2 所示。

(1)使用条件:环境温度 5~40℃,环境湿度≤80%。
(2)采样速度:10 次/s。
(3)测量精度:0.01kN。

(二)准备工作

(1)静力触探测试应在平整的场地上进行,测试点应根据工程地质分区或加固处理分区均匀布置,并应具有代表性;当评价地基处理效果时,处理前、后的测试点应考虑前后的一致性。

图 8-2 静力触探仪装置图

(2)静力触探测试深度除应满足设计要求外,还应按下列规定执行:
① 天然地基检测深度应达到主要受力层深度及以下。
② 人工地基检测深度应达到加固深度以下 0.5m。
③ 复合地基的桩间土检测深度应超过竖向增强体底部 0.5m。

④静力触探设备的安装应平稳、牢固,并应根据检测深度和表面土层的性质,选择合适的反力装置。

⑤静力触探头应根据土层性质和预估贯入阻力进行选择,并应满足精度要求。试验前,静力触探头应连同记录仪、电缆在室内进行率定;测试时间超过3个月时,每3个月应对静力触探头率定一次;当现场测试发现异常情况时,应重新率定。

(三)开始检测

(1)贯入前,应对静力触探头进行试压,确保顶柱、锥头、摩擦筒能正常工作。

(2)装卸静力触探头时,不应转动静力触探头。

(3)先将静力触探头贯入土中 0.5~1.0m,然后提升 5~10cm,待记录仪无明显零位漂移时,记录初始读数或调整零位,然后方能开始正贯入。

(4)静力触探头的贯入速率应控制为 (1.2 ± 0.3) m/min,在同一检测孔的试验过程中宜保持匀速贯入。

(5)深度记录的误差不应超过触探深度的 ±1%。

(6)当静力触探头的贯入深度超过 30m,或穿过厚层软土后再贯入硬土层时,应采取防止孔斜措施,或配置测斜探头,量测触探孔的偏斜角,校正土层界线的深度。

(四)数据处理

1. 正常数据处理

单桥探头的比贯入阻力、双桥探头的锥尖阻力、侧壁摩阻力及摩阻比,应分别按下列公式计算,即

$$p_s = K_p \cdot (\varepsilon_p - \varepsilon_0) \tag{8-1}$$

$$q_c = K_q \cdot (\varepsilon_q - \varepsilon_0) \tag{8-2}$$

$$f_s = -K_f \cdot (\varepsilon_f - \varepsilon_0) \tag{8-3}$$

$$a = f_s/q_c \times 100\% \tag{8-4}$$

式中:p_s——单桥探头的比贯入阻力,kPa;

q_c——双桥探头的锥尖阻力,kPa;

f_s——双桥探头的侧壁摩阻力,kPa;

a——摩阻比,%;

K_p——单桥探头率定系数,kPa/μ_ε;

K_q——双桥探头的锥尖阻力率定系数,kPa/μ_ε;

K_f——双桥探头的侧壁摩阻力率定系数,kPa/μ_ε;

ε_p——单桥探头的比贯入阻力应变量,μ_ε;

ε_q——双桥探头的锥尖阻力应变量,μ_ε;

ε_f——双桥探头的侧壁摩阻力应变量,μ_ε;

ε_0——触探头的初始读数或零读数应变量,μ_ε。

2. 异常情况处理

(1)当出现零位漂移超过满量程的 ±1% 且小于 ±3% 时,可按线性内插法校正。

(2)当记录曲线上出现脱节现象时,应将停机前记录与重新开机后贯入10cm深度的记录连成圆滑的曲线。

(3)当记录深度与实际深度的误差超过±1%时,可在出现误差的深度范围内,等距离调整。

(五)完成报告

根据检测数据,完成实测与计算分析曲线、表格和汇总结果,与检测内容相应的检测结论相关图件或试验报告。报告内容如下:
(1)锥尖阻力、侧壁摩阻力、摩阻比随深度的变化曲线,或比贯入阻力随深度的变化曲线。
(2)每个检测孔的比贯入阻力或锥尖阻力平均值。
(3)同一土层的比贯入阻力或锥尖阻力标准值。
(4)结合比对试验结果和地区经验的地基土承载力和变形模量值。
(5)对检验地基处理加固效果的工程,应提供处理前后的锥尖阻力、侧壁摩阻力或比贯入阻力的对比曲线。

(六)任务注意事项

(1)主机在出厂使用后,需在各齿轮、链轮间加机油或黄油,在磨合期随时请机械专业人员调整。
(2)每次工作完毕应上油清洁放置,避免生锈。
(3)探杆在接头处也需上油。
(4)探头用完必须拆洗上油。

任务实施

某学校有一桥涵地基,采用静力触探法对该地基的承载力进行评价。

(一)操作流程与要求

该地基土为砂土,满足静力触探法的适用范围,通过静力触探仪测得探头的阻力可以对该地基的承载力进行评价,下面将按照相关知识中所学的静力触探法的测试步骤进行测试,技能操作流程与要求见表8-1。

技能操作流程与要求　　　　　　　　　　　　　　　　　　　　　　表8-1

序号	操作步骤	要求
1	准备工作	(1)按照《铁路工程地质原位测试规程》(TB 10018—2018)的规定进行测试。 (2)仪器设备的准备:静力触探仪等
2	开始检测	(1)选点要求:将静力触探仪组装好放置在地基土上,如图8-3所示。 (2)先将静力触探头贯入土中0.8m,然后提升5~10cm,待记录仪无明显零位漂移时,记录初始读数开始正贯入,触探的贯入速率应控制为(1.2±0.1)m/min,匀速贯入

续上表

序号	操作步骤	要求
3	数据处理	(1)计算每个检测孔的比贯入阻力平均值以及同一土层的比贯入阻力标准值。 (2)结合比对试验结果和地区经验的地基土承载力和变形模量值
4	完成报告	填写好记录表,做到诚信、可靠

图 8-3　静力触探仪放置在地基土上

(二)记录案例

表 8-2 为静力触探仪测定地基承载力记录表,根据技能任务的实际测试结果完成表格。

静力触探仪测定地基承载力记录表　　　　　　　　表 8-2

钻孔编号		孔口高程(m)	
稳定水位(m)		探头类型	
地层名称			比贯入阻力(p_s) 与深度 H 关系曲线图
地层代号			
岩性简述			
比贯入阻力统计值(kPa)			
基本承载力(kPa)			
极限承载力(kPa)			
设计承载力(kPa)			
压缩模量(MPa)			
内摩擦角(°)			

检测结论:

任务评价

(一) 自我评价

任务	级别		
	掌握的操作	仍需加强	完全不理解
仪器操作			
工作准备			
检测步骤			
数据处理			
完成报告			
在本次任务实施过程中的自评结果	A.优秀 B.良好 C.仍需努力 D.搞不清楚		

(二) 答题闯关

选择题

(1) 下列关于静力触探试验说法有误的一项是(　　)。
  A. 静力触探试验利用传感器或直接量测仪表测试土层对触探探头的贯入阻力
  B. 利用电测传感器直接量测探头的贯入阻力,大大提高了量测的精度和工效
  C. 静力触探的主要优点是连续、快速、精确
  D. 静力触探适用于含碎石、砾石的土层
(2) 静力触探试验需要用到的仪器包括(　　)。
  A. 液压传动系统和机械传动系统　　B. 探头、电缆和电阻应变仪
  C. 反力装置和千斤顶　　　　　　　D. 台架和加载装置

任务8.3　动力触探测定地基承载力

任务描述

动力触探测定地基承载力是利用一定质量的落锤,以一定高度的自由落距将标准规格的锥形探头打入土层,根据探头贯入的难易程度判定土层的物理力学性质。它是公路桥涵工程勘察中的原位测试方法之一。

动力触探适用于黏性土、砂性土和碎石类土,可分轻型、重型和特重型三类。轻型动力触探可确定一般黏性土地基承载力;重型动力触探和特重型动力触探可确定中砂以上的砂性土和碎石类土地基承载力,测定圆砾土、卵石土的变形模量。动力触探适用于查明地层在垂直和水平方向的均匀程度和确定桩基持力层。动力触探划分土层并定名时,应与其他勘探测试手段相结

合;确定地基承载力或变形模量时,动力触探孔数应根据场地大小、建筑物等级及土层均匀程度综合考虑,但同一场地应不少于3孔。本任务将学习如何通过动力触探测定地基的承载力。

相关知识

（一）仪具与材料的准备

(1)动力触探类型及规格。

动力触探类型和规格见表8-3。

动力触探类型和规格　　　　　　　表8-3

类型		轻型动力触探	重型动力触探	超重型动力触探
落锤	锤的质量(kg)	10±0.2	63.5±0.5	120±1.0
	落距(cm)	50±2	76±2	100±2
探头	直径(mm)	40	74	74
	锥角(°)	60	60	60
探杆直径		25	42、50	50
指标		贯入30cm的锤击数N_{10}	贯入10cm的锤击数$N_{63.5}$	贯入10cm的锤击数N_{120}

(2)动力触探设备主要参数应符合下列要求：

①轻型动力触探探头外形尺寸应符合图8-4的规定,材料应采用45号碳素钢或优于45号碳素钢的钢材,表面淬火后洛氏硬度(HRC)=45~50。

②重型、特重型动力触探设备,应符合以下要求：

a.探头。外形尺寸应符合图8-5的规定,材质应符合本条上述要求。

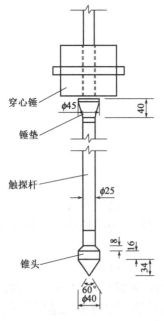

图8-4　轻型动力触探探头外形尺寸(尺寸单位:mm)　　图8-5　重型、特重型动力触探探头(尺寸单位:mm)

b. 探杆。每米质量不宜大于7.5kg;探杆接头外径应与探杆外径相同,探杆和接头材料应采用耐疲劳、高强度的钢材。

c. 锤座直径应小于锤径的1/2,并大于100mm;导杆长度应满足重锤落距的要求,锤座和导杆总质量为20~25kg。

d. 重锤应采用圆柱形,高径比为1~2;重锤中心的通孔直径应比导杆外径大3~4mm。

(二)准备工作

(1)动力触探作业前必须对机具设备进行检查,确定正常后方可启动。部件磨损及变形超过下列规定时,应予更换或修复。

①探头允许磨损量:直径磨损不得大于2mm,锥尖高度磨损不得大于5mm。
②每节探杆非直线偏差不得大于0.6%。
③所有部件连接处丝扣应完好,连接紧固。

(2)动力触探机具安装必须稳固,在作业过程中支架不得偏移。

(三)开始检测

(1)在进行动力触探时,应始终保持重锤沿导杆铅直下落,锤击频率应控制在15~30击/min范围内。

(2)在进行轻型动力触探作业时,应先用轻便钻具钻至所需测试土层的顶面,然后对该土层连续贯入。当贯入30cm的击数超过90击或贯入15cm超过45击时,可停止作业。如需对下卧层进行测试,可用钻探方法穿透该层后继续触探。

(3)根据地层强度的变化,重型、特重型动力触探可互换使用。当重型动力触探实测击数大于50击/10cm时,宜改用特重型动力触探;当重型动力触探实测击数小于5击/10cm时,不得采用特重型动力触探。

(4)在预钻孔内进行重型动力触探或特重型动力触探作业,钻孔孔径大于90mm、孔深大于3m、实测击数大于8击/10cm时,可用小于或等于90mm的孔壁管下放至孔底或用松土回填钻孔,以减小探杆径向晃动。

(5)各种类型动力触探的锤座距孔口高度不宜超过1.5m,探杆应保持竖直。

(四)数据处理

(1)轻型动力触探应每贯入30cm记录其相应击数。

(2)重型、特重型动力触探应每贯入10cm记录其相应击数。地层松软时,可采用测量每阵击(一般为1~5击)的贯入度,并按下式(8-5)换算成相当于同类型动力触探贯入10cm时的击数:

$$\frac{N_{63.5}}{N_{120}} = \frac{10n}{\Delta s} \tag{8-5}$$

式中:$N_{63.5}$、N_{120}——重型、特重型动力触探实测击数,击/10cm;
n——每阵击的击数,击;

Δs——每阵击时相应的贯入度,cm。

(3)现场记录应清晰、完整,除按《铁路工程地质原位测试规程》(TB 10018—2018)表 B.4.1 中项目填写外,还应在备注栏中记录下列事项:

①贯入间断原因及时间。
②落距超限量、落锤回弹情况。
③探杆及导杆偏斜及径向振动情况。
④接头紧固情况。
⑤其他异常情况。

(五)完成报告

动力触探记录应在现场进行初步整理,并对记录的击数和贯入尺寸进行校核和换算。轻型动力触探应以每层实测击数的算术平均值作为该层的触探击数平均值 $\overline{N}_{10}$,重型动力触探实测击数 $N_{63.5}$,应按下式(8-6)进行杆长击数修正:

$$N'_{63.5} = \partial N_{63.5} \tag{8-6}$$

式中:$N'_{63.5}$——重型动力触探修正后击数,击/10cm;
∂——杆长击数修正系数,可按表 8-4 确定。

杆长击数修正系数 ∂ 表 8-4

杆长 L (m)	$N_{63.5}$(击/10cm)								
	5	10	15	20	25	30	35	40	≥50
≤2	1.00	1.00	1.00	1.00	1.00	1.00	1.00	1.00	—
4	0.96	0.95	0.93	0.92	0.90	0.89	0.87	0.86	0.84
6	0.93	0.90	0.88	0.85	0.83	0.81	0.79	0.78	0.75
8	0.90	0.86	0.83	0.80	0.77	0.75	0.73	0.71	0.67
10	0.88	0.83	0.79	0.75	0.72	0.69	0.67	0.64	0.61
12	0.85	0.79	0.75	0.70	0.67	0.64	0.61	0.59	0.55
14	0.82	0.76	0.71	0.66	0.62	0.58	0.56	0.53	0.5
16	0.79	0.73	0.67	0.62	0.57	0.54	0.51	0.48	0.45
18	0.77	0.70	0.63	0.57	0.53	0.49	0.46	0.43	0.40
20	0.75	0.67	0.59	0.53	0.48	0.44	0.41	0.39	0.36

注:本表可线性内插取值。

特重型动力触探的实测击数,应先按下式换算成相当于重型动力触探的实测击数后,再按式(8-7)进行修正。

$$N_{63.5} = 3N_{120} - 0.5 \tag{8-7}$$

根据修正后的动力触探击数,应绘制动力触探击数与贯入深度曲线图。黏性土地基的基本承载力 σ_0,当贯入深度小于 4m 时,可根据场地土层的 $\overline{N}_{10}$ 按表 8-5 确定。

黏性土 σ_0 值(kPa) 表 8-5

$\overline{N}_{10}$(击/30cm)	15	20	25	30
σ_0	100	140	180	220

注：$\overline{N}_{10}$ 为轻型动力触探平均值，取同一层动力触探有效击数的算术平均值。冲积、洪积成因的中砂-砾砂土地基和碎石类土地基的承载力 σ_0，当贯入深度小于 20m 时，可根据场地土层的 $\overline{N}_{63.5}$ 按表 8-6 确定。

中砂-砾砂土、碎石类土 σ_0 值(kPa) 表 8-6

$\overline{N}_{63.5}$(击/10cm)	3	4	5	6	7	8	9	10	12	14
碎石土	140	170	200	240	280	320	360	400	480	540
中砂-砾砂	120	150	180	220	260	300	340	380	—	—
$\overline{N}_{63.5}$(击/10cm)	16	18	20	22	24	26	28	30	35	40
碎石土	600	660	720	780	830	870	900	930	970	1000

注：$\overline{N}_{63.5}$ 为重型动力触探平均值，取同一层动力触探有效击数的算术平均值。

任务实施

图 8-6 为某学校一地基现场图，采用轻型动力触探法对该地基的承载力进行评价。

（一）操作流程与要求

该地基土为黏性土，满足轻型动力触探法的适用范围，通过轻型动力触探仪测得 30cm 的锤击数，可以对该地基的承载力进行评价，下面将按照相关知识中所学的轻型动力触探法的测试步骤进行测试，技能操作流程与要求见表 8-7。

图 8-6 某学校一地基现场图

技能操作流程与要求 表 8-7

序号	技能操作步骤	要求
1	准备工作	(1)按照《铁路工程地质原位测试规程》(TB 10018—2018)的规定进行测试。 (2)仪器设备的准备：探头、探杆、锤托等，如图 8-7 所示
2	开始检测	(1)装好轻型动力触探仪，选好地点，清理表面至持力层。 (2)将其钻至所需测试土层的顶面，然后对该土层连续贯入，如图 8-8 所示。当贯入 30cm 的击数超过 90 击或贯入 15cm 超过 45 击时，可停止作业
3	数据处理	应每贯入 30cm 记录相应击数，根据土的类型判断其承载力
4	完成报告	填写好记录表，做到诚信、可靠

（二）记录案例

表 8-8 为轻型动力触探测定地基承载力记录表，根据实际测试结果完成表格。

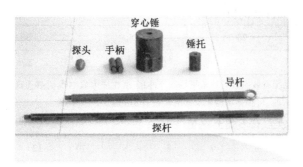

图 8-7　仪器设备　　　　　　　　图 8-8　检测现场图

轻型动力触探测定地基承载力记录表　　　　表 8-8

委托范围		设计地基承载力(kPa)	
检测点数		检测方法	
检测依据		检测内容	
检测结论			
备注			

任务评价

(一)自我评价

任务	级别		
	掌握的操作	仍需加强	完全不理解
仪器操作			
工作准备			
检测步骤			
数据处理			
完成报告			
在本次任务实施过程中的自评结果	A.优秀　B.良好　C.仍需努力　D.搞不清楚		

(二)答题闯关

判断题

轻型动力触探测定地基承载力时,记录每点打入 10cm 的锤击数,根据相关公式换算地基容许承载力。　　　　　　　　　　　　　　　　　　　　　　　　　　　　(　　)

任务8.4 《规范》法测定地基承载力

任务描述

我国幅员辽阔，土质变化较复杂，《规范》仅对一般土质条件做了规定，对一些特殊地基，如疏松状态的砂土、接近流动状态的软弱黏性土、含有大量有机质土和盐渍土等，以及对于大的或较重要的工程，还应结合具体情况，综合采用荷载试验、现场标准贯入试验或静力触探及理论计算等方法研究分析后确定。按《规范》提供的经验公式和参数确定地基容许承载力的方法，是根据我国各部门多年的实践经验，收集了大量荷载试验和已建结构物的观测资料，通过理论和统计分析后制定的，它使确定地基土容许承载力的工作大为简化。本任务将学习如何利用规范法确定地基承载力。

相关知识

(一) 地基岩土分类

按《规范》的规定，公路桥涵地基的岩土可分为岩石、碎石土、砂土、粉土、黏性土和特殊性土。

1. 岩石

岩石为颗粒间联结牢固、呈整体性或具有节理裂隙的地质体。岩石可按地质和工程分类。岩石地质分类主要根据其地质成因、矿物成分、结构构造及风化程度，如强风化花岗岩、微风化砂岩等，这对于工程的勘察设计是十分必要的。岩石工程分类主要根据岩体的工程性状，在地质分类的基础上，概括其工程性质，便于进行工程评价。因此，在评价公路桥涵地基时，除应确定岩石的地质名称外，还应按其坚硬程度、完整程度、节理发育程度、软化程度和特殊性岩石进行细分。

(1) 岩石的坚硬程度应根据岩块的饱和单轴抗压强度标准值分级，见表8-9。

岩石坚硬程度分级　　　　　　　　　　　　表8-9

坚硬程度类别	坚硬岩	较硬岩	较软岩	软岩	极软岩
饱和单轴抗压强度标准值 f_{rk} (MPa)	$f_{rk}>60$	$60 \geqslant f_{rk} > 30$	$30 \geqslant f_{rk} > 15$	$15 \geqslant f_{rk} > 5$	$f_{rk} \leqslant 5$

注：岩石饱和单轴抗压强度试验要点按《规范》执行。

(2) 岩体完整程度根据完整性指数，按表8-10分为完整、较完整、较破碎、破碎和极破碎五个等级。

岩体完整程度划分　　　　　　　　　　　　表8-10

完整程度等级	完整	较完整	较破碎	破碎	极破碎
完整性指数	>0.75	(0.55,0.75]	(0.35,0.55]	(0.15,0.35]	≤0.15

注：完整性指数为岩体纵波波速与岩块纵波波速之比的平方。

(3)岩体节理发育程度根据节理间距,按表8-11分为节理不发育、节理发育、节理很发育三类。

岩体节理发育程度的分类　　　　　　　表8-11

程度	节理不发育	节理发育	节理很发育
节理间距(mm)	>400	(200,400]	≤200

(4)岩石还可按软化系数、特殊成分、结构、性质等分为软化岩石、易溶性岩石、膨胀性岩石、崩解性岩石、盐渍化岩石等。

2. 碎石土

(1)碎石土为粒径大于2mm的颗粒含量超过总质量的50%的土。碎石土可按表8-12分为漂石、块石、卵石、碎石、圆砾和角砾六类。

碎石土的分类　　　　　　　表8-12

土的名称	颗粒形状	粒组含量
漂石	以圆形及亚圆形为主	粒径大于200mm的颗粒含量超过总质量的50%
块石	以棱角形为主	
卵石	以圆形及亚圆形为主	粒径大于20mm的颗粒含量超过总质量的50%
碎石	以棱角形为主	
圆砾	以圆形及亚圆形为主	粒径大于2mm的颗粒含量超过总质量的50%
角砾	以棱角形为主	

注:碎石土分类时,应根据粒组含量从大到小以最先符合者确定。

(2)碎石土的密实度,可根据重型动力触探锤击数$N_{63.5}$,按表8-13分为松散、稍密、中密、密实四级。当缺乏有关试验数据时,碎石土平均粒径大于50mm或最大粒径大于100mm时,按《规范》附录表A.0.2鉴别其密实度。

碎石土的密实度　　　　　　　表8-13

锤击数$N_{63.5}$	密实度	锤击数$N_{63.5}$	密实度
$N_{63.5} \leq 10$	松散	$10 < N_{63.5} \leq 20$	中密
$10 < N_{63.5} \leq 15$	稍密	$N_{63.5} > 20$	密实

注:1. 本表适用于平均粒径小于或等于50mm且最大粒径不超过100mm的卵石、碎石、圆砾、角砾。
　　2. 表内$N_{63.5}$为经修正后锤击数的平均值。

3. 砂土

(1)砂土为粒径大于2mm的颗粒含量不超过总质量的50%,粒径大于0.075mm的颗粒超过总质量的50%的土。砂土可按表8-14分为砾砂、粗砂、中砂、细砂和粉砂五类。

砂土的分类　　　　　　　表8-14

土的名称	粒组含量
砾砂	粒径大于2mm的颗粒含量占总质量的25%~50%
粗砂	粒径大于0.5mm的颗粒含量超过总质量的50%

续上表

土的名称	粒组含量
中砂	粒径大于 0.25mm 的颗粒含量超过总质量的 50%
细砂	粒径大于 0.075mm 的颗粒含量超过总质量的 85%
粉砂	粒径大于 0.075mm 的颗粒含量超过总质量的 50%

(2)砂土的密实度可根据标准贯入锤击数,按表 8-15 分为松散、稍密、中密、密实四级。

砂土的密实度　　　　　　表 8-15

标准贯入锤击数 N	密实度	标准贯入锤击数 N	密实度
$N \leq 10$	松散	$15 < N \leq 30$	中密
$10 < N \leq 15$	稍密	$N > 30$	密实

4. 粉土

粉土为塑性指数 $I_P \leq 10$ 且粒径大于 0.075mm 的颗粒含量不超过总质量的 50% 的土。粉土的密实度应根据孔隙比 e 划分为密实、中密和稍密;其湿度应根据天然含水率 $w(\%)$ 划分为稍湿、湿、很湿。密实度和湿度的划分应分别符合表 8-16 和表 8-17 的规定。

粉土的密实度　　表 8-16

孔隙比 e	密实度
$e < 0.75$	密实
$0.75 \leq e \leq 0.90$	中密
$e > 0.90$	稍密

粉土的湿度　　表 8-17

天然含水率 $w(\%)$	湿度
$w < 20$	稍湿
$20 \leq w \leq 30$	湿
$w > 30$	很湿

5. 黏性土

黏性土为塑性指数 $I_P > 10$ 且粒径大于 0.075mm 的颗粒含量不超过总质量的 50% 的土。黏性土根据塑性指数按表 8-18 分为黏土和粉质黏土。

黏性土的分类　　　　　　表 8-18

塑性指数 I_P	土的名称	塑性指数 I_P	土的名称
$I_P > 17$	黏土	$10 < I_P \leq 17$	粉质黏土

黏性土的软硬状态可根据液性指数按表 8-19 分为坚硬、硬塑、可塑、软塑、流塑五种状态。

黏性土的状态　　　　　　表 8-19

液性指数	状态	液性指数	状态
$I_L \leq 0$	坚硬	$0.75 < I_L \leq 1$	软塑
$0 < I_L \leq 0.25$	硬塑	$I_L > 1$	流塑
$0.25 < I_L \leq 0.75$	可塑		

黏性土可根据沉积年代按表 8-20 分为老黏性土、一般黏性土和新近沉积黏性土。

黏性土的沉积年代分类　　　　　　表 8-20

沉积年代	土的分类	沉积年代	土的分类
第四纪晚更新世(Q_3)及以前	老黏性土	第四纪全新世(Q_4)以后	新近沉积黏性土
第四纪全新世(Q_4)	一般黏性土		

6. 特殊性土

特殊性土是具有一些特殊成分、结构和性质的区域性地基土,包括软土、膨胀土、湿陷性土、红黏土、冻土、盐渍土和填土等。

(1)软土为滨海、湖沼、谷地、河滩等处天然含水率高、天然孔隙比大、抗剪强度低的细粒土,鉴别指标应符合表 8-21 的规定,包括淤泥、淤泥质土、泥炭、泥炭质土等。

软土地基鉴别指标　　　　　　表 8-21

指标名称	天然含水率 w（%）	天然孔隙比 e	直剪内摩擦角 φ（°）	十字板剪切强度 c_u（MPa）	压缩系数
指标值	≥35 或液限	≥1.0	宜小于 5	<35kPa	宜大于 0.5

(2)淤泥为在静水或缓慢的流水环境中沉积,并经生物化学作用形成,天然含水率大于液限、天然孔隙比大于或等于 1.5 的黏性土。天然含水率大于液限而天然孔隙比小于 1.5 但大于或等于 1.0 的黏性土或粉土为淤泥质土。

(3)膨胀土为土中黏粒成分主要由亲水性矿物组成,同时具有显著的吸水膨胀和失水收缩特性,其自由膨胀率大于或等于 40% 的黏性土。

(4)湿陷性土为浸水后产生附加沉降,湿陷系数大于或等于 0.015 的土。

(5)红黏土为碳酸盐岩系的岩石经红土化作用形成的高塑性黏土,其液限一般大于 50。红黏土经再搬运后仍保留其基本特征且其液限大于 45 的土为次生红黏土。

(6)盐渍土为土中易溶盐含量大于 0.3%,并具有溶陷、盐胀、腐蚀等工程特性的土。

(7)填土根据其组成和成因,可分为素填土、压实填土、杂填土、冲填土。

素填土是指由碎石土、砂土、粉土、黏性土等组成的填土。经过压实或夯实的素填土称为压实填土。

杂填土是指含有建筑垃圾、工业废料、生活垃圾等杂物的填土。冲填土是指由水力冲填泥沙形成的填土。

(二)有关地基承载力的规定

(1)地基承载力容许值是在地基原位测试或《规范》给出的各类岩土承载力基本容许值 $[f_{a0}]$ 的基础上经修正而得的,也就是在地基压力变形曲线上,在线性变形段内某一变形所对应的压力值。

地基承载力容许值 $[f_a]$ 是在地基载荷试验和其他原位测试或按《规范》给出的各类岩土承载力基本容许值 $[f_{a0}]$ 的基础上经修正后得到的。

(2)地基承载力基本容许值应首先考虑由载荷试验或其他原位测试取得,其值不应大于地基极限承载力的 1/2。对中小桥、涵洞,当受现场条件限制或载荷试验和原位测试确有困难时,也可按照《规范》第4.3.3条规定采用。

(3)地基承载力基本容许值还可根据基底埋深、基础宽度及地基土的类别按《规范》中第4.3.4条规定进行修正。

当缺乏上述资料时可按《规范》推荐的方法确定地基承载力基本容许值,对地质和结构复杂的桥涵地基,应根据现场载荷试验确定容许承载力。

(三)查表确定地基承载力基本容许值$[f_{a0}]$

地基承载力基本容许值,可根据岩土类别、状态及其物理力学特性指标按下列相关表中规定采用。

(1)一般岩石地基可根据强度等级、节理,按表8-22确定承载力基本容许值$[f_{a0}]$。对于复杂的岩层(如溶洞、断层、软弱夹层,易溶岩石,软化岩石等),应按各项因素综合确定承载力基本容许值$[f_{a0}]$。

岩石地基承载力基本容许值$[f_{a0}]$(kPa)　　　　表8-22

坚硬程度	节理发育程度		
	节理不发育	节理发育	节理很发育
坚硬岩、较硬岩	>3000	3000~2000	2000~1500
较软岩	3000~1500	1500~1000	1000~800
软岩	1200~1000	1000~800	800~500
极软岩	500~400	400~300	300~200

(2)碎石土地基可根据其类别和密实程度按表8-23确定承载力基本容许值$[f_{a0}]$。

碎石土地基承载力基本容许值$[f_{a0}]$(kPa)　　　　表8-23

土名	密实程度			
	密实	中密	稍密	松散
卵石	1200~1000	1000~650	650~500	500~300
碎石	1000~800	800~550	550~400	400~200
圆砾	800~600	600~400	400~300	300~200
角砾	700~500	500~400	400~300	300~200

注:1.由硬质岩组成,填充砂土者取高值;由软质岩组成,填充黏性土者取低值。
2.半胶结的碎石土,可按密实的同类土的$[f_{a0}]$值提高10%~30%。
3.松散的碎石土在天然河床中很少遇见,需特别注意鉴定。
4.漂石、块石的$[f_{a0}]$值,可参照卵石、碎石适当提高。

(3)砂土地基可根据土的密实度和水位情况按表8-24确定承载力基本容许值$[f_{a0}]$。

砂土地基承载力基本容许值$[f_{a0}]$(kPa)　　　　表8-24

土名及水位情况		密实度			
		密实	中密	稍密	松散
砾砂、粗砂	与湿度无关	550	430	370	200
中砂	与湿度无关	450	370	330	150

续上表

土名及水位情况		密实度			
		密实	中密	稍密	松散
细砂	水上	350	270	230	100
	水下	300	210	190	—
粉砂	水上	300	210	190	—
	水下	200	110	90	—

(4)粉土地基可根据土的天然孔隙比 e 和天然含水率 $w(\%)$，按表8-25确定承载力基本容许值$[f_{a0}]$。

粉土地基承载力基本容许值$[f_{a0}]$(kPa)　　　　　　　　表8-25

e	$w(\%)$					
	10	15	20	25	30	35
0.5	400	380	355	—	—	—
0.6	300	290	280	270	—	—
0.7	250	235	225	215	208	—
0.8	200	190	180	170	165	—
0.9	160	150	145	140	130	125

(5)老黏性土地基可根据压缩模量 E_s，按表8-26确定承载力基本容许值$[f_{a0}]$。

老黏性土地基承载力基本容许值$[f_{a0}]$　　　　　　　　表8-26

E_s(MPa)	10	15	20	25	30	35	40
$[f_{a0}]$(kPa)	380	430	470	510	550	580	620

注：当老黏性土 $E_s<10$MPa 时，承载力基本容许值$[f_{a0}]$按一般黏性土（表4-25）确定。

(6)一般黏性土可根据液性指数 I_L 和天然孔隙比 e，按表8-27确定地基承载力基本容许值$[f_{a0}]$。

一般黏性土地基承载力基本容许值$[f_{a0}]$(kPa)　　　　　　　　表8-27

e	I_L												
	0	0.1	0.2	0.3	0.4	0.5	0.6	0.7	0.8	0.9	1.0	1.1	1.2
0.5	450	440	430	420	400	380	250	310	270	240	220	—	—
0.6	420	410	400	380	380	340	310	280	250	220	200	180	—
0.7	400	370	350	330	310	290	270	240	220	190	170	160	150
0.8	380	330	300	280	260	240	230	210	180	160	150	140	130
0.9	320	280	260	240	220	210	150	180	160	140	130	120	100
1.0	250	230	220	210	190	170	160	150	140	120	110	—	—
1.1	—	—	160	150	140	130	120	110	100	90	—	—	—

注：1. 土中含有粒径大于2mm的颗粒质量超过总质量30%以上者，$[f_{a0}]$可适当提高。
　　2. 当 $e<0.5$ 时，取 $e=0.5$；当 $I_L<0$ 时，取 $I_L=0$。此外，超过表列范围的一般黏性土$[f_{a0}]=57.22E_s^{0.57}$。

(7)新近沉积黏性土地基可根据液性指数 I_L 和天然孔隙比 e，按表8-28确定承载力基本容许值$[f_{a0}]$。

新近沉积黏性土地基承载力基本容许值$[f_{a0}]$(kPa) 表8-28

e	I_L		
	≤0.25	0.75	1.25
≤0.8	140	120	100
0.9	130	110	90
1.0	120	100	80
1.1	110	90	—

(四)地基土承载力基本容许值的修正$[f_a]$

(1)修正后的地基承载力容许值$[f_a]$按式(8-8)确定。当地基基础位于水中不透水地层上时,$[f_a]$按平均常水位至一般冲刷线的水深每米再增大10kPa。

$$[f_a] = [f_{a0}] + k_1\gamma_1(b-2) + k_2\gamma_2(h-3) \tag{8-8}$$

式中:$[f_a]$——修正后的地基承载力容许值,kPa;

b——基础底面的最小边宽,m(当$b<2m$时,取$b=2m$,当$b>10m$时,取$b=10m$);

h——基底埋置深度,m,自天然地面起算,有水流冲刷时自一般冲刷线起算(当$h<3m$时,取$h=3m$,当$h/b>4$时,取$h=4b$);

k_1、k_2——基底宽度、深度修正系数,根据基底持力层土的类别按表8-29确定;

γ_1——基底持力层土的天然重度,kN/m³,力层在水面以下且透水,应取浮重度;

γ_2——基底以上土层的加权平均重度,kN/m³(若持力层在水面以下且不透水,不论基底以上土的透水性如何,一律取饱和重度;当透水时,水中部分土层则应取浮重度)。

地基土承载力宽度、深度修正系数k_1、k_2 表8-29

系数	黏性土			粉土	砂土							碎石土			
	老黏性土	一般黏性土		新沉积黏性土	—	粉砂		细砂		中砂		砾砂、粗砂	碎石、圆砾、角砾		卵石	
		$I_L \geq 0.5$	$I_L < 5$			中密	密实	中密	密实	中密	密实	中密	密实	中密	密实	中密	密实
K_1	0	0	0	0	0	1.0	1.2	1.5	2.0	2.0	3.0	3.0	4.0	3.0	4.0	3.0	4.0
K_2	2.5	1.5	2.5	1.0	1.5	2.0	2.5	3.0	4.0	4.0	5.5	5.0	6.0	5.0	6.0	6.0	10.0

注:1. 对于稍密和松散状态的砂、碎石土,k_1、k_2值可采用表列中密值的50%。
2. 强风化和全风化的岩石,可参照相应土类取值;其他状态下的岩石不修正。

(2)软土地基承载力基本容许值$[f_a]$按下列规定确定:

①根据原状土天然含水率,按表8-30确定软土地基承载力基本容许值$[f_{a0}]$,然后按式(8-9)计算修正后的地基承载力容许值$[f_a]$。

$$[f_a] = [f_{a0}] + \gamma_2 h \tag{8-9}$$

式中,γ_2、h的意义同前。

软土地基承载力基本容许值$[f_{a0}]$ 表 8-30

天然含水率 $w(\%)$	36	40	45	50	55	65	75
$[f_{a0}]$	100	90	80	70	60	50	40

②根据原状土强度指标确定软土地基承载力容许值$[f_a]$。

$$[f_a] = \frac{5.14}{m} K_P c_u + \gamma_2 h \tag{8-10}$$

$$K_P = \left(1 + 0.2 \frac{b}{l}\right)\left(1 - \frac{0.4H}{blc_u}\right) \tag{8-11}$$

式中：m——抗力修正系数，可视软土灵敏度及基础长宽比等因素选用，一般取 1.5~2.5；

c_u——地基土不排水抗剪强度标准值，kPa；

K_P——系数；

H——由作用（标准值）引起的水平力，kN；

b——基础宽度，m，有偏心作用时，取 $b - 2e_b$；

l——垂直于 b 边的基础长度，m，有偏心作用时，取 $b - 2e_i$；

e_b、e_i——偏心作用在宽度和长度方向的偏心距；

γ_2、h——意义同前。

项目9 ITEM NINE
桥梁桩基完整性检测

知识目标

(1) 理解桩基完整性检测基本知识。
(2) 了解低应变反射波法和超声波法测试步骤。

技能目标

(1) 能运用低应变反射波法检测桩基完整性。
(2) 能运用超声波法检测桩基完整性。

项目概述

近年来，公路等级要求提高，这对公路桥梁的基础提出了更高的要求。桩基已成为我国交通工程建设中重要的基础形式，长桩、大直径桩及单桩的应用已较为常见。桩基的质量直接关系到工程建设的安危，因此桩基的质量检验尤为重要。本项目主要任务为掌握桩基完整性检测基本知识，能运用低应变反射波法和超声波法检测桩基完整性。

任务 9.1 认知桩基完整性检测基础知识

任务描述

桥梁桩基完整性检测对于保证桥梁的安全性和稳定性具有极其重要的意义，本节将学习桥梁桩基检测的检测指标、检测方法及评价指标。

相关知识

(一) 检测指标

对于低应变反射波法，主要通过计算机对传感器接收到的信号进行分析，通过波形的信号,了解桥梁桩基是否存在缺陷以及夹层等情况。一般来说,所得到的波形越规则,桥梁桩基的完整性就会越好。一旦波形存在较大的突变和较大的波动,就说明桥梁桩基存在一定的缺陷,是不符合相关标准的。

超声波透射法是相关人员通过相应的声测管,由超声脉冲发射源在混凝土内发射高频弹性脉冲波,用高精度接收系统记录该脉冲波在混凝土内传播过程中表现的波动特征。当混凝土内部存在不连续或破损界面时,缺陷面形成波阻抗界面,波达到该界面时,产生波的透射和反射,使接收到的透射能量明显降低。当混凝土内部存在松散、蜂窝空洞等缺陷时,将产生波的散射和绕射,根据波的初始到达时间和波的能量衰减特征、频率变化及波形畸变程度等特征,可获取测试区内混凝土的声学参数。测试记录不同测试剖面、不同高度的超声波的特征,经过处理分析就能获得测试区内混凝土的参考强度和内部缺陷的性质、大小及空间位置。

(二) 检测方法

根据《公路工程基桩动测技术规程》(JTGT 3512—2020),目前桩基完整性检测的常用办法有高应变动测法、低应变反射波法、声波投射法、取芯法等。

高应变动测法主要分析桩侧和桩端土阻力,推算单桩轴向抗压极限承载力,检测桩身缺陷位置、类型及影响程度,判定桩身完整性类别,试打桩及打桩应力检测。

低应变反射波法是通过分析实测桩顶速度响应信号的特征来检测桩身完整性,判定桩身缺陷位置及影响程度,判断桩完整性类别。

声波透射法是通过预埋在桩身的声测管,利用声测换能器的发射和接收功能,测出被测混凝土介质的声学参数,分析声测管之间混凝土的缺陷位置及影响程度。

取芯法是利用钻孔取芯机械设备,直接对桩身钻孔取芯,检测混凝土灌注桩的桩长、桩身混凝土的强度、桩底成渣厚度和桩身完整性,判定或鉴别桩端持力层岩土性状。

(三) 评价指标

评价桩基质量的主要指标是桩身完整性和单桩承载力。基桩动力检测是指通过对桩的应力波传播特征的测定和分析来评价桩的完整性,推算桩的承载力、桩侧和桩端岩土阻力及打桩应力的检测方法。

1. 检测方法及选定原则

常用的检测方法包括低应变反射波法和超声波法。检测方法应根据工程的需要和检测的目的按表 9-1 规定的检测内容确定。

检测方法一览表　　　　表 9-1

检测方法		检测内容
低应变反射波法		检测桩身缺陷位置及影响程度,判定桩身完整性类别
超声波法	透射法	检测灌注桩中声测管之间混凝土的缺陷位置及影响程度,判定桩身完整性类别
	折射法	检测灌注桩钻芯孔周围混凝土的缺陷位置及影响程度

桩身完整性反映桩身长度和截面尺寸、桩身材料密实性和连续性的综合状况。桩身缺陷指桩身断裂、裂缝、缩径、夹泥、离析、蜂窝、松散等现象。为保证检测结论的可靠性,可根据不同被

检对象和检测要求,选用多种测试方法进行综合分析判断。桩的检测数量应符合下列规定:

(1)公路工程桩基应进行100%的完整性检测,各种方法的选定应具有代表性和满足工程检测的特定要求。

(2)重要工程的钻孔灌注桩应埋设声测管,检测的桩数不应少于50%。

(3)高应变动测法的抽检率可由工程设计或监理单位酌情确定,但不宜少于相近条件下总桩数的5%且不少于5根。

2.检测仪器与设备

(1)桩基检测所用仪器设备的主要技术性能和工作环境条件应符合规范要求,并具有良好的波形现场显示、记录和储存功能。

(2)检测仪器设备必须定期进行年检并用法定计量进行标定,合格后方能使用。

(3)所有仪器设备在检测前后必须进行自检,确认仪器工作正常。

3.检测前的准备

(1)被检工程应进行现场调查,搜集其工程地质资料、桩基设计图纸和施工记录、监理日志等,了解施工工艺及施工过程中出现的异常情况。

(2)检测方法和检测方案应根据调查结果和检测目的合理选用。

(3)检测时间应满足拟用检测方法对混凝土强度(或龄期)和地基土休止期的规定。

4.检测报告及桩身完整性类别评定

(1)检测报告应用词规范,结论明确。其内容应包括工程概况、岩土工程勘察、检测技术及方法、桩位平面布置图、测试曲线、检测结果汇总表、结论及评价等。

(2)桩身完整性类别应按表9-2划分。

桩身完整性类别划分 表9-2

桩身完整性类别	特征
Ⅰ类桩	桩身完整,可正常使用
Ⅱ类桩	桩身基本完整,有轻度缺陷,不影响正常使用
Ⅲ类桩	桩身有明显缺陷,对桩身结构承载力有影响
Ⅳ类桩	桩身有严重缺陷,对桩身结构承载力有严重影响

任务9.2 桩基低应变动力检测

任务描述

低应变反射波法又称为低应变动力检测,是在桩顶施加低能量冲击荷载,实测加速度(或速度)响应时程曲线,运用一维线性波动理论的时域和频域分析,对被检桩的完整性进行评判的检测方法。该方法适用于检测桩身混凝土的完整性,推定缺陷类型及其在桩身中的位置。

相关知识

(一)仪具与材料的准备

低应变反射波仪器由主机系统、敲击设备、接收传感器、分析处理软件四部分组成,如图9-1所示。

低应变反射波法基桩完整性检测可选用的传感器有恒流源加速度计(图9-2)。

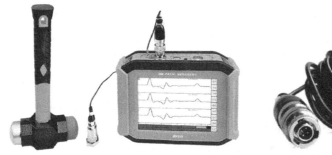

图9-1　低应变反射波仪器　　　　　图9-2　恒流源加速度计

(二)选点

传感器的耦合点及锤的敲击点都必须干净、平整、坚硬、无积水,所以在测试前应对桩头进行必要的处理——清除桩头表面的浮浆及其他杂物,在桩头打磨出两小块平整表面分别用于安放传感器、手锤敲击。妨碍正常测试的外露主筋应割掉。

安装完毕后的传感器必须与桩顶面保持垂直,且紧贴桩顶面,在信号采集过程中不得产生滑移或松动。传感器安装点及其附近不得有缺损或裂缝。一般用黄油、凡士林、橡皮泥等作为耦合剂。当锤击点在桩顶中心时,传感器安装点与桩中心的距离宜为桩半径的三分之二;当锤击点不在桩顶中心时,传感器安装点与锤击点的距离不宜小于桩半径的二分之一;对于预应力管桩,传感器安装点、锤击点与桩顶面圆心构成的平面夹角宜为90°;对于大直径桩,宜在不同位置选取2~4个测点,尽量避开钢筋、混凝土质量有问题的位置。传感器安装点、锤击点布置示意图如图9-3所示。

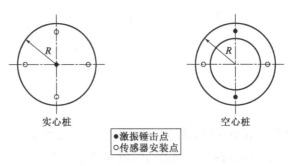

图9-3　传感器安装点、锤击点布置示意图

(三)开始检测

(1)接通电源,打开仪器相关操作软件测试界面,实时观察屏幕显示的波形。

(2)认真测试头几根桩,注意波形是否合理、桩底和浅部缺陷的反映是否正常。

(3)在头几根桩上将传感器、振源、安装方式、参数设置等调试结束后,迅速在余下桩中展开检测,过程中应记下疑难桩(或在疑难桩上多花时间详测),不仅要注意各桩的桩底反射情况和浅部缺陷情况,还应注意信号的一致性,每条桩上应确保3个以上一致性较好的信号。

(四)数据处理

完整桩反射波形如图9-4所示;变截面反射波形如图9-5所示;对于缩径类缺陷(缩径、空洞、离析、裂缝等),反射波与入射波同相(图9-6);对于扩径类缺陷,反射波与入射波反相。

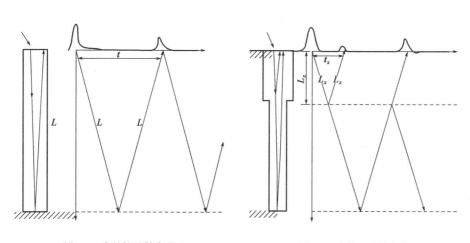

图9-4 完整桩反射波形　　　　图9-5 变截面反射波形

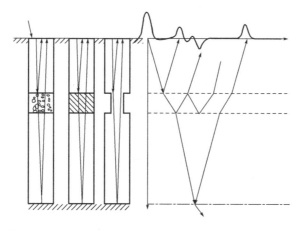

图9-6 离析、夹泥、缩径反射波形

根据反射波与入射波相位的关系,可判别某一波阻抗界面的性质,这是低应变反射波法判别桩底情况及桩身缺陷的理论依据。表 9-3 是根据上述理论绘制出的与桩身阻抗变化相对应的反射波特征曲线示意图。

桩身阻抗变化相对应的反射波特征曲线 表 9-3

缺陷	典型曲线示意图	曲线特征
完整		(1)短桩:桩底反射波与入射波频率相近,振幅略小。 (2)长桩:桩底反射振幅小,频率低。 (3)摩擦桩的桩底反射波与入射波同相位,端承桩的桩底反射波与入射波反相位
扩径		(1)曲线不规则,可见桩间反射,扩径第一反射子波与入射波反相位;后续反射子波与入射波同相位,反射子波的振幅与扩径尺寸正相关。 (2)可见桩底反射
缩径		(1)曲线不规则,可见桩间反射,缩径第一反射子波与入射波同相位;后续反射子波与入射波反相位。反射子波的振幅大小与缩径尺寸正相关。 (2)一般可见桩底反射
离析		(1)曲线不规则,一般见不到桩底反射。 (2)离析的第一反射子波与入射波同相位,幅值视离析程度呈正相关,但频率明显降低。 (3)中、浅部严重离析,可见到多次反射子波
断裂		(1)浅部断裂(<2m),由于受钢筋和下部桩影响,表现为锯齿状子波,又叠加在低频背景上的脉冲子波,峰-峰为 $4f$。 (2)中、浅部断裂为一多次反射子波等距出现,振幅和频率逐次下降。 (3)深部断裂似桩底反射曲线,但所计算的波速远大于正常波速。 (4)一般见不到桩底反射

续上表

缺陷	典型曲线示意图	曲线特征
夹泥、空洞、微裂	(图：I, R', R 波形)	(1)曲线不规则,一般可见桩底反射。 (2)该缺陷的第一反射子波与入射波同相位,后续反射子波与入射波反相位。 (3)子波的幅值与缺陷的程度呈正相关
桩底沉渣	(图：I, R 波形)	桩底存在沉渣,桩底反射波与入射波同相位,其幅值大小与沉渣的厚度呈正相关

当桩长和桩径一定时,桩身强度越大,桩侧土强度越小,桩底反射信号越强;反之,桩身强度越低,桩侧土强度越大,桩底反射信号越弱。

1. 时域分析

(1)当桩长已知、桩底反射信号明确时,选用相同条件下(地质条件、设计桩型、成桩工艺相同)不少于5根Ⅰ类桩的桩身波速值计算平均值作为桩身波速平均值。

(2)当桩身有缺陷但测不到桩底信号时,可根据本地区、本工程同类桩型的波速测试值来计算桩身缺陷的位置。

2. 频域分析

尽管现场动测时的时域信号能较真实地反映桩身情况,但许多实测曲线不可避免地夹杂着许多干扰信号,这给时域分析带来困难,因此对测试信号进行频域分析是必要的。

3. 检测结果评价

在实际检测中,以时域分析为主,以频域分析为辅。根据时域信号特征进行桩身完整性分类的原则见表9-4。

根据时域信号特征进行桩身完整性分类的原则　　表9-4

类别	时域信号及频域特征	说明
Ⅰ类桩	桩底反射波较明显,桩身无缺陷反射,频谱图中谐振峰排列基本等距,混凝土波速处于正常范围	桩身完整、均匀,混凝土密实
Ⅱ类桩	桩底反射波较明显,桩前有轻微缺陷反射波,混凝土波速处于正常范围,频谱图中轻微缺陷叠加在桩底谐振峰上	桩身基本完整,桩身混凝土局部有离析、空洞、缩径等缺陷
Ⅲ类桩	桩底反射信号不明显,可见缺陷二次反射,或有桩底反射,但波速明显偏低	桩身完整性差,其缺陷对桩身结构承载力有影响
Ⅳ类桩	无桩底反射,可见缺陷引起的多次强烈反射波,或平均波速明显高于正常波速	桩身有严重缺陷,强度和承载力不满足设计要求

在工程检测中,人们常用波速估计混凝土的强度等级,这是一种平均强度的概念。实际上,桩身混凝土强度远非平均强度指标所能评价。而混凝土强度与波速之间的关系比较复杂,影响混凝土强度的因素很多。表9-5中混凝土强度等级与波速的关系仅供分析时参考。

混凝土强度等级与波速的关系　　　　　　　　　表9-5

波速(m/s)	3000~3250	3250~3500	3500~3750	3750~4000
抗压(MPa)	20	25	30	35

(五)完成报告

(1)低应变反射波法应报告以下技术内容:
①桩身混凝土波速值。
②桩身完整性描述,包括缺陷位置、性质及类别。
③桩位编号及桩长桩径等。

(2)注意事项:
①充分了解仪器及场地和桩型特点,做好测前准备工作:选择合适的锤,一般中小桩备好专用手锤和小尺寸力棒,长大桩则应带好足够重的力棒。根据桩型、桩头状况选择合理的传感器。根据天气状况、桩头准备情况和所选用传感器,选择合适的耦合剂和安装方式。
②详测疑难桩,换用传感器和激振锤及激振点,仔细推敲该桩可能存在的问题。

任务实施

某学校内有一组桥梁桩基,采用低应变反射波法对其完整性进行评价。

(一)操作流程与要求

下面将按照相关知识中所学的低应变反射波法的测试步骤进行测试,技能操作流程与要求见表9-6。

技能操作流程与要求　　　　　　　　　表9-6

操作步骤	要求	备注
准备工作	(1)仪器设备的准备:主机系统、敲击设备、接收传感器、分析处理软件等。 (2)检查仪器设备的灵敏度及排查软件故障	
开始检测	(1)当锤击点在桩顶中心时,传感器安装点与桩中心的距离宜为桩半径的三分之二。 (2)当锤击点不在桩顶中心时,传感器安装点与锤击点的距离不宜小于桩半径的二分之一。 (3)对于预应力管桩,传感器安装点、锤击点与桩顶面圆心构成的平面夹角宜为90°。 (4)对于大直径桩,宜在不同位置选取2~4个测点,尽量避开钢筋、混凝土质量有问题的位置	

续上表

操作步骤	要求	备注
数据处理	（1）当桩长已知、桩底反射信号明确时，选用相同条件下（地质条件、设计桩型、成桩工艺相同）不少于5根Ⅰ类桩的桩身波速值计算平均值作为桩身波速平均值。 （2）当桩身有缺陷但测不到桩底信号时，可根据本地区、本工程同类桩型的波速测试值来计算桩身缺陷的位置。 （3）在实际检测中，以时域分析为主，以频域分析为辅	
完成报告	填写好记录表，做到诚信、可靠	

（二）记录案例

根据技能任务的实际测试结果完成表9-7的记录，并给出桩身结构完整性描述和综合判定。

桩基检测结果与完整性判定　　　　　　　表9-7

序号	桩号	桩径(mm)	桩长(m)	波速(m/s)	桩身结构完整性描述	综合判定	混凝土强度

任务评价

（一）自我评价

任务	级别		
	掌握的操作	仍需加强	完全不理解
桩头处理			
传感器安装			
进行试验			
桩身完整性判定			
完成报告			
在本次任务实施过程中的自评结果	A.优秀　B.良好　C.仍需努力　D.搞不清楚		

（二）答题闯关

简答题

(1)简述低应变反射波法的基本原理。
(2)简述进行低应变检测的桩应满足哪些基本现场条件。

任务 9.3 灌注桩超声波检测

任务描述

超声波法是根据超声波透射或折射原理,在桩身混凝土内发射并接收超声波,通过实测超声波在混凝土介质中传播的历时、波幅和频率等参数的相对变化来判定桩身完整性的检测方法。超声波法适用于判定桩身是否存在缺陷、缺陷的程度及其位置。本任务将学习如何利用超声检测仪检测桩身混凝土的完整性。

相关知识

(一)仪具与材料的准备

目前常用的检测装置有以下两种:

(1)由一般超声检测仪和发射及接收探头所组成。探头在声测管内的移动由人工操作,数据读出后再输入计算机处理。这套装置与一般超声检测装置通用,但检测速度慢、效率较低。

(2)全自动智能化测桩专用检测装置,由超声波发射及接收装置、探头自动升降装置、测量控制装置、数据处理计算机系统四大部分所组成。其原理示意图如图 9-7 所示。

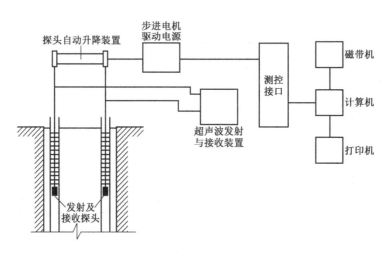

图 9-7 全自动智能化测桩专用检测装置原理示意图

数据处理计算机系统是测控装置的主控部件,具有人机对话、发布各类指令、数据处理等功能,通过总线接口与测量控制装置连接,发出测量的控制命令,进行信息交换;探头自动升降装置根据指令通过步进电机进行上升、下降及定位等动作,移动探头至各测量点;超声波发射及接收装置用于发射并接收超声波,取得测量数据,传送到数据处理计算机,进行数据处理,存储、显示和打印。由于测试系统由计算机控制,测量过程无须人工干预,因此全自动智能化测桩专用检测装置可自动、迅速地完成全桩测量工作。

为了使超声脉冲能横穿各不同深度的横截面,必须使超声探头深入桩体内部,为此,须事先预埋声测管,作为探头插入桩内的通道。根据声测管埋置的不同情况,有如下三种检测方法:

(1)双孔检测。在桩内预埋2根以上的管道,把发射和接收探头分别置于2根管道中,如图9-8a)所示。检测时超声脉冲穿过2根管道之间的混凝土,实际有效范围为超声脉冲从发射探头到接收探头所扫过的面积。为了尽可能扩大在桩横截面上的有效检测控制面积,必须使声测管的布置合理。

双孔测量根据发射探头和接收探头相对高程的变化,又可分为平测、斜测、扇形扫测等方式。在检测时应视实际需要灵活运用。

(2)单孔检测。在某些特殊情况下,只有一个孔道可供检测使用,如在钻孔取芯后需进一步了解芯样周围混凝土的质量,以扩大取芯检测后的观察范围,这时可采用单孔检测方式,如图9-8b)所示。换能器放置在一个孔中,发射探头和接收探头之间用隔声材料隔离。这时声波从水中及混凝土中分别绕射到接收换能器,接收信号为从水及混凝土等不同声通路传播而来的信号的叠加。分析这一叠加信号,并测出不同声通路的声时及波高等物理量,即可分析孔道周围混凝土的质量。

运用这一检测方式时,必须运用信号分析技术,排除管中的混响干扰。当孔道内有钢质套管时,不能用单孔检测。

(3)桩外孔检测。当桩的上部结构已施工或桩内未预埋管道时,可在桩外的土基中钻一孔作为检测通道。检测时,在桩顶上放置一较强功率的低频平探头,向下沿桩身发射超声脉冲,接收探头从桩外孔中慢慢放下。超声脉冲沿桩身混凝土穿过桩与测孔之间的土进入接收探头,逐点测出声时、波高等参数,作为判断依据,如图9-8c)所示。这种方式的可测深度受仪器发射功率的限制,一般只能测到10m左右。

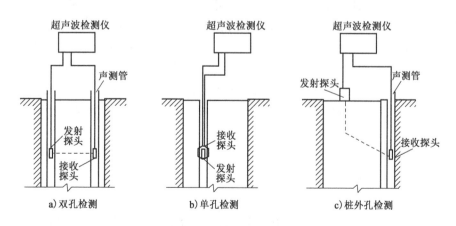

图9-8 钻孔灌注桩超声脉冲检测方式

以上三种方式中,双孔检测是桩基超声脉冲检测的基本形式,其他两种方式在检测和结果分析上都比较困难,只能作为特殊情况下的补救措施。

(二)开始检测

(1)预埋检测管应符合下列规定:

①桩径小于1.0m时应埋设双管。

②桩径在1.0~2.5m时应埋设3根管。

③桩径在2.5m以上时应埋设4根管,如图9-9所示。

  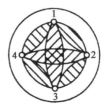

图9-9 超声波透射埋管编组(图中数字为检测管埋设位置)

声波检测管宜采用钢管、塑料管或钢质波纹管,其内径宜为50~60mm。钢管宜用螺纹连接,管的下端应封闭,上端应加盖。根据计算和试验,采用钢管时,双孔检测的声能透过率只有0.5%,塑料管则为42%,可见采用塑料管接收信号比采用钢管强,但由于在地下,水泥水化热不易发散,而塑料温度变形系数较大,当混凝土硬化后塑料管因温度下降而产生纵向和径向收缩,致使混凝土与塑料管局部脱开,容易造成误判。

试验证明,钢管的界面损失虽然较大,但是仍有足够大的面积接收信号,而且安装方便,可代替部分钢筋截面,还可作为以后桩底压浆的通道,所以采用钢管作为检测管是合适的。塑料管的声能透过率较高,当能保证它与混凝土良好黏结的前提下,也可使用。

检测管可焊接或绑扎在钢筋笼的内侧,检测管之间应相互平行。但在实际施工中,由于钢筋骨架刚度不足,对平行度提出过高的要求是不现实的。在检测内部缺陷时,不平行的影响,可在数据处理中予以鉴别和消除,所以对平行度不必苛求,但必须严格控制。

(2)现场检测前测定声波检测仪发射至接收系统的延迟时间t。

(3)在检测管内应注满清水。测量点间距20~40cm;当发现读数异常时,应加密测量点。

(4)当一根桩有多根检测管时,应将每两根检测管编为一组,分组进行测试。

(5)每组检测管测试完成后,测试点应随机重复抽测10%~20%。其声时相对标准偏差不应大于5%,波幅相对标准偏差不应大于10%。对声时及波幅异常的部位应重复抽测。

(三)数据处理

1.判断桩内缺陷的基本物理量

(1)声时值

由于钻孔桩的混凝土缺陷主要是由灌注时混入泥浆或混入自孔壁坍落的泥、砂所造成的,缺陷区的夹杂物声速较低,或声阻抗明显低于混凝土的声阻抗。因此,超声脉冲穿过缺陷或绕过缺陷时,声时值增大。可见增大的数值与缺陷尺寸大小有关,所以声时值是判断有无缺陷和计算缺陷大小的基本物理量。

(2) 波幅（或衰减）

当波束穿过缺陷区时，部分声能被缺陷内含物所吸收，部分声能被缺陷的不规则表面反射和散射，到达接收探头的声能明显减少，表现为波幅降低。实践证明，波幅对缺陷的存在非常敏感，是判断桩内缺陷有无的重要参数。

(3) 接收信号的频率变化

当超声脉冲穿过缺陷区时，声脉冲中的高频部分首先被衰减，导致接收信号主频下降，即频漂。其下降百分率与缺陷的严重程度有关。接收频率的变化实质上是缺陷区声能衰减作用的反映，它对缺陷也较敏感，而且测量值比较稳定，因此，它也可作为判断桩内缺陷的重要依据。

(4) 接收波形的畸变

接收波形产生畸变的原因较复杂，一般认为是缺陷区的干扰使部分超声脉冲波被多次反射而滞后到达接收探头。这些波束的前锋到达接收探头的时间参差不齐，相位也不一致，叠加后造成接收波形的畸变。因此，接收波形上带有混凝土内部丰富的信息。如果能对波形进行信息处理，厘清波束在混凝土内部的反射和叠加机理，就可以确切地进行缺陷定量分析。但目前，波形信息处理方法未能解决，一般只能将波形畸变作为缺陷定性分析依据以及判断缺陷的参考指标。

在检测时，探头在声测管中逐点测量各深度的声时、波幅（衰减）、接收频率及波形畸变位置等。然后，可绘制声时-深度曲线、波幅-深度曲线、接收频率变化率-深度曲线等以供分析使用。

2. 检测数据处理与判定

灌注桩声波透射法检测分析和处理参数主要有声时、声速、波幅及主频，同时要观测和记录实测波形。目前使用的数字式声波仪有很强的数据处理和分析功能，可以直接绘制出声速-深度曲线、波幅-深度曲线和 PSD 判据图来分析桩身质量情况。数据整理包括两个方面：①计算波速 v_i；②计算声速临界值 v_0。

当 $v_i \leq v_0$ 时，声速可判定为异常；当检测剖面 n 个测点的声速值普遍偏低且离散性很小时，宜采用声速低限值 v_L 判据。声速低限值 v_L 由预留同条件混凝土试件的抗压强度与声速对比试验结合地区经验确定。当 $v_i < v_L$ 时，声速可判定为异常。混凝土强度与声速关系见表 9-8。

混凝土强度与声速关系　　　　　表 9-8

声速(m/s)	>4500	4500~3500	3500~3000	3000~2000	<2000
强度定性评价	好	较好	可疑	差	非常差

3. 计算波幅 A_{pi}

4. 计算波幅平均值 A_m

当 $A_{pi} < A_m - 6$ 时，波幅可判定为异常。

5. PSD 判据

当采用斜率法的 PSD 值作为辅助异常点判据时，PSD 值应按下列公式计算：

$$PSD = K \cdot \Delta t \tag{9-1}$$

$$K = \frac{t_{ci} - t_{ci-1}}{z_i - z_{i-1}} \tag{9-2}$$

$$\Delta t = t_{ci} - t_{ci-1} \tag{9-3}$$

式中：t_{ci}——第 i 测点声时，ms；

　　　z_i——第 i 测点深度，m；

　　　z_{i-1}——第 $i-1$ 测点深度，m。

可根据 PSD 值在某深度处的突变，结合波幅变化情况，辅助判定异常点。一般分析步骤如下：①以波速值进行概率统计法统计判断，得到低于临界值的异常点位置和深度；②分析振幅大小的变化，将上述两者都偏低的测点定为异常部位；③进一步进行细测与斜测，确定缺陷的范围和大小；④混凝土强度与声速关系（表9-9）根据施工情况综合判定缺陷的种类和性质，判定桩身完整性类别。见表9-9。

混凝土强度与声速关系　　　　　　　　　　表 9-9

类别	特征
Ⅰ类桩	各声测剖面每个测点的声速、波幅均大于临界值，波形正常
Ⅱ类桩	某一声测剖面个别测点的声速、波幅略小于临界值，但波形基本正常
Ⅲ类桩	某一声测剖面连续多个测点或某一深度桩截面处的声速、波幅值小于临界值，PSD 值变大，波形畸变
Ⅳ类桩	某一声测剖面连续多个测点或某一深度桩截面处的声速、波幅值明显小于临界值，PSD 值突变，波形严重畸变

（四）完成报告

（1）超声波法应报告以下技术内容：

①桩身混凝土波速值。

②桩身完整性描述，包括缺陷位置、性质及类别。

③桩位编号及桩长桩径等。

（2）任务注意事项：

①测试仪器，确保无故障，测量准确。

②认真做好数据的处理工作。

任务实施

某学校内有一组桥梁桩基，采用超声波法对其完整性进行评价。

（一）技能操作流程与要求

采用超声波法仪器对桥梁桩基完整性进行评价，下面将按照理论知识中所学的超声波法的测试步骤进行测试，技能操作流程与要求见表9-10。

技能操作流程与要求 表 9-10

技能操作步骤	要求	备注
准备工作	(1)仪器设备的准备:超声波发射及接收装置、探头自动升降装置、测量控制装置、数据处理计算机系统等。 (2)检查仪器设备的灵敏度,排查软件故障	
开始检测	(1)当桩径小于1.0m时应埋设双管,桩径在1.0~2.5m时应埋设3根管,桩径在2.5m以上时应埋设4根管。 (2)在桩内预埋2根以上的管道,把发射探头和接收探头分别置于2根管道中。 (3)为了尽可能扩大在桩横截面上的有效检测控制面积,必须使声测管的布置合理。 (4)双孔测量根据发射探头和接收探头相对高程的变化,又可分为平测、斜测、扇形扫测等方式,在检测时可视实际需要灵活运用	
数据处理	(1)灌注桩声波透射法检测分析和处理参数主要有声时、声速、波幅及主频,同时要观测和记录实测波形。 (2)目前使用的数字式声波仪有很强的数据处理和分析功能,可以直接绘制出声速-深度曲线、波幅-深度曲线和PSD判据图来分析桩身质量情况	
完成报告	填写好记录表,做到诚信、可靠	

(二)记录案例

根据技能任务的实际测试结果完成桩径、桩长、波速的记录,并给出桩身结构完整性描述和综合判定。桩基检测结果与完整性判定记录表见表9-11。

桩基检测结果与完整性判定记录表 表 9-11

序号	桩号	桩径(mm)	桩长(m)	声速(m/s)	深度(m)	桩身结构完整性描述	综合判定	混凝土强度

任务评价

(一)自我评价

任务	级别		
	掌握的操作	仍需加强	完全不理解
仪器检查			
传感器安装			

续上表

任务	级别		
	掌握的操作	仍需加强	完全不理解
进行试验			
桩身完整性判定			
完成报告			
在本次任务实施过程中的自评结果	A.优秀　B.良好　C.仍需努力　D.搞不清楚		

(二) 答题闯关

简答题

(1) 简述超声波法的基本原理。

(2) 简述超声波法检测桩基完整性的主要步骤。

项目10 ITEM TEN
桥涵结构混凝土强度检测

知识目标

(1) 掌握现场检测混凝土构件强度和缺陷的方法。
(2) 掌握回弹仪测定结构混凝土强度的步骤。
(3) 掌握钻芯取样法检测混凝土强度的步骤。

技能目标

(1) 能运用回弹仪测定结构混凝土的强度。
(2) 能运用钻芯取样法检测混凝土强度。

项目概述

在桥梁的建设过程中,混凝土是建筑主体结构建造的主要施工材料之一,混凝土的抗压强度是直接反映混凝土质量的主要指标之一,混凝土材料质量对桥梁建筑主体结构质量产生直接影响。此外,建筑施工安全与桥梁建筑主体结构的质量安全息息相关,因此在桥梁检测鉴定工作的过程中需要对组成结构的混凝土材料做好相应的检测鉴定。本项目主要任务为掌握结构混凝土强度检测基本知识及评定,掌握回弹法和钻芯取样法检测混凝土强度。

任务 10.1 认知结构混凝土强度检测基础知识

任务描述

混凝土作为桥涵工程中的核心材料,其强度直接关系到结构的安全性和耐久性。本节将学习桥涵结构混凝土强度检测的强度指标、主要检测方法以及评价指标。

相关知识

(一)检测指标

混凝土基本的强度指标有以下三个:

(1)混凝土立方体抗压强度:混凝土立方体试件的强度比较稳定,我国用该值作为混凝土强度的基本指标。

(2)混凝土轴心抗压强度(棱柱体强度):棱柱体(高度大于边长)试件比立方体试件能更好地反映混凝土构件的实际抗压能力。在实际工程中,钢筋混凝土轴心受压构件(如柱、屋架受压弦杆等)长度比横截面尺寸大得多,构件的混凝土强度与混凝土棱柱体轴心抗压强度接近。在构件设计时,混凝土强度多采用轴心抗压强度。

(3)混凝土抗拉强度:通常混凝土抗拉强度很低,并且不与抗压强度成比例增大。钢筋混凝土的抗裂性、抗剪、抗扭承载力等均与混凝土抗拉强度有关。在多轴应力状态下的混凝土强度理论中,混凝土抗拉强度是一个非常主要的参数。

(二)检测方法

根据《混凝土物理力学性能试验方法标准》(GB/T 50081—2019),钻芯法、回弹法、超声波法、超声回弹综合法和拔出法是结构混凝土质量的常见检测方法,在我国应用较普遍。

(三)评价指标

桥梁混凝土结构、钢筋混凝土结构或预应力混凝土结构或构件的检验,依据交通运输部的有关标准,主要内容包括三个方向:①施工阶段的质量控制,包括原材料的试验检测、混凝土浇筑前的检查等;②外观质量检测,主要是在构件成型达到一定强度后检测结构实物的尺寸和位置偏差,混凝土表面平整度、蜂窝、麻面、露筋及裂缝等;③构件混凝土强度等级检测,通常以立方体试件的抗压强度来反映,当对某一方面的检验内容产生怀疑时,如构件的强度离散大、强度不足或振捣不密实时,通常还需要用混凝土的无损检测技术来判定混凝土的强度和缺陷。

混凝土的无损检测技术是指在不影响结构构件受力性能或其他使用功能的前提下,直接在构件上通过测定某些适当的物理量,推定混凝土的强度、均匀性、连续性、耐久性等一系列性能的检测方法。

1. 无损检测技术的特点

无损检测技术与常规的混凝土结构破坏试验相比,具有如下特点:

(1)不破坏被检测构件,不影响其使用性能,且简便快速。

(2)可以在构件上直接进行表层或内部的全面检测,对新建工程和既有结构物都适用。

(3)能获得破坏试验不能获得的信息,如能检测混凝土内部空洞、疏松、开裂、不均匀性、表层烧伤、冻害及化学腐蚀等。

(4)可在同一构件上进行连续测试和重复测试,使检测结果有良好的可比性。

(5)测试快速方便,费用低廉。

(6)由于是间接检测,检测结果受到许多因素的影响,检测精度要差一些。

目前,混凝土无损检测技术主要用于既有构件的强度推定、施工质量检验、结构内部缺陷检测等方面。随着对混凝土制作全过程质量控制要求的不断提高,对既有结构物维修和养护的日益重视,无损检测技术在工程建设中会发挥越来越重要的作用。

2. 常用无破损检测方法

在我国的已有建筑物中,按设计龄期计算,已有不少建筑物有不同程度的损伤或老化,或已不能满足当前的使用要求,应了解其安全性如何以及新建工程的质量怎样,因此混凝土无破损检测技术都有着不可替代的重要作用。混凝土无破损检测技术能较好地反映结构物中混凝土的均匀性、连续性、强度和耐久性等质量指标。

本任务主要介绍回弹法和超声波法,它们的特点是测试方便、费用低廉。这两种方法在我国已普遍用于工程检测,并已制定相应的技术规程。在强度检测方面,这两种方法主要用于工地上控制早期混凝土强度的发展水平,作为施工质量控制的手段。超声波法还可用来检测结构的内部缺陷。同时,采用超声-回弹法来综合评定混凝土的质量,比单一物理量的无破损检测方法具有更高的可靠度。钻取芯样试件的半破损方法检测精度较高,但该方法将造成结构或构件局部破坏,不宜在同一结构中大面积使用,因此,多把钻芯法与其他无破损检测方法结合起来使用,一方面利用钻芯法来校正无破损法的检测结果,以提高检测的可靠性;另一方面利用无破损方法检测混凝土的均匀性,以减少钻取芯样的数量。

3. 无破损检测技术的适用范围

无破损检测技术在结构混凝土检测中的应用主要有结构混凝土的实际强度检测、内部缺陷检测以及其他性能的检测,下面主要介绍前两种。

(1)结构混凝土的实际强度检测

结构混凝土的实际强度检测是指用无破损检测方法(如回弹法)直接在结构物上检测,进而推定混凝土的实际强度。

①施工控制不严或在施工过程中某种意外事故可能影响混凝土的质量,以及发现预留试块的取样、制作、养护、抗压强度等不符合有关技术规程或标准,怀疑试样的强度不能够代表结构混凝土的实际强度时,应采用无破损检测方法(包括半破损检测方法)来检测和推定结构中混凝土的强度,作为处理问题的依据。

②当需要了解混凝土在施工期间的强度增长情况,以便满足结构或构件的拆模、养护、吊装、预应力筋张拉或放张,以及施工期间负荷对混凝土强度的要求时,可用无破损检测方法连续监测结构混凝土强度的增长情况,以便及时调整施工进程。在确保质量的前提下加快施工进度,加速场地周转,降低能耗。

③对已建结构需要进行维修、加层、拆除等决策,或已建结构受破坏性因素影响时,可用无破损检测方法对原有混凝土进行强度推定,以便提供改建、加固设计时的基本强度参数和其他设计依据。

(2)结构混凝土内部缺陷的检测

混凝土工程常会出现一些病害或缺陷。即使整个结构或构件的混凝土的普遍强度已经达到设计要求,但是,这些病害或缺陷的存在也会使结构或构件的整体承载能力严重下降,因此,必须探明病害或缺陷的部位、大小和性质,以便采取切实的修补措施或对策。

混凝土出现病害或缺陷的原因甚为复杂,主要有以下几种情况:

①施工过程控制不好,混凝土没有捣实或模板漏浆,以及施工缝黏结不良等原因,造成局部疏松、蜂窝、孔洞、灌浆黏合不全、施工缝结合不良等缺陷,需要检测缺陷的位置、范围和性质。

②在施工过程中,由于温度变形及干燥收缩,以及早期施工超载所形成的早期裂缝,需检测其发展深度和走向。

③结构混凝土受到环境侵蚀或灾害性损害,产生由表及里的层状损伤,需要检测受损层的厚度与范围。

④混凝土承载后若受力损伤,形成裂缝,则需检测裂缝的深度。

各种类型的病害或缺陷需要与之相适应的检查诊断手段。本书仅介绍超声波法与钻芯法。比如,混凝土的干缩裂缝或冷缩裂缝,仅从其外观形态、工程特征及环境条件上就可以判明产生原因。钢筋锈胀后的沿筋裂缝,外观上也容易判认。对混凝土工程的内部缺陷,如孔洞、缝隙、离析及松弱夹层等,则可采用超声波法进行探测,但需要由有经验的专业人员慎重检测评估。在检查工程病害过程中,大多也需要测试混凝土的实际强度,以便研究病情。探查混凝土工程内部缺陷非常直观、有效的手段是钻取芯样,通过合理布置钻位,钻孔取出芯样,可进行"直接"观察,判断整个工程的内部情况,再结合对芯样进行的强度、重度、吸水率等试验,可更全面、切实地评估病情病因或质量水平。

任务10.2 回弹法测混凝土强度

任务描述

由于混凝土的抗压强度与其表面硬度之间存在某种相关关系,而回弹仪的弹击锤被一定的弹力打击在混凝土表面上,其回弹高度(通过回弹仪读得回弹值)与混凝土表面硬度成一定的比例关系。因此,以回弹值反映混凝土表面硬度,根据表面硬度则可推求混凝土的抗压强度。回弹法适用于检测混凝土强度,测试简单快速,不受被测物的形状限制。

相关知识

(一)回弹法及其基本原理

回弹法是采用回弹仪进行混凝土强度测定的方法,属于表面硬度法的一种。回弹法的基本原理:回弹仪中运动的重锤以一定冲击动能撞击顶在混凝土表面的冲击杆,测出重锤被反弹回来的距离,以回弹值(反弹距离与弹簧初始长度之比)作为与混凝土强度相关的指标,来推定混凝土强度。混凝土表面硬度是一个与混凝土强度有关的量,表面硬度值是随强度的增大而提高的,采用具有一定动能的钢锤冲击混凝土表面时,其回弹值与混凝土表面硬度也有相关关系。

(二)主要术语

(1)测区:检测结构或构件混凝土抗压强度时的一个检测单元。

(2)测点:在测区内检测的一个点。

(3)测区混凝土强度换算值:由测区的平均回弹值和碳化深度值通过测强曲线计算得到的该测区的现龄期混凝土抗压强度值。

(4)统一测强曲线:由全国有代表性的材料、成型养护工艺制作的混凝土试件,通过试验建立的曲线。

(5)地区测强曲线:由本地区常用的材料、成型养护工艺制作的混凝土试件,通过试验建立的曲线。

(6)专用测强曲线:由与结构或构件混凝土相同的材料、成型养护工艺制作的混凝土试件,通过试验建立的曲线。

(三)仪具与材料的准备

1.回弹仪

常见的回弹仪有:重型(HT3000型)回弹仪,用于检测大体积混凝土构件;中型(HT225型)回弹仪,用于检测一般建筑物;轻型(HT100型)回弹仪,用于检测薄壁构件;特轻型(HT28型)回弹仪,用于检测砂浆强度。其中中型回弹仪应用非常广泛。

回弹仪构造示意图如图10-1所示。

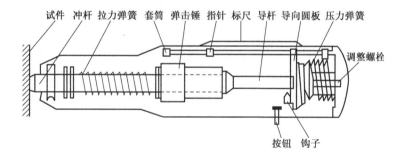

图10-1 回弹仪构造示意图

(1)对中型回弹仪的技术要求

①水平弹击时,弹击锤脱钩的瞬间,回弹仪的标准能量应为2.207J,其冲击能量可由式(10-1)计算:

$$e = \frac{1}{2}E_s l^2 \tag{10-1}$$

式中:E_s——弹击弹簧的刚度,0.784N/mm;

l——弹击弹簧工作时的拉伸长度,一般取75mm。

②弹击锤与弹击杆碰撞的瞬间,弹击拉簧应处于自由状态,此时弹击锤起跳点应对应于指针指示刻度尺上"0"处。

③在洛氏硬度为60±2的钢砧上,回弹仪的率定值为80±2。

④回弹仪使用时的环境温度应为-4~40℃。

(2)回弹仪的率定方法

回弹仪在工程检测前后,应在钢砧上做率定试验,并应符合上述要求。回弹仪率定示意图如图10-2所示。

回弹仪率定试验宜在干燥、室温为5~35℃的条件下进行。率定时,钢砧应稳固地平放在刚度大的物体上。测定回弹值时,取连续向下弹击3次的稳定回弹值的平均值。弹击杆应分4次旋转,每次旋转宜为90°。弹击杆每旋转一次的率定平均值应为80±2。

(3)回弹仪的检定

回弹仪具有下列情况之一时,应由法定部门按照行业标准《回弹仪检定规程》(JJG 817—2011)对回弹仪进行检定:

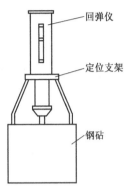

图10-2 回弹仪率定示意图

①新回弹仪启用前。

②超过检定有效期限(有效期为半年)。

③累计弹击次数超过6000次。

④经常规保养后,钢砧率定值不合格。

⑤遭受严重撞击或其他损害。

(4)回弹仪的保养方法

当回弹仪的弹击次数超过2000次,或者对检测值有怀疑,以及在钢砧上的率定值不合格时,应对回弹仪进行保养。常规保养应符合下列规定:

①使弹击锤脱钩后取出机芯,然后卸下弹击杆,取出里面的缓冲压簧,并取出弹击锤、弹击拉簧和拉簧座。

②清洗机芯各零部件,重点清洗中心导杆、弹击锤和弹击杆的内孔和冲击面,清洗后应在中心导杆上薄薄涂抹钟表油,其他零部件均不得抹油。

③应清理机壳内壁,卸下刻度尺,并应检查指针,其摩擦力应为0.5~0.8N。

④不得旋转尾盖上已定位紧固的调零螺栓。

⑤不得自制或更换零部件。

⑥常规保养后应对回弹仪进行率定试验。

回弹仪使用完毕后应使弹击杆伸出机壳,清除弹击杆、杆前端球面以及刻度尺表面和外壳上的污垢、尘土。回弹仪不用时,应将弹击杆压入仪器,经弹击后方可按下按钮锁住机芯,将回弹仪装入仪器箱,平放在干燥阴凉处。

2.其他工具及材料

(1)酚酞酒精溶液:浓度1%。

(2)手提式砂轮。

(3)钢砧:洛氏硬度为60±2。

(4)卷尺、钢尺、凿子、锤、毛刷等。

3.技术资料

收集基本技术资料:

(1)工程名称及设计、施工、监理(监督)和建设单位名称。
(2)结构或构件名称、外形尺寸、数量及混凝土强度等级。
(3)水泥品种、强度等级、安定性、厂名、砂石种类、粒径、外加剂或掺和料品种、掺量,混凝土配合比,等等。
(4)施工时材料计量情况,模板、浇筑、养护情况及成型日期等。
(5)必要的设计图纸和施工记录。
(6)检测原因。

(四)选点

(1)每一结构或构件测区数不应少于 10 个,对某一方向尺寸小于 4.5m 且另一方向尺寸小于 0.3m 的构件,其测区数量可适当减少,但不应少于 5 个。
(2)相邻两测区的间距应控制在 2m 以内,测区离构件端部或施工缝边缘的距离不宜大于 0.5m,且不宜小于 0.2m。
(3)测区应选在使回弹仪处于水平方向检测混凝土浇筑侧面;当不能满足这一要求时,可使回弹仪处于非水平方向检测混凝土浇筑侧面、表面或底面。
(4)测区宜选在构件的两个对称可测面上,也可选在一个可测面上,且应均匀分布;在构件的重要部位及薄弱部位必须布置测区,并应避开预埋件。
(5)测区的面积不宜大于 $0.04m^2$,测区尺寸宜为 20cm×20cm。
(6)测面应为混凝土表面,并应清洁、平整,不应有疏松层、浮浆、油垢、涂层以及蜂窝、麻面,必要时可用砂轮清除疏松层和杂物,且不应有残留的粉末或碎屑。
(7)对弹击时产生颤动的薄壁、小型构件应进行固定。
(8)结构或构件的测区应标有编号,必要时应在记录纸上描述测区布置示意图和外观质量情况。

(五)开始检测

1. 回弹仪的操作

(1)将弹击杆顶住混凝土的表面,轻压仪器,松开按钮,弹击杆徐徐伸出。使仪器对混凝土表面缓慢均匀地施压,弹击锤脱钩冲击弹击杆后即回弹,带动指针向后移动并停留在某一位置上,即回弹值。继续顶住混凝土表面并在读取和记录回弹值后,逐渐对仪器减压,使弹击杆自仪器内伸出;重复进行上述操作,即可测得被测构件或结构的回弹值。

注意:在操作过程中,仪器的轴线应始终垂直于构件混凝土的检测面,缓慢施压,准确读数,快速复位。

(2)测点宜在测区范围内均匀分布,相邻两测点的净距不宜小于 20mm;测点距外露钢筋、预埋件的距离不宜小于 30mm。测点不应在气孔或外露石子上,同一测点只应弹击一次。每一测区应记取 16 个回弹值,每一测点的回弹值读数估读至 1。

2. 碳化深度值测量

(1)回弹值测量完毕后,应在有代表性的位置上测量碳化深度值。测点数不应少于构件测区数的 30%，取其平均值作为该构件每测区的碳化深度值。当碳化深度值极差大于 2.0mm 时，在每一测区测量碳化深度值。

（2）碳化深度值测量方法。

采用适当的工具在测区表面形成直径约 15mm 的孔洞，其深度应大于预估混凝土的碳化深度。孔洞中的粉末和碎屑应除净，并不得用水擦洗。同时，将浓度为 1% 的酚酞酒精溶液滴在孔洞内壁的边缘处，垂直测量未变色部分的深度（未碳化部分变成玫瑰红）。当已碳化与未碳化界线清楚时，再用深度测量工具测量已碳化与未碳化混凝土交界面到混凝土表面的垂直距离，测量不应少于 3 次，取其平均值。每次读数精确至 0.5mm。

（六）数据处理

（1）计算测区平均回弹值，应从该测区的 16 个回弹值中剔除 3 个最大值和 3 个最小值，余下的 10 个回弹值按式（10-2）计算：

$$R_m = \frac{\sum_{i=1}^{10} R_i}{10} \tag{10-2}$$

式中：R_m——测区平均回弹值，精确至 0.1mm；

R_i——第 i 个测点的回弹值。

（2）非水平方向检测混凝土浇筑侧面时，应按式（10-3）修正：

$$R_m = R_{m\alpha} = + R_{a\alpha} \tag{10-3}$$

式中：$R_{m\alpha}$——非水平状态检测时测区的平均回弹值，精确至 0.1mm；

$R_{a\alpha}$——非水平状态检测时回弹值修正值，可由表 10-1 查取。

非水平状态检测时回弹值修正值　　　　　表 10-1

测试角度 $R_{m\alpha}$	检测角度							
	+90	+60	+45	+30	-30	-45	-60	-90
20	-6.0	-5.0	-4.0	-3.0	+2.5	+3.0	+3.5	+4.0
30	-5.0	-4.0	-3.5	-2.5	+2.5	+3.0	+3.5	+4.0
40	-4.0	-3.5	-3.0	-2.0	+1.5	+2.0	+2.5	+3.0
50	-3.5	-3.0	-2.5	-1.5	+1.0	+1.5	+2.0	+2.5

（3）水平方向检测混凝土浇筑顶面或底面时，应按下列公式修正：

$$R_m = R_m^t + R_a^t \tag{10-4}$$

$$R_m = R_m^b + R_a^b \tag{10-5}$$

式中：R_m^t、R_m^b——水平方向检测混凝土浇筑表面、底面时，测区的平均回弹值，精确至 0.1mm；

R_a^t、R_a^b——混凝土浇筑表面、底面回弹值的修正值，由表 10-2 查取。

不同浇筑面的回弹值修正值　　　　　　　　　　　　　　　　　　　　　表 10-2

R_m^t 或 R_m^b	表面修正值（R_a^t）	底面修正值（R_a^b）
20	+2.5	-3.0
25	+2.0	-2.5
30	+1.5	-2.0
35	+1.0	-1.5
40	+0.5	-1.0
45	0	-0.5
50	0	0

注：1. 当 R_m^t 或 R_m^b 小于 20 或大于 50 时，均分别按 20 或 50 查表。
  2. 表中有关混凝土浇筑表面的修正系数，是指一般原浆抹面的修正值。
  3. 表中有关混凝土浇筑底面的修正系数，是指构件底面与侧面采用同一类模板在正常情况下的修正值。
  4. 表中未列入的对应于 R_m^t 或 R_m^b 的 R_a^t 和 R_a^b 值，可用内插法求得，精确至 0.1mm。

当检测时回弹仪为非水平方向且测试面为非混凝土的浇筑侧面时，应先对回弹值进行角度修正，再对修正后的值进行浇筑面修正。

（4）测区混凝土强度值的确定。

结构或构件第 i 个测区混凝土强度换算值，根据每一测区的回弹平均值及碳化深度值，查阅全国统一测强曲线得出。当有地区测强曲线或专用测强曲线时，混凝土强度换算值应按地区测强曲线或专用测强曲线换算得出。表中未列入的测区强度值可用内插法求得。对于泵送混凝土还应符合下列规定：

①当碳化深度值不大于 2.0mm 时，每一测区混凝土强度换算值应按表 10-3 修正。

不同浇筑面的回弹值修正值　　　　　　　　　　　　　　　　　　　　　表 10-3

碳化深度值（mm）		抗压强度值（MPa）			
0、0.5、1.0	f_{cu}^c（MPa）	≤40.0	45.0	50.0	55.0~60.0
	K（MPa）	+4.5	+3.0	+1.5	0.0
1.5、2.0	f_{cu}^c（MPa）	≤30.0	35.0	40.0~60.0	
	K（MPa）	+3.0	+1.5	0.0	

注：表中未列的 $f_{cu,i}^c$ 值可用内插法求得其修正值，精确至 0.1MPa。

②当碳化深度值大于 2.0mm 时，可采用同条件试件或钻取混凝土芯样进行修正。

（5）混凝土强度计算。

①结构或构件的测区混凝土强度平均值可根据各测区的混凝土强度换算值计算。当测区数为 10 个及以上时，应计算强度标准偏差。平均值及标准偏差应按下列公式计算：

$$mf_{cu}^c = \frac{\sum_{i=1}^n f_{cu,i}^c}{n} \tag{10-6}$$

$$Sf_{cu}^c = \sqrt{\frac{\sum (f_{cu,i}^c)^2 - n(mf_{cu}^c)^2}{n-1}} \tag{10-7}$$

式中：mf_{cu}^c——结构或构件测区混凝土强度换算值的平均值，精确至 0.1 MPa；

n——对单个检测的构件，取一个构件的测区数，对批量检测的构件，取被抽检构件的测区数之和；

Sf_{cu}^c——结构或构件测区混凝土强度换算值的标准偏差，精确至 0.01 MPa。

②结构或构件的混凝土强度推定值（$f_{cu,e}$）应按下列公式确定：

a. 当该结构或构件测区数少于 10 个时，则

$$f_{cu,e} = f_{cu,min}^e \tag{10-8}$$

式中：$f_{cu,min}^e$——构件中最小的测区混凝土强度换算值。

b. 当该结构或构件的测区强度值中出现小于 10.0 MPa 时，则

$$f_{cu,e} < 10.0 \text{ MPa} \tag{10-9}$$

c. 当该结构或构件的测区数不少于 10 个或按批量检测时，则

$$f_{cu,e} = mf_{cu}^c - 1.645 Sf_{cu}^c \tag{10-10}$$

d. 对按批量检测的构件，当该批构件混凝土强度标准偏差出现下列情况之一时，则该批构件全部按单个构件检测。

第一种情况，当该批构件混凝土强度平均值小于 25 MPa 时，则

$$Sf_{cu}^c > 4.5 \text{ MPa} \tag{10-11}$$

第二种情况，当该批构件混凝土强度平均值为 25~60 MPa 时，则

$$Sf_{cu}^c > 5.5 \text{ MPa} \tag{10-12}$$

(七)完成报告

填写回弹法检测原始记录表和构件混凝土强度计算表。

任务实施

某学校内有一组桥梁结构，采用回弹仪检测混凝土强度并对其进行评定，下面将按照相关知识中所学的回弹法的测试步骤进行测试。

(一)操作流程与要求

技能操作流程与要求见表 10-4。

技能操作流程与要求　　　　表 10-4

序号	技能操作步骤	要求
1	准备工作	(1)中型(HT225 型)回弹仪。 (2)酚酞酒精溶液：浓度 1%。 (3)手提式砂轮。 (4)钢砧：洛氏硬度为 60±2。 (5)其他：卷尺、钢尺、凿子、锤、毛刷等

续上表

序号	技能操作步骤	要求
2	开始检测	(1)每一结构或构件测区数不应少于10个,对某一方向尺寸小于4.5m且另一方向尺寸小于0.3m的构件,其测区数量可适当减少,但不应少于5个。 (2)相邻两个测区的间距应控制在2m以内,测区离构件端部或施工缝边缘的距离不宜大于0.5m,且不宜小于0.2m。 (3)将弹击杆顶住混凝土的表面,轻压仪器,松开按钮,弹击杆徐徐伸出。使仪器对混凝土表面缓慢均匀地施压,弹击锤脱钩冲击弹击杆后即回弹,带动指针向后移动并停留在某一位置上,即回弹值
3	数据处理	(1)计算测区平均回弹值。 (2)计算混凝土强度
4	完成报告	填写好记录表,做到诚信、可靠

(二)记录案例

回弹法检测原始记录表见表10-5,构件混凝土强度计算表见表10-6。

回弹法检测原始记录表 表10-5

试验目的																		
仪器设备																		
分项工程							设计标号						检测依据					
检测日期							仪器编号						公路等级					
编号		回弹值 R_j															碳化深度 d_m (mm)	
构件	测区	1	2	3	4	5	6	7	8	9	10	11	12	13	14	15	16	R_m	
	1																		
	2																		
	3																		
	4																		
	5																		
	6																		
	7																		
	8																		
	9																		
	10																		
测试状态		侧面、表面、底面			干燥、潮湿			回弹仪	型号					回弹仪检定证号					
									编号					测试人员资格证号					
测试角度		水平、向下、向上							率定值										

构件混凝土强度计算表　　　　　　　　　表 10-6

	是否泵送		1	2	3	4	5	6	7	8	9	10
回弹仪	测区平均值											
	角度修正值											
	角度修正后											
	浇筑面修值											
	浇筑面修后											
平均碳化深度 d_m(mm)												
测区强度值 f_{cu}(MPa)												
强度计算(MPa) $n=$			$mf_{cu}=$				$Sf_{cu}=$			$f_{cu,min}=$		
使用测区强度换算表名称:规程　地区　专用						备注						
结论												
检测			记录			计算			复核			

任务评价

(一)自我评价

任务	级别		
	掌握的操作	仍需加强	完全不理解
回弹仪使用			
碳化深度值测量			
混凝土强度判定			
完成报告			
在本次任务实施过程中的自评结果	A.优秀　B.良好　C.仍需努力　D.搞不清楚		

(二)答题闯关

简答题

(1)简述回弹法检测混凝土强度的基本原理和检测原则。

(2)回弹仪出现什么情况时,应对回弹仪进行检定?采用回弹法试验时,应如何选择和划分测区?

任务10.3 钻芯法检测结构混凝土强度

任务描述

用钻芯法检验混凝土强度,是指从混凝土结构物中钻取混凝土芯样,根据芯样的抗压强度来测定结构混凝土的强度,它是一种直观准确的方法。但是由于结构或构件部位的条件、所处位置及受力状态的影响,钻取芯样的数量通常比较少,在一定程度上可作为抽检混凝土抗压强度、均匀性和内部缺陷的指标。钻芯法适用于以下情况:

(1)对试块抗压强度的测试结果有怀疑时。
(2)因材料、施工或养护不良而发生混凝土质量问题时。
(3)混凝土遭受冻害、火灾、化学侵蚀或其他损害时。
(4)需检测经多年使用的建筑结构或构造物中混凝土强度时。

本任务将学习如何利用钻芯法检测结构混凝土强度。

相关知识

(一)钻前准备资料

(1)工程名称(代号)及设计、施工、建设单位名称。
(2)结构或构件种类、外形尺寸及数量。
(3)设计采用的混凝土强度等级。
(4)成型日期、原材料(水泥品种、粗集料粒径等)和混凝土试块抗压强度试验报告。
(5)结构或构件质量状况和施工中存在问题的记录。
(6)有关的结构设计图和施工图等。

(二)选点

1. 钻取芯样部位

(1)结构或构件受力较小的部位。
(2)混凝土强度质量具有代表性的部位。
(3)便于钻芯机安放与操作的部位。
(4)避开主筋、预埋件和管线的位置,并尽量避开其他钢筋。
(5)用钻芯法和无破损检测法综合测定强度时,与无破损检测法取同一测区。

2. 芯样数量

按单个构件检测时,每个构件的钻芯数量不应少于3个;对于较小构件,钻芯数量可取2个;对构件的局部区域进行检测时,应由要求检测的单位提出钻芯位置及芯样数量。

3. 芯样直径

钻取的芯样直径一般不宜小于集料最大粒径的 3 倍,在任何情况下不得小于集料最大粒径的 2 倍。

4. 芯样高度

芯样抗压试件的高度和直径之比应在 1~2 范围内。

(三) 开始检测

1. 芯样外观检查

每个芯样应详细描述有关裂缝、分层、麻面或离析等缺陷情况,并估计集料的最大粒径、形状、种类及粗细集料的比例与级配,检查并记录存在气孔的位置、尺寸与分布情况,必要时应拍照。

2. 芯样测量

(1)平均直径:用游标卡尺测量芯样中部,在相互垂直的两个位置上,取其 2 次测量的算术平均值,精确至 0.5mm。

(2)芯样高度:用钢卷尺或钢板尺进行测量,精确至 0.5mm。

(3)垂直度:用游标量角器测量 2 个端面与母线的夹角,精确至 0.1°。

(4)平整度:用钢板尺或角尺紧靠在芯样端面上,用塞尺测量与芯样端面之间的缝隙(图 10-3)。

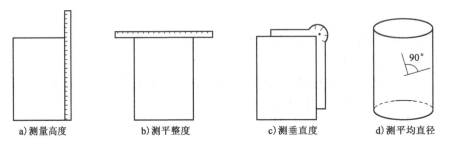

图 10-3 芯样尺寸测量示意图

3. 芯样端面补平方法

当锯切后芯样端面的平整度在 100mm 长度内超过 0.1mm,芯样端面与轴线的垂直度超过 2 时,宜采用在磨平机上磨平或在专用补平装置上补平的方法进行端面加工。

(1)硫黄胶泥(硫黄)补平

①补平前先将芯样端面污物清除干净,然后将芯样垂直地夹持在补平器的夹具中,并提升到一定高度(图 10-4)。

②在补平器底盘上涂上一层很薄的矿物油或其他脱模剂,以防硫黄胶泥与底盘黏结。

③将硫黄胶泥置于容器中加热至溶化,待硫黄胶泥溶液由黄色变成棕色时(约 150℃),倒入补平器底盘中;然后,转动手轮使芯样下移并与底盘接触。待硫黄胶泥凝固后,反向转动手轮,把芯样提起,打开夹具取出芯样。按上述步骤补平该芯样的另一端面。

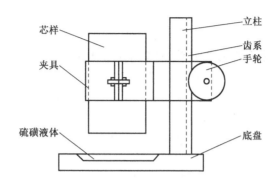

图 10-4 硫黄胶泥补平示意图

(2)用水泥砂浆(或水泥净浆)补平

①补平前先将芯样端面污物清除干净,然后将端面用水湿润。

②在平整度为每 100mm 长度内不超过 0.05mm 的钢板上涂一薄层矿物油或其他脱模剂,然后倒上适量水泥砂浆摊成薄层,稍用力将芯样压入水泥砂浆,并保持芯样与钢板垂直。待 2h 后,再补另一端面。仔细清除侧面多余的水泥砂浆,在室内静放一昼夜后送入养护室内养护。待补平材料强度不低于芯样强度时,方能进行抗压试验(图 10-5)。

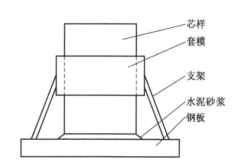

图 10-5 水泥砂浆补平示意图

4. 抗压强度试验

(1)芯样试件宜在与被检测结构或构件混凝土湿度基本一致的条件下进行抗压试验。如果结构工作条件比较干燥,芯样试件应以自然干燥状态进行试验;如果结构工作条件比较潮湿,芯样试件应以潮湿状态进行试验。

(2)按自然干燥状态进行试验时,芯样试件在受压前应在室内自然干燥 3d,按潮湿状态进行试验时,芯样试件应在 (20 ± 5)℃的清水中浸泡 40~48h,从水中取出后应立即进行抗压试验。

(四)数据处理

芯样试件的混凝土强度换算值是指将用钻芯法测得的芯样强度,换算成相应于测试龄期的边长为 150mm 的立方体试块的抗压强度值。芯样试件的混凝土强度换算值,应按式(10-13)计算:

$$f_{cu}^c = \alpha \cdot \frac{P}{A} = \alpha \cdot \frac{4P}{\pi d^2} \tag{10-13}$$

式中:f_{cu}^c——混凝土芯样抗压强度换算值,精确至 0.1MPa;

P——芯样试件抗压试验测得的最大荷载,N;

A——受压面积,mm²;

d——芯样截面的平均直径,mm;

α——不同高径比芯样试件混凝土强度换算系数,见表10-7。

水泥砂浆补平示意 表10-7

高径比(h/d)	1.0	1.1	1.2	1.3	1.4	1.5	1.6	1.7	1.8	1.9	2.0
系数 α	1.00	1.04	1.07	1.10	1.13	1.15	1.17	1.19	1.21	1.22	1.24

单个构件及其局部区域,可取芯样试件混凝土强度换算值中的最小值作为其代表值。

(五)完成报告

填写钻芯法检测记录表。其注意事项如下:

(1)对于混凝土强度等级低于 C10 的结构,不宜采用钻芯法检测。

(2)芯样试件内不应含有钢筋。如不能满足此项要求,每个试件内最多只允许含有 2 根直径小于 10mm 的钢筋,且钢筋应与芯样轴线基本垂直并不得露出端面。

(3)将芯样取出并稍晾干后,应标上芯样的编号,并记录取芯构件名称、取芯位置、芯样长度及外观质量等,必要时应拍摄照片。如发现不符合制作芯样试件的条件,应另行钻取。

(4)芯样在搬运之前应采用草袋、废水泥袋等材料仔细包装,以免碰坏。

(5)芯样有裂缝或有其他较大缺陷时不得用于抗压强度试验。

(6)硫黄胶泥(硫黄)补平法一般适用于自然干燥状态下抗压试验的芯样试件补平,水泥砂浆(水泥净浆)补平法一般适用于潮湿状态下抗压试验的芯样试件补平。

(7)补平层应与芯样结合牢固,以使受压时补平层与芯样的结合面不提前破坏。

(8)经端面补平后的芯样高度小于 $0.95d$(d 为芯样试件平均直径),或大于 $2.05d$ 时不得用于抗压强度试验。

任务实施

某学校内有一组桥梁结构,采用钻芯法检测混凝土强度并对其进行评定,按照相关知识中所学的钻芯法的测试步骤进行测试。

(一)操作流程与要求

技能操作流程与要求见表10-8。

技能操作流程与要求 表10-8

序号	技能操作步骤	要求
1	准备工作	(1)结构或构件的种类、外形尺寸及数量。 (2)设计采用的混凝土强度等级。 (3)成型日期、原材料和混凝土试块抗压强度试验报告。 (4)结构或构件质量状况和施工中存在问题的记录。 (5)有关的结构设计图和施工图等
2	开始检测	(1)钻取芯样部位。 (2)钻取芯样数量。 (3)钻取芯样直径。 (4)钻取芯样高度
3	数据处理	芯样试件的混凝土强度换算
4	完成报告	填写好记录表,做到诚信、可靠

(二)记录案例

钻芯法检测记录表见表10-9。

钻芯法检测记录表 表10-9

工程部位/用途					委托/任务编号			
试验依据					样品编号			
样品描述					样品描述			
试验条件					试验日期			
主要仪器设备及编号					检测类型			
试件编号								
取芯桩号								
部位距左边(m)								
龄期(d)								
芯样高度(mm)	1							
	2							
	平均值							
芯样直径(mm)	1							
	2							
	平均值							
高径比								
劈裂抗弯拉强度试验	截面面积(cm²)							
	极限荷载(kN)							
	设计抗弯拉强度(MPa)							
	劈裂抗弯拉强度(MPa)							

续上表

轴心抗压强度试验	受压面积(cm²)					
	极限荷载(kN)					
	修正系数					
	设计抗压强度（MPa）					
	轴心抗压强度（MPa）					

备注：

试验：　　　　　　　复核：　　　　　　　日期：　年　月　日

任务评价

（一）自我评价

任务	级别		
	掌握的操作	仍需加强	完全不理解
钻取芯样			
芯样试件的混凝土强度换算			
混凝土强度判定			
完成报告			
在本次任务实施过程中的自评结果	A.优秀　B.良好　C.仍需努力　D.搞不清楚		

（二）答题闯关

简答题

(1)如何确定钻芯法的芯头直径、取芯的部位和数量？

(2)钻芯芯样端面应如何补平？

项目11 ITEM ELEVEN
桥梁荷载试验检测

知识目标

(1) 掌握静态荷载与动态荷载试验的基本原理。
(2) 掌握静态荷载与动态荷载试验的步骤。

技能目标

(1) 能运用静态荷载试验评定桥梁结构承载能力。
(2) 能运用动态荷载试验识别桥梁结构动力特性参数。

项目概述

荷载试验的基本目的是了解桥梁结构的实际工作状态,检验桥梁结构整体的施工质量与受力性能,对桥梁结构的正常使用性能、强度、刚度、裂缝等各项指标作出全面的评价,并对桥梁结构的实际承载能力作出科学的评估,为桥梁交(竣)工验收提供重要的科学依据以及为桥梁的管养维护提供合理的建议。本项目主要任务是掌握静态荷载与动态荷载试验的基本原理和试验步骤。

任务11.1 认知桥梁荷载试验基础知识

任务描述

桥梁荷载试验包括静载及动载试验,用于了解桥梁结构及其部件的工作状态和承载能力。本节将学习桥梁荷载试验的检测指标、主要检测方法以及评价指标。

相关知识

(一)检测指标

1. 静载试验的主要检测指标

(1)结构控制断面的变形或挠度。
(2)结构控制断面的最大应力(应变)。
(3)受试验荷载影响的所有桥梁支座、墩台的位移或转角,其他构件的变形。
(4)裂缝的出现或扩展,包括长、宽、深度、位置、走向以及卸载后的闭合情况。
(5)其他桥梁构件的反应。

2. 动载试验的主要检测指标

(1)梁动力特性模态参数测试(包括频率、振形、阻尼比)。
(2)桥梁动力响应测试(包括动挠度、动应力、加速度、冲击系数)。

(二)检测方法

桥梁荷载试验按加载方式不同分为静载试验和动载试验。

1. 静载试验

静载试验是指通过在桥梁结构上施加与设计荷载或使用荷载基本相当的静态外加荷载,利用检测仪器测试桥梁结构在控制截面和控制部位在各级试验荷载作用下的挠度、变形、应力以及混凝土桥可能出现的裂缝、荷载横向分布规律等力学效应,并与桥梁结构按相应荷载作用下计算值及有关规范规定值做比较,评定桥梁结构承载能力。

2. 动载试验

动载试验包括动力特性试验和动力响应试验。

(1)动力特性试验是指通过环境激励、桥面有障碍跑车、紧急制动等方式激振,测定桥梁结构自由振动响应信号,识别桥梁结构动力特性参数,如结构的自振频率、振型和阻尼比。对于中、小跨径桥梁,主要测定桥跨结构前几阶固有振动频率和阻尼比。

(2)动力响应试验是指在试验桥面上通过载重试验汽车以不同速度匀速行驶激振,测定桥梁控制部位及控制截面的动挠度、动应变等受迫振动响应,进而识别桥梁结构相应控制部位的汽车冲击系数。

桥梁的静载试验通常采用分级加载、分级卸载法,桥梁的动载试验通常采用环境激励模态测试法、跑车试验法、跳车试验法等。

(三)评价指标

静载试验静力性能评价的主要指标包括以下两个:

(1)将静力性能主要参数(如应力、应变和挠度等参数)的实测值与理论计算值进行比较,该指标反映了实际结构与设计状态或目标状态的符合程度,说明结构的工作性能及安全储备。

(2)将控制测点的实测值与规范值进行比较,说明结构所处的工作状态。

目前,我国现场动载试验采集的自振频率、阻尼比、动挠度、冲击系数、振动加速度等参数直接用于桥梁承载力的定量性评价不太系统和成熟。《公路桥梁承载能力检测评定规程》(JTG/T J21—2011)对于桥梁结构自振频率的评价有明确的规定,根据实测自振频率与理论频率的比值来评价,其评定标度值分别为1~5个标度。《公路桥梁荷载试验规程》(JTG/T J21-01—2015)通过动载试验对结构进行性能分析的规定主要包括:实测自振频率与理论频率比较来评价桥梁刚度;实测冲击系数与设计所用冲击系数比较,没有明确定量指标;将自振频率、振型和阻尼比实测值与计算值或历史数据进行对比来判断桥梁技术状况的变化。现行规范对频率的评定有明确的定量标度,对于冲击系数、阻尼比、振型等参数的评定基本属于定性评价。对于桥梁振动幅值、振动加速度、速度等动力响应目前评价体系也没有明确的规定。因此,桥梁结构性能评定主要以静载试验为主,而动载试验则作为一个辅助性的分析测试项目,主要是通过动力试验从宏观上判断桥梁的整体刚度和运营性能,为确定使用条件提供辅助性评定指标。

任务11.2 静载试验检测

任务描述

桥梁结构试验是对桥梁结构物工作状态进行直接测试的一种检定手段,而静载试验就是其中一种主要的测试方法。对于公路桥梁结构来说,静载是指以缓慢速度行驶到桥上的指定荷重级别的车辆荷载。由于静载试验测试的项目多,可以布置较多的测点,可以根据所得的测试数据,全面分析桥梁结构的受力情况。静载试验检测适用于测试桥梁结构在控制截面和控制部位在各级试验荷载作用下的挠度、变形、应力等,以综合评定桥梁结构承载能力。

相关知识

(一)仪具与材料的准备

常用的仪器有百分表、千分表、位移计、应变仪、应变计(应变片)、精密水准仪、倾角仪、刻度放大镜等。

试验准备工作包括:
(1)设备及仪表夹具的加工,试验现场的清理。
(2)设置仪器、仪表的支护装置以及其他必要的支架和安全设备。
(3)准备加载物质或设备。
(4)仪表校正、安装和调试。
(5)对试验人员进行技术培训。
(6)印发各种记录表格。

在试验准备阶段,必须将试验所用的仪器设备及时配齐;试验前,必须按规定进行校正或标定,并且应该有一定数量的备用仪器,以确保试验工作的顺利进行。

静载试验时注意事项如下:

(1)正式加载试验前,试验人员必须明确分工和职责,能熟练地进行仪器、仪表的测读,掌握仪器、仪表的工作原理、基本性能以及能排除一般性故障。

(2)对于规模较大、测试时间较长、使用仪器较多、测点布置难度较大的试验,可以考虑拟定专门的测试技术操作规程。

(3)在施工现场,根据试验方案的要求,应及时调集必需的物质和器材,解决电源、水源、燃料等问题。使用电测仪器,调试工作量大。

(4)电阻片粘贴后,应做好防潮、防水处理,其绝缘阻值应满足试验规定的要求。

(5)试验用导线应经过测试,导线与试验结构或构件上电阻应变片的连接处,应锡焊并做好绝缘处理。

(6)当所有准备工作就绪后,在正式试验之前,应对所有仪器、仪表进行一次观测演习,以便熟悉试验程序、仪器和仪表的测读、记录方法等。

(7)在试验前及测试过程观测并记录气温情况。

(二)选点

1. 位移的测量

一般的梁、板、拱、桁架结构的位移测定,主要是指挠度及其变形曲线的测定。挠度的测试断面,一般在1/2跨、1/4跨、1/8跨、3/4跨、7/8跨等位置布设测点,以便能测出挠度变形的特征曲线。对于梁或板宽大于或等于100cm的构件,应考虑在横截面两侧都布设测点,测值取两侧仪表读数的平均值。为了求得最大挠度值以及其变形特征曲线,测试中要设法消除支座沉降的影响。常用的位移测量的仪器、仪表有各种类型的挠度计、百分表、位移传感器等。

桥梁结构设计中的荷载横向分布系数,往往是以测定桥梁横断面各梁(梁肋)挠度的方法推算出来的,具体做法为:在特征断面(跨中或1/4跨断面)、所有各梁或梁肋布点测挠度,然后经过简单的数据处理,即可得到该断面的荷载横向分布特征值。

2. 应变的测量

试验结构的断面内力(包括弯矩、轴向力、剪力、扭矩)和断面应力分布一般都是通过应变测定来反映的,所以,应变值的正确测定是非常重要的。应变的测量分以下两种情况。

(1)桥梁结构主应力方向已知

①对承受轴向力的结构(如桁架中的杆件等),测点应在平行于结构轴线的两个侧面,每处不少于2点。

②对承受弯矩和轴向力共同作用的结构(如拱式结构的拱圈等),应在弯矩最大位置处,平行轴线的两侧布点,每处不少于4点。

③对承受弯矩作用的结构(如梁式结构等),应在弯矩最大位置处,沿截面上、下边缘布点或沿侧面梁高方向布点,每处不少于2点。

(2)桥梁结构主应力方向未知

在受弯构件中正应力和剪应力共同作用的区域、截面形状不规则或者有突变的位置的主应力、剪应力的大小和方向都是未知的,当测定这些部位的平面应力状态时,一般按一定的 x-y 坐标系均匀布点,每点按 3 个方向布设成一个应变花形式,再按此测出的应变,确定主应力的大小和方向。

(三)开始检测

1. 加载程序

加载应严格按计划程序进行。采用重物加载时按荷载分级逐级施加,每级荷载堆放位置准确、整齐、稳定。荷载施加完毕后,逐级卸载。采用车辆加载时,先由零载加至第一级荷载,卸至零载,再由零载加至第二级荷载,卸至零载……直至所有荷载施加完毕。每一级荷载施加次序为纵向先施加重车,后施加两侧标准车,横向先施加桥中心的车辆,后施加外侧的车辆。

2. 加载稳定时间控制

为控制加卸载稳定时间,应选择一个控制观测点(如简支梁为跨中挠度或应变测点),在每级加(卸)载后立即测读一次,计算其与加(卸)载前测读值之差值 S,然后每隔 2min 测读一次,计算 2min 前后读数的差值 ΔS,并计算相对读数差值 m:

$$m = \frac{\Delta S}{S_g} \tag{11-1}$$

当 m 值小于 1% 或小于量测仪的最小分辨值时认为结构基本稳定,可进行各观测点读数。主要控制截面最大内力荷载工况对应的荷载在桥上稳定时间不少于 5min,对尚未投入营运的新桥应适当延长加载稳定时间。有些桥测点观测值稳定时间较长,如结构的实测变位(应变)值远小于计算值,可将加载稳定时间定为 20~30min。

3. 终止加载控制

终止加载控制的条件如下:
(1)控制测点应力值已达到或超过用弹性理论按规范安全条件反算的控制应力值。
(2)控制测点变位(挠度)超过规范允许值。
(3)由于加载,结构裂缝的长度、缝宽急剧增加,新裂缝大量出现,缝宽超过允许值的裂缝大量增多,对结构使用寿命造成较大的影响。
(4)实测变形分布规律异常。
(5)桥体发出异常响声或发生其他异常现象。

(四)数据处理

1. 各测点变位(挠度、位移、沉降)与应变的计算
(1)总变位(总应变):

$$S_t = S_1 - S_i \tag{11-2}$$

(2)弹性变位(弹性应变):

$$S_e = S_1 - S_u \tag{11-3}$$

(3)残余变位(或残余应变):

$$S_p = S_t - S_e = S_u - S_i \tag{11-4}$$

式中:S_i——加载前测值,mm;
S_t——加载达到稳定时测值,mm;
S_u——卸载后达到稳定时测值,mm。

下面引入相对残余变位(应变)的概念描述结构整体或局部进入塑性工作状态的程度。相对残余变位(应变)按下式计算:

$$S'_p = \frac{S_p}{S_t} \times 100 \tag{11-5}$$

式中:S'_p——相对残余变位(应变),%;
S_p、S_t——意义同前。

2. 应力计算

根据测量到的测点应变,当结构处于线弹性工作状态时,可以利用应力应变关系计算测点的应力。

(1)单向应力状态:

$$\sigma = E\varepsilon \tag{11-6}$$

(2)平面应力状态:

$$\sigma_1 = \frac{E}{1-\mu^2}(\varepsilon_1 + \mu\varepsilon_2) \tag{11-7}$$

$$\sigma_2 = \frac{E}{1-\mu^2}(\varepsilon_2 + \mu\varepsilon_1) \tag{11-8}$$

式中:E——构件材料弹性模量;
μ——构件材料泊松比;
ε_1、ε_2——方向相互垂直的主应变;
σ_1、σ_2——方向相互垂直的主应力,N。

3. 试验结果与理论分析的比较

为了评定结构整体受力性能,需对桥梁荷载试验结果与理论分析值进行比较,以检验新建桥是否达到设计要求的荷载标准或者判断旧桥的承载能力。比较时,可以将结构位移、应变等试验值与理论计算值列表进行比较,对结构在最不利荷载工况作用下主要控制测点的位移、应力的实测值与理论分析值,要分别绘出荷载-位移(P-Δ)曲线、荷载-应力(P-σ)曲线,并绘出最不利荷载工况作用下位移沿结构(纵、横向)分布曲线和控制截面应变(沿高度)分布图以及结构裂缝分布图(对裂缝编号注明长度、宽度、初裂荷载以及裂缝发展情况)。为了量化以及描述试验值与理论分析值比较的结果,此处引入结构校验系数 η:

$$\eta = \frac{S_e}{S_s} \tag{11-9}$$

式中:S_e——试验荷载作用下量测的弹性变位(应变)值;
S_s——试验荷载作用下的理论计算变位(应变)值。

S_e 与 S_s 的比较可用实测的横截面平均值与计算值比较,也可考虑荷载横向不均匀分布而选用实测最大值与考虑横向增大系数的计算值进行比较。横向增大系数最好采用实测值,若无实测值也可采用理论计算值。

(五)完成报告

静载试验应报告以下技术内容：
(1)测试截面选择。
(2)应变及挠度测点布置。
(3)试验加载方式。
(4)试验工况及加载位置说明。
(5)试验结果及分析。

任务实施

某学校内有一组桥梁，采用静载试验法检验桥梁结构的承载能力及工作状态。按照理论知识中所学的静载试验法的测试步骤进行测试。

(一)操作流程与要求

技能操作流程与要求见表 11-1。

技能操作流程与要求 表 11-1

序号	技能操作步骤	要求
1	准备工作	(1)百分表、千分表、位移计、应变仪、应变计(应变片)、精密水准仪、倾角仪、刻度放大镜等。 (2)在 1/2 跨、1/4 跨、1/8 跨、3/4 跨、7/8 跨等位置布设测点
2	开始检测	(1)加载应严格按计划程序进行。当采用重物加载时，按荷载分级逐级施加，每级荷载堆放位置准确、整齐、稳定。荷载施加完毕后，逐级卸载。当采用车辆加载时，先由零载加至第一级荷载，卸至零载，再由零载加至第二级荷载，卸至零载……直至所有荷载施加完毕，每一级荷载施加次序为纵向先施加重车，后施加两侧标准车，横向先施加桥中心的车辆，后施加外侧的车辆。 (2)发生下列情况应终止加载： ①控制测点应力值已达到或超过用弹性理论按规范安全条件反算的控制应力值。 ②控制测点变位(挠度)超过规范允许值。 ③由于加载，结构裂缝的长度、缝宽急剧增加，新裂缝大量出现，缝宽超过允许值的裂缝大量增多，对结构使用寿命造成较大的影响。 ④实测变形分布规律异常。 ⑤桥体发出异常响声或发生其他异常现象
3	数据处理	(1)各测点变位(包括挠度、位移、沉降)与应变的计算。 (2)应力计算。 (3)试验结果与理论分析的比较
4	完成报告	填写好记录表，做到诚信、可靠

(二)记录案例

根据技能任务的实际测试结果完成表 11-2 和表 11-3 的记录，并给出结论和建议。

荷载作用下测试断面上下缘应力值　　　　　　　　　表 11-2

实测值		计算值		校验系数	
上缘应力	下缘应力	上缘应力	下缘应力	上缘应力	下缘应力

荷载作用下测试断面挠度分析表　　　　　　　　　表 11-3

位置		挠度
1/2 跨	计算值(mm)	
	实测值(mm)	
	相对残余值	
	校验系数	
1/4 跨	计算值(mm)	
	实测值(mm)	
	相对残余值	
	校验系数	
1/8 跨	计算值(mm)	
	实测值(mm)	
	相对残余值	
	校验系数	

任务评价

（一）自我评价

任务	级别		
	掌握的操作	仍需加强	完全不理解
选点			
仪器操作			
进行试验			
判定方法			
完成报告			
在本次任务实施过程中的自评结果	A.优秀　B.良好　C.仍需努力　D.搞不清楚		

（二）答题闯关

简答题

(1) 简述静载试验的试验加载方式。

(2) 静载试验的目的是什么？

任务 11.3 动载试验检测

任务描述

桥梁动载试验主要包括主体结构自振特性试验、行车动力响应试验以及振动法测试索力试验。开展桥梁静载试验时，宜同时进行动载试验。一般情况下，动载试验适用于测定桥梁结构的自振频率、阻尼比和冲击系数等参数。当单跨跨径超过 80m 的梁桥和超过 60m 的拱桥、墩高超过 30m 的桥梁、斜拉桥、悬索桥以及存在异常振动的桥梁依靠静载试验不能系统评价结构性能或受某单位委托时还要测定振型。梁动载试验与静载试验相比，不同之处是引起结构产生振动的根源（如车辆、人群、风或地震等）不同，结构的动效应是随时间而变化的，动荷载产生的动效应大于相应的静力效应，有时甚至不大的动力作用也可能使结构遭到严重损坏。根据桥梁结构各部件的实测振型和测点阻尼比，可以粗略地判断桥梁结构各部件的缺损情况。本任务将学习动载试验检测。

相关知识

（一）仪具与材料的准备

桥梁结构振动的测试仪器包括测振传感器、信号放大器、光线示波器、磁带记录仪和数字信号处理机。

（二）开始检测

1. 突加荷载法

在被测结构上急速地施加一个冲击作用力，由于施加冲击作用的时间短促，施加于结构上的作用实际是一个冲击脉冲作用。由振动理论可知，冲击脉冲的动能传递到结构振动系统的时间小于振动系统的自振周期，并且冲击脉冲一般都包含了从零到无限大的所有频率的能量，只有被测结构的固有频率与之相同或很接近时，冲击脉冲的频率分量才对结构起作用，从而激起结构以其固有频率做自由振动。对于中小型桥梁结构来说，可使用落锤激振器（枕木）垂直地冲击桥梁，激起桥梁竖直方向的自由振动。如果水平方向冲击桥面缘石，则可激起横向振动。

采用突加荷载法时，要注意冲击荷载的大小及其作用位置。如果要激起结构的整体振动，则必须在桥梁的主要受力构件上施加足够的冲击力。冲击荷载的位置可按所测结构的振型来确定，如为了获得简支梁桥的第一振型，则冲击荷载作用于跨中部位。冲击法引起的自由振动，一般可记录到第一固有频率的振动图形中。如用磁带记录仪录取结构某处的响应，通过频谱分析，则可获得多阶固有频率的参数。

2. 突卸载法

突卸载法(位移激振法)是指在结构上预先施加一个荷载作用,使结构产生一个初位移,然后突然卸去荷载,利用结构的弹性性质使其产生自由振动。卸落荷载,可通过自动脱钩装置或剪绳索等方法;有时也专门设计一种断裂装置,当预施加力达到一定的数值时,在绳索中间的断裂装置便突然断离,从而激发结构的振动。突卸荷载的大小要根据所需最大振幅计算求出。

(三)数据处理

1. 结构阻尼的测定

桥梁在振动过程中受到介质阻尼、材料内部阻尼及支座摩擦阻尼等的作用。阻尼特性是振动系统的重要的动态特性之一。桥梁结构的阻尼特性一般用对数衰减率 δ 或阻尼比 D 来表示。实测的衰减自由振动曲线如图 11-1 所示。由振动理论可知,对数衰减率为

$$\delta = \ln\left(\frac{A_i}{A_{i+1}}\right) \tag{11-10}$$

式中:A_i、A_{i+1}——相邻的两个波的同号振幅峰值,可直接从衰减曲线上量取。

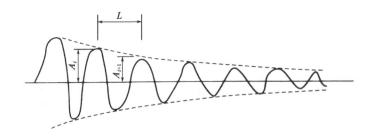

图 11-1 实测的衰减自由振动曲线

实践中,常在衰减曲线上量取 m 个波形,求得平均的衰减率,即

$$\delta_a = \frac{1}{m}\ln\frac{A_i}{A_{i+m}} \tag{11-11}$$

由振动理论可知,对数衰减率 δ 与阻尼比 D 的关系为

$$\delta = \frac{2\pi D}{\sqrt{1-D_2}} \tag{11-12}$$

一般材料的阻尼比都很小,因此

$$D \approx \frac{\delta}{2\pi} \tag{11-13}$$

2. 结构动力性能评价

(1)将结构的实测自振频率与计算频率进行比较,如实测频率大于计算频率,可以认为结

构实际刚度大于理论刚度。

(2)对于鉴定性试验,可以通过实测自振频率与历史数据对比,根据其变化情况初步判断桥梁的技术状况是否出现劣化。

(3)根据桥梁结构各部件的实测振型和测点阻尼比,可以粗略地判断桥梁结构各部件的缺损情况,见表11-4。

用阻尼比值评定桥梁技术状况的评判标准　　　　表11-4

桥梁结构类型	阻尼比值范围(%)	状态描述
普通钢筋混凝土桥	<0.5	无明显裂缝
	>1.0~2.0	有裂缝
预应力钢筋混凝土桥	<1.0	无明显裂缝
	>1.0~2.0	有裂缝
钢桥	≤0.1	正常

(四)完成报告

动载试验应报告以下技术内容:
(1)结构动力分析。
(2)测试截面的选择及传感器测点布置。
(3)试验荷载选择。
(4)试验工况。
(5)试验结果及分析。

任务实施

某学校内有一组桥梁,测定结构阻尼,判断桥梁结构各部件的缺损情况。采用动载试验法测定结构阻尼,按照相关知识中所学的动载试验法的测试步骤进行测试。

(一)操作流程与要求

技能操作流程与要求见表11-5。

技能操作流程与要求　　　　表11-5

序号	技能操作步骤	要求
1	准备工作	测振传感器、信号放大器、光线示波器、磁带记录仪和数字信号处理机
2	开始检测	(1)突加荷载法。对于中小型桥梁结构来说,可用落锤激振器(枕木)垂直地冲击桥梁,激起桥梁竖直方向的自由振动。如果水平方向冲击桥面缘石,则可激起横向振动。 (2)突卸荷载法。卸载荷载,可通过自动脱钩装置或剪绳索等方法;有时也专门设计一种断裂装置,当预施加力达到一定的数值时,在绳索中间的断裂装置便突然断离,从而激发结构的振动

续上表

序号	技能操作步骤	要求
3	数据处理	(1)桥梁结构的阻尼特性一般用对数衰减率 δ 或阻尼比 D 来表示。 (2)根据桥梁结构各部件的实测振型和测点阻尼比,可以粗略地判断桥梁结构各部件的缺损情况
4	完成报告	填写好记录表,做到诚信、可靠

(二)记录案例

根据技能任务的实际测试结果完成表 11-6 的记录,并给出结论和建议。

桥梁技术状况评定　　　　　　　　　　　　　　表 11-6

序号	桥梁结构类型	阻尼比(%)	状态描述

任务评价

(一)自我评价

任务	级别		
	掌握的操作	仍需加强	完全不理解
仪器操作			
进行试验			
判定方法			
完成报告			
在本次任务实施过程中的自评结果	A.优秀　B.良好　C.仍需努力　D.搞不清楚		

(二)答题闯关

简答题

(1)简述动载试验的试验加载方式。

(2)动载试验的目的是什么?

项目12 ITEM TWELVE
公路工程新型检测技术

知识目标

(1)了解公路工程新型检测与测试的意义。
(2)掌握新型检测技术的测试原理。

技能目标

(1)能正确表达各种新型检测技术的优缺点。
(2)理论联系实践,不断关注新型检测技术的实际应用。

项目概述

无损检测是指在不影响检测对象未来使用功能或现在运行状态的前提下,采用射线、超声波、红外线、电磁波等技术来确定被检测物体的内部或表面缺陷、性能以及特定参数(如材料的强度、厚度、硬度、密度等)的一种技术和方法。检测、试验技术的不断丰富和完善,也对相关技术人员提出了越来越高的要求,特别是现场检测,涉及交叉作业,影响因素众多,加上通常环境较为艰苦,要求相关人员具备坚实的理论基础、丰富的实践经验和灵活的现场应变能力。

任务 12.1 认知现代化新型无破损检测技术发展

任务描述

近年来,越来越多的科研设计施工及其他机构参与到工程检测与测试的行业中。然而,公路工程中使用的材料种类繁多,施工技术、工艺也各有不同。例如,高性能混凝土、钢材、预应力张拉等,需要多种检测手段结合,以便对公路工程的各个方面进行检测。然而,在不少工程领域,现有的检测手段已经很难满足检测的需要,因而对工程质量的监督有所欠缺。其中,隐蔽工程是出现工程质量问题的重要环节,加上检测对象的复杂性,对现有的无损检测手段提出了更高的要求。随着科学技术的发展与进步,无破损技术检测已逐渐由概念化趋于成熟,并与不同新型信息技术相互融合,加速了其精度与效率的快速提升,对工程检测领域产生了深远影响。本任务将学习现代化新型无破损技术检测发展。

相关知识

(一)发展历程

20世纪30年代,人们开始研究工程结构无损检测技术。其中,混凝土结构的无破损检测技术是主要内容之一。1948年,瑞士科学家施密特(E. Schmidt)研制出回弹仪;1949年,莱斯利(Leslie)等用超声脉冲成功检测混凝土。20世纪60年代,费格瓦洛(IFacaoaru)提出用声速、回弹综合法估算混凝土强度;80年代中期,美国的MarySansalone等提出用冲击回波法(IE)进行混凝土无损检测;90年代以来,国内外在这方面的研究工作方兴未艾,随着科学技术的发展,无破损检测技术也突破了原有的范畴,涌现出一批新的测试方法,包括微波吸收、雷达扫描、红外谱、脉冲回波等技术,其功能和应用范围均得到较大的扩展。工程无破损检测技术的发展历经了以下几个阶段:

第一个阶段,无损探伤(Non Destructive Inspect,NDI):主要用于结构内部缺陷、损伤的探测。

第二个阶段,无损测试(Non Destructive Test,NDT):除了对结构内部的缺陷、损伤进行探测外,还对材料的性质、构件的几何尺寸、位置等进行测试。

第三个阶段,无损评估(Non Destructive Evaluate,NDE):在上述无损测试的基础上,增加了对结构质量、安全、健康状态的评估等功能。

(二)发展趋势

近年来,随着人们对工程质量、安全的日益重视,同时借助电子技术的飞速发展,无破损检测技术在国内外都得到了广泛的关注和长足的发展,这些发展主要体现在以下几个方面。

1. 不同技术之间的融合

无破损检测技术可以根据其采用的媒介进行划分。当然,各种媒介各有优缺点,因此,将不同的技术加以融合,从而提高测试精度、扩大测试范围。

其中,超声波、声波、冲击弹性波在本质上并无区别,仅在信号的激励及接收方式、频谱范围及分析方法等方面有所不同。例如,超声波一般通过对压电晶体或者振动膜施加电压激发信号,同样通过对压电晶体或者振动膜的振动产生电荷/电压以接收信号。超声波方法具有信号的发生时刻易于控制、波长短对微小缺陷敏感的特点,但存在能量低、测试范围小、频谱特性差等缺点。冲击弹性波则是通过敲击被测体产生信号,通过加速度传感器接收信号。冲击弹性波具有能量高、测试范围大、频谱特性好等特点,但波长较长,激振时刻难以把握。借助电子技术的进步,冲击弹性波激振时刻的确定问题得到了很好的解决。

同时,导入自动激振装置,使得其激振信号的频率范围也得到了扩大。因此,基于冲击弹性波的测试技术得到了快速的发展。另外,在超声波声波检测技术中,提高发射功率、改善拾音器的频谱响应特性等方法也大大提高了其检测范围。因此,这三类方法的界限日趋模糊。

此外,结合定位技术(如 GPS/RTK)、数据传输(LAN/WAN,4G、5G 等)、数据库等现代 IT 技术,各个检测、测试技术的网络化也是发展趋势之一。

2. 信号处理技术的进步

在现代测试仪器中,将计算机作为测试平台已经非常普遍,使得对测试信号进行高度化的处理变成了可能,主要体现在以下几个方面:

(1)信号降噪。利用同期叠加、滤波等方法,可以有效地消除测试过程中环境噪声及各种随机误差的影响。同时,利用双向发信的方法,还可以大大降低固有误差的影响。

(2)对象信号的增幅和抽取。利用信号的反射对混凝土结构内部的缺陷、尺寸进行检测时,如低应变基桩完整性测试技术(PIT),对反射信号的增幅、抽取技术是必不可少的。其中,采用适应匹配(Fitting Matching)技术、小波变换(Wavelet Transform)技术效果会更好。

(3)使用信号的多样化。例如,在冲击弹性波的测试中,不仅可以采用 P 波测试,还可以采用 S 波,乃至 R 波(瑞利波)、L 波(兰姆波)来测试。

(4)高度化的频谱分析能力。对信号的频谱分析在冲击回波(Impact Echo)等方法中有着非常重要的作用。除了人们熟悉的快速傅立叶变换(FFT)以外,MEM、HHT 也具有强大的功能。

(5)可视化处理。通过数字成像技术,检测的信号能够直观地展现在检测人员的面前,使得检测精度、范围得到了飞跃性的提高、扩大。正是基于可视化技术,B 超、CT(计算机断层扫描)在医学界得到了极为广泛的应用(图 12-1)。此外,可视化技术在检测、探测领域均得到了广泛的应用(图 12-2)。因此,可视化也是工程无破损检测技术中非常重要的一个发展方向。

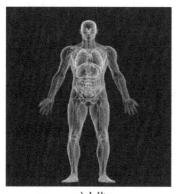
a)人体

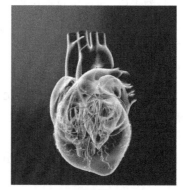
b)心脏

图 12-1 人体构造 CT 成像

图 12-2　沉船声呐探测

3. 快速化、远程化

随着相关技术的不断发展,以及社会对工程质量、安全要求的不断提高,先进的技术工艺不断被应用到检测服务领域,产生了新的技术标准和检测方法,提升了检测服务能力,扩大了检测服务领域。这表现为由人工检测技术向自动化检测技术发展,由破损类检测技术向无破损检测技术发展,以及由现场检测技术向远程监测技术发展。

无破损检测由于其非破损特征,理论上可以对结构进行全周期、全覆盖检测,因此不仅对检测精度有要求,对检测效率的要求也不断提高,所以无破损检测的快速化必然是一个发展方向。同时物联网(The Internet of Things,IOT)、信号处理人工智能等技术的不断深入发展和相互融合,加速了监测系统的实用化进程,在工程检测领域影响深远。

(三)应用前景

工程无破损检测技术的发展虽然时快时慢,但由于工程建设的实际需要,它始终具有较强的生命力。较之钻孔取芯等破损检测技术,无破损检测技术具有如下优点:

(1)成本低、方便,可以进行较多数量的检测,从而提高了代表性和检测覆盖率。
(2)对结构无损伤,不影响结构的耐久性、强度等。
(3)可以作为监测手段,通过定点连续检测,可以判断测试对象的劣化趋势和速度。

由于上述优点,无破损检测技术的应用日益广阔,适用于混凝土柱杆、岩土等不同类型的结构和材料的检测。

1. 柱、桩、杆检测技术

柱、桩、杆检测技术的检测对象包括公路交通安全设施的护栏立柱及边坡、隧道等领域的锚杆(锚索)等构件。该类构件具有如下特点:

(1)均为细长结构。
(2)仅有一个端头露在外面,其余绝大部分隐蔽在地下。

这类构件出现的主要问题如下:

(1)公路护栏立柱起到固定波纹板并阻挡汽车冲出路堤的作用,其长度直接关系阻挡力的大小和防护作用。但是,由于偷工减料等原因,护栏立柱长度不达标的现象十分普遍,从而带来很大的安全隐患。特别是在山区土石路基上,立柱因打入困难而导致长度不足的现象更加多见。

(2)锚杆(锚索)埋入长度不足:锚杆(锚索)应用于边坡类加固支护项目,属于隐蔽工程,施工中会存在埋入深度不足的问题,直接降低边坡稳定性。

上述结构特点决定了检测方法只能采用波的反射法,由于长度远大于宽度,波的反射法适用于一维波动理论。因此,上述结构的检测通常采用弹性波的反射原理来判断测试对象的长度和缺陷。另外,由于立柱和锚杆(锚索)的长度、截面积及材料不同,其检测方法也有一定的区别。

2. 护栏立柱埋深检测技术

公路的护栏是关系交通安全的重要设施。其中,护栏立柱是主要的抗力装置,被称为"最后一道安全屏障"。护栏立柱作为承受车辆驶出路外冲击力的主体,是否按照设计要求有足够的埋入深度,直接影响其对车辆的防护能力,是极其重要的指标。但是,护栏立柱是典型的空心薄壁结构,在端头激发的弹性波、超声波信号不仅逸散快,而且很容易产生共鸣。同时,护栏立柱埋深一般不会太深(大多在0.5~2m范围内),使得柱底的反射信号与共鸣信号很容易产生混淆,进一步增加了检测的难度。随着电子技术的飞速发展和交通安全的迫切需要,国内外对此进行了更加积极的研究和开发,并于2010年前后进入了实用化阶段。

3. 锚杆、锚索长度及灌浆密实度检测技术

在隧道、边坡的施工中,锚杆得到了大量应用,显而易见,其质量保证是非常重要的。但是,由于其属于隐蔽工程,如果施工质量得不到很好的保证,如张力不足、灌浆不密实,甚至埋入深度不够,会严重降低边坡的稳定性,从而造成社会经济的重大损失。与基桩相比,锚杆的截面面积要小得多,长细比更大,因此,其激发的弹性波的波长应短于基桩 PIT 检测所用的弹性波,使得其逸散、衰减要严重得多,为检测带来了相应的困难。另外,锚索的长度更长(最长可超过60m),检测难度更大。

4. 岩土工程及材料检测技术

典型的岩土工程包括基础工程(如路基)、隧道工程等。一般岩土材料中的岩石、土石也是非常重要的工程材料。岩土工程和材料具有如下特点:

(1)岩土材料包括岩石、砂石、黏土质材料等,具有天然性、多样性、复杂性等特性。

(2)材料的力学特性受水分等自然条件、碾压等施工条件的影响大。

(3)工程一般可分为填方和挖方两大类,体积、面积往往很大。

岩土工程和材料常出现的问题如下:

(1)变形问题。路基、地基的不均匀沉降是典型的例子,这类问题在填方工程中出现的概率更大。

(2)强度问题。材料强度不足造成滑坡、隧道塌方等事故,常常出现在挖方工程中。

(3)渗透问题。地质原因、材料原因或者施工缺陷造成的过大渗透等。

岩土工程和材料的检测历史悠久,方法众多,已经形成一套较为完善的方法和标准,发明了配套的室内外试验检测仪器,积累了丰富的工程经验。

5. 预应力结构检测技术

所谓预应力结构，是指在结构构件受外力荷载作用前，先人为地对它施加反向应力，由此产生预应力状态用于减小或抵消外荷载所引起的应力。例如，锯子、木桶等都是传统的预应力结构。在土木工程中，预应力混凝土结构是极为普遍的预应力结构，其以张拉钢绞线的方法来产生预压应力，借助混凝土结构较高的抗压强度来弥补其抗拉强度的不足，达到推迟受拉区结构开裂的目的。预应力结构具有卓越的经济性和维护性，这使得预应力混凝土桥梁占据了目前新建桥梁的 90% 以上。

预应力结构具有如下特点：

(1) 结构体系复杂。与普通的钢筋混凝土相比，预应力结构增加了预应力体系(包括锚具、钢绞线、孔道等)。

(2) 材料受力较大。与普通混凝土结构相比，预应力混凝土桥梁的跨径较大、截面面积较小，使得材料所承受的应力较大。例如，钢绞线的设计强度一般达到了 1600MPa，约为普通钢筋的 3 倍以上；而使用的混凝土强度等级也在 C50 或以上，但普通建筑物一般只用到 C30 的混凝土。

(3) 施加的预应力对结构的承载力有直接的影响，可以认为其是结构承载力的一部分。

预应力结构常出现的问题如下：

(1) 施工预应力控制不严，存在欠张或超张的现象。

(2) 钢绞线存在松弛、锈蚀的问题，从而严重降低有效预应力。

(3) 灌浆不密实，不仅影响结构的受力分布，而且降低了对钢绞线的保护，进而降低了结构的耐久性。

注意：与普通钢筋混凝土相比，预应力结构为脆性破坏，其前兆较少。因此，针对预应力结构的检测非常重要，主要内容有张力检测、灌浆密实度检测等。

任务 12.2 认知新型无破损检测技术在公路工程建设工程中的应用

任务描述

新型无破损检测技术能在不损害公路结构的前提下，检测出结构的潜在缺陷和问题，从而及时地进行维修或加固，降低了事故发生的风险，这对确保公路安全性、延长公路使用寿命、提升施工效率与质量以及促进环境保护和可持续发展具有重大意义。新型无破损检测技术的发展，为公路工程建设提供了一种高效、精确且环保的检测方法，目前该技术已在路基工程、路面工程、交通安全设施工程、隧道工程以及桥梁工程中得到了应用，极大地提升了公路工程的安全性、可靠性和经济性。基于此，本任务将学习新型无破损检测技术在公路工程建设工程中的应用。

相关知识

（一）基本概念

1. 回弹模量

回弹模量是指路基路面及筑路材料在荷载作用下产生的应力与其相应的回弹应变的比值。土基回弹模量是指土基在弹性变形阶段，在垂直荷载作用下抵抗竖向变形的能力，如果垂直荷载为定值，土基回弹模量值越大，则产生的垂直位移就越小；如果竖向位移是定值，回弹模量值越大，则土基承受外荷载作用的能力就越大。因此，路面设计中采用回弹模量作为土基抗压强度的指标。

2. 公路护栏立柱埋深

公路的护栏是关系交通安全的非常重要的设施。其中，护栏立柱是最主要的抗力装置，被称为"最后一道安全屏障"。护栏立柱作为承受车辆驶出路外冲击力的主体，是否按照设计要求有足够的埋入深度，直接影响到其对车辆的防护能力，是极其重要的指标。

3. 公路隧道衬砌质量

隧道衬砌主要由拱圈、边墙、仰拱和底板几部分构成，为排出隧道内的水，隧道内还设排水沟（中心排水沟或侧沟）。隧道衬砌是保障和维护隧道的长期稳定和耐久性的永久结构物，因此，隧道衬砌的质量是非常重要的指标。隧道衬砌的作用主要包括：①支持和维护隧道的稳定；②保证列车运行所需要的空间；③防止围岩的风化；④解除地下水的影响等。因此，隧道衬砌必须有足够的强度、耐久性和一定的抗冻性、抗渗性和抗侵蚀性。

4. 桥梁预应力孔道灌浆密实度

孔道灌浆的质量是影响桥梁整体安全性能重要的影响因素之一。对于后张法预应力混凝土桥梁，孔道压浆不饱满引起的预应力筋的锈蚀，会极大地降低有效预应力。饱满的预应力孔道压浆能够确保预应力筋避免过早遭受腐蚀。

5. 预制或现浇梁锚下有效预应力

锚下有效预应力锚索张拉锁定后，受各种因素影响预应力逐渐降低，降低至相对稳定后所提供的预应力值。在结构构件承受外荷载之前，对受拉混凝土施加预压应力，可提高构件的刚度，推迟裂缝出现的时间，增加构件的耐久性。对于机械结构，其含义为预先使其产生应力，其好处是可以提高构造本身刚性，减少振动和弹性变形。

（二）检测意义

1. 回弹模量

路基路面压实不均匀或压实度不够，是导致其病害产生的主要原因。公路工程质量检验评定中，压实度、弯沉是土石路基施工质量控制必测项目。传统的检测方法，由于随机性较高，数量有限，无法全面地反映路基整体压实状态。近年来，我国强调采用回弹模量作为公路的重要设计参数。

2. 公路护栏立柱土中埋入深度

从已建成的高速公路项目来看，大部分项目质量达到了要求，成为促进经济发展和社会进步的重要基础设施。但因种种原因，部分项目隐蔽工程存在隐患，安全问题令人担忧。由于护栏立柱数量庞大、土质条件复杂等客观原因以及其他主观方面的因素，不少护栏立柱未能达到设计埋深，给交通安全带来了很大隐患。在 2004 年 12 月，中央电视台《焦点访谈》节目对山西祁临高速公路护栏立柱埋入深度严重不足的问题做了专题报道，引起了公路使用者、交通行业乃至全社会的广泛关注。

3. 公路隧道衬砌质量

隧道衬砌在汽车风压、围岩地压、冻融等循环作用下，衬砌老化迅速，衬砌掉块对高速汽车的安全危害极大。国内外已有大量衬砌掉块、脱落事故，因此交通运输部门对隧道衬砌质量非常重视。

4. 桥梁预应力孔道灌浆密实度

水和空气的进入使得处于高度张拉状态的钢绞线材料易发生腐蚀，造成有效预应力降低。严重时，钢绞线会发生断裂，从而极大地影响桥梁的耐久性、安全性。

施工技术和人为因素也会影响压浆质量。压浆质量缺陷会导致混凝土应力集中，进而改变梁体的设计受力状态，从而影响桥梁的承载力和使用寿命。作为桥梁结构的传力构件，其预应力的严重损失会造成灾难性的后果。为避免灌浆质量问题引起预应力的损失，灌浆密实度的检测格外重要。

5. 预制或现浇梁锚下有效预应力

斜拉桥、吊桥和中、下承式拱桥、幕墙、大跨度屋顶等结构以其良好的跨越能力和优美的造型受到设计者青睐。在其施工及成桥后的维护中，拉索与吊杆的张力测试将贯穿整个过程。在预应力结构的制作中，预应力张力的损失时有发生。作为桥梁结构的传力构件，其预应力的严重损失会造成灾难性的后果（垮桥等恶性事故），造成社会经济的损失。因此，预制或现浇梁锚下有效预应力检测非常有必要。

（三）检测指标

1. 路基路面

路基路面检测内容如图 12-3 所示。

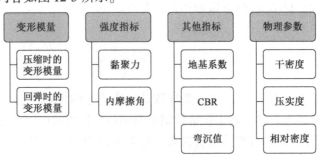

图 12-3　路基路面检测内容

2. 公路交通安全设施

公路交通安全设施既可以满足当前已建工程护栏立柱长度及埋深验收检测的需要,更是对未来4万km高速公路工程及部分城市路面建设质量的重要保障,同时将填补交通工程检测标准的空白,解决目前护栏立柱埋深等部分隐蔽工程无法按标准进行检测的难题。

3. 公路隧道衬砌质量

公路隧道衬砌质量包括衬砌脱空、衬砌质量、衬砌厚度等。

4. 桥梁预应力孔道灌浆密实度

通过定性检测和定位检测,检测桥梁预应力孔道灌浆密实度。

5. 预制或现浇梁锚下有效预应力

单根锚下有效预应力、同束不均匀度、同断面不均匀度。

(四)检测方法

1. 回弹模量

回弹模量的基本原理是基于赫兹(Hertz)接触理论(图12-4),以落球自由下落的方式冲击碰撞被测对象,通过采集和解析冲击接触过程中的力学响应参数,计算获得被测对象的回弹模量。

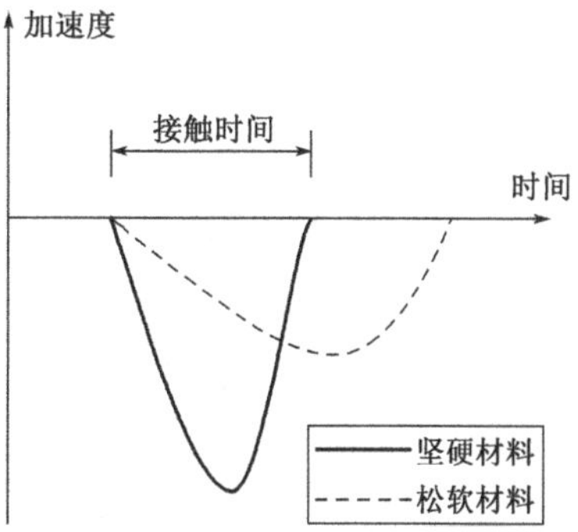

当用球体撞击一个未知刚性的物体时,物体的刚性越大,碰撞时的接触时间越短。但是,赫兹接触理论仅适用于线弹性材料,而岩土材料是典型的弹塑性材料。因此,我们对该理论作了修正。

图12-4 赫兹接触理论示意图

2. 公路护栏立柱土中埋入深度

利用激振装置在桩头截面发出一个脉冲信号,通过对发射信号和反射信号的拾取,来计算护栏立柱长度及埋深。利用弹性波的反射特性,根据标定所得的弹性波波速,由护栏立柱底部的反射时刻推算护栏立柱长度及埋深。

自动激振装置在柱头截面激发出脉冲信号,在立柱另一端发生反射,通过信号分析软件计算出弹性波传播时间,结合外露长度和弹性波波速,得出埋入深度(图12-5)。

3. 公路隧道衬砌质量

采用冲击回波法,利用一个短时的瞬态冲击(用一个小球或者小锤轻敲混凝土表面)产生冲击弹性波,应力波传播到结构内部,被缺陷和构件底面反射回来。通过分析信号的频谱特征即可对衬砌厚度及缺陷位置、类型进行判定。其测试原理示意图如图12-6所示。

4. 桥梁预应力孔道灌浆密实度

(1)定性检测:利用露出的锚索,在一端激发信号,两端分别接收信号。通过分析弹性波信号在传播过程中的波速、能量、频率等参数的变化,判断该孔道灌浆质量的优劣程度。该方法可快速对孔道灌浆密实度进行定性检测。在一次测试过程中,可以同时完成三种方法[全长波速法(FLPV)、全长衰减法(FLEA)、传递函数法(PFTF)]的测试。

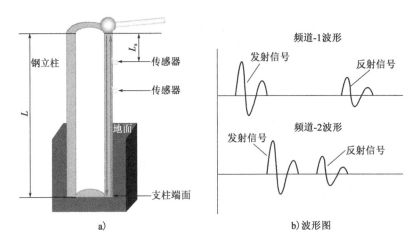

图 12-5 测试原理示意图

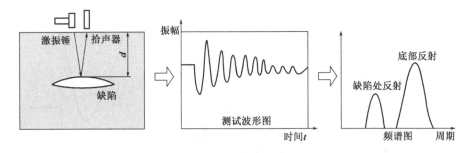

图 12-6 测试原理示意图

(2) 定位检测:沿孔道轴线的位置,以扫描的形式逐点激振和接收信号。通过分析激振信号从波纹管以及对面梁侧反射信号的有无、强弱、传播时间等特性,判断测试点下方波纹管内缺陷的有无及位置。当孔道灌浆存在缺陷时,反射时刻提前或因传播距离增加,时间延长。该方法检测精度高,分辨力强,适用范围较广。

桥梁预应力孔道灌浆密实度测试示意图如图 12-7 所示。

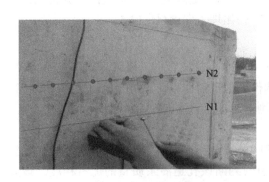
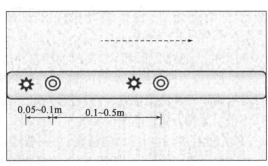

图 12-7 桥梁预应力孔道灌浆密实度测试示意图

5. 预制或现浇梁锚下有效预应力

单根反拉法的基本概念如图12-8所示。在外露钢绞线上安装带有智能限位装置的前卡式千斤顶,采用反拉法进行锚下有效预应力检测。

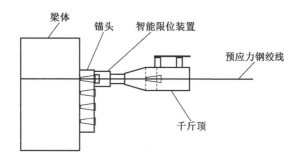

图12-8 单根张拉法的基本概念

单根反拉法检测过程基本可分为以下四个阶段:

第一个阶段,反拉法检测开始时,反拉力慢慢增大,各个结构部件间空隙进一步被排除,此阶段反拉力增加较小,在 F-T 预应力曲线上斜率较小,如图12-9中的 OA 段所示。

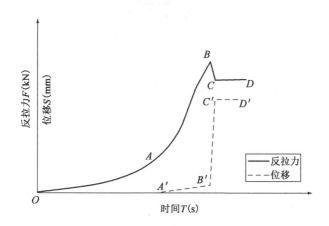

图12-9 检测过程阶段图

第二个阶段,OA 段结束后,各个部件间空隙全部被压紧。此阶段随着反拉力增加,位移增量为工作段钢绞线的弹性变形,曲线的斜率趋于稳定,如图12-9中的 AB 段所示。

第三个阶段,反拉力达到平衡锚下有效预应力与静摩擦力之和后,反拉力持续作用。此时,预应力体系将进行调整,如图12-9中的 BC 段所示。此阶段工作夹片与锚具之间的咬合力消失,夹片将随着钢绞线向外移动,直至被智能限位装置限制住。

第四个阶段,当夹片松动后,此时系统进行保压状态,并使得张拉力持续稳定。此阶段反拉力为锚下有效预应力,如图12-9中的 CD 段所示。因此,C 点以后的张拉可以认为已经克服了夹片摩阻力,一般,将 D 点作为锚下有效预应力的判据。

*任务 12.3　落球法测试回弹模量

任务描述

路基质量的评价可通过落球法进行。本任务将学习如何利用落球法来检测路基的回弹模量。

相关知识

(一)仪具与材料的准备

落球式回弹模量检测仪(图 12-10)由法兰把手、落球球冠、主机、限位架等组成。

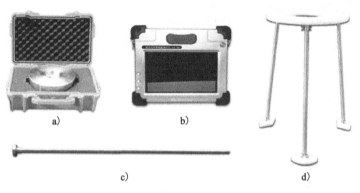

图 12-10　落球式回弹模量检测仪

(二)选点(测点布置)

测点布置图如图 12-11 所示。

选择测试区域,在测试区域做好标记并且编号,每车道可间隔 10 ~ 20m 设一测区,每个测区至少包含 7 个测点,各测点的间距应大于 500mm,并避开明显的大粒径填料。

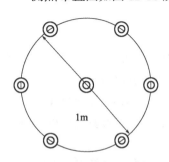

图 12-11　测点布置图

(三)开始检测

(1)将落球式回弹模量检测仪放至测点区域,调节限位支架以保证球冠底部测点表面的距离为 0.5m。若不采用限位支架,则应用直尺量测球冠底部距测点表面的高度,并保证其为 0.5m。

(2)手扶把手垂直提升至限定位置,松开把手,让球冠做自由落体运动,并与测试面碰撞,设备自动采集并输出该测点的压缩或回弹模量 E。

(3)有效测点的测试波形应近似为半个正弦波,如果波形噪声过大(如毛刺过多),可在测点铺一层报纸或塑料薄膜,以减少土体材料与球冠的摩擦静电。

(4)确认测点数据有效后,保存采集数据。每个测点只能测试1次,在同一位置不能重复测试。落球法测试原理示意图如图12-12所示。

(四)数据处理

按式(12-1)计算每个测区的模量E,即

$$E = \frac{N}{\sum_{i=1}^{N} \left(\frac{1}{E_i}\right)} \quad (12\text{-}1)$$

式中:E——测区的模量,MPa;

N——测点数;

E_i——各测点的模量,MPa。

利用落球式回弹模量检测仪测试的数据,可以进行被测材料的变形指标(回弹模量、压缩模量)、强度指标(黏聚力、内摩擦角)、物理指标(干密度、压实度)等分析。

(五)现场记录表

落球法检测回弹模量记录表见表12-1。

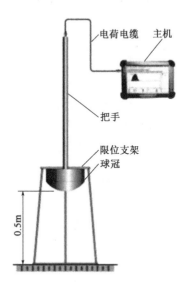

图12-12 落球法测试原理示意图

落球法检测回弹模量记录表　　　　　　　　　表12-1

工程名称								
工程部位/部位								
样品信息								
检测日期				检测条件				
检测依据				判定依据				
主要仪器名称及编号								
路基路面(回弹模量)检测								
序号	测区桩号 (单元编号)	基础特征	测试车道	材料粒径 范围(mm)	材料种类	碾压方式	含水率状态	回弹模量
附加说明:回弹模量仅体现了等价值,压缩模量和测试平均值请参照检测报告								

(六)注意事项

(1)现场检测时,仪器操作人员点击开始采集数据后,激振人员才开始提高落球,达到对应高度后,直接松开把手,尽量减少落球在空中悬停的时间。

(2)测试过程使用限位支架时,提起法兰把手的速度不宜过快,否则球冠与支架会产生很强的碰撞,产生噪声信号,容易导致误触发;同时在与地面接触点的限位支架支点处固定软质材料,避免支架被抬高,下落时与地面先接触,导致误触发(特别是连接放大倍数较大的 CH_1 时)。

(3)测试时,严禁将脚放在测点位置。

(4)更换测点时,一般将支架与落球体分开移动。

(5)检测完成后,一般取下与主机连接的连接线缆即可,落球体无须拆卸。

(6)若需要对铺装进行物理指标的检测,需要事先建立干密度与变形模量之间的关系,即在落球检测位置附近进行干密度的检测(检测方法一般为挖坑灌砂法等),落球检测周围,中间进行干密度检测;或在落球检测位置的旁边50cm以外的区域进行干密度检测。

任务评价

(一)自我评价

任务	级别		
	掌握的操作	仍需加强	完全不理解
仪具与材料的准备			
选点			
进行试验			
计算模量			
完成报告			
在本次任务实施过程中的自评结果	A.优秀　B.良好　C.仍需努力　D.搞不清楚		

(二)答题闯关

1.选择题

(1)路基应以路床顶面(　　)为设计指标,以路床顶面竖向压应变为验算指标。
　　A.回弹模量　　　B.抗剪强度　　　C.抗压强度　　　D.承载力

(2)本方法不适用于大粒径超过(　　)的土质路基模量测试。
　　A.150mm　　　B.100mm　　　C.200mm　　　D.250mm

(3)检测现场工作环境温度在(　　)时满足要求。
　　A.−15℃　　　B.−20℃　　　C.25℃　　　D.50℃

(4)关于被测表面坡度要求,以下数据表示正确的是(　　)。
　　A.12°　　　B.8°　　　C.15°　　　D.20°

(5)每个测区至少包含(　　)个测点,各测点间间距应大于(　　)mm。
　　A.7、500　　　B.6、300　　　C.5、500　　　D.7、400

2. 判断题

(1) 路基边坡坡度用边坡高度 H 与边坡宽度 b 之比表示。　　　　　　　(　　)
(2) 土方开挖应自上而下进行,不得乱挖超挖,严禁掏底开挖。　　　　　(　　)
(3) 检测完成后,取下与主机连接的连接线缆,落球体需要拆卸。　　　　(　　)
(4) 将落球仪放至测点区域,调节限位支架以保证球冠底部距测点表面的距离为1m。(　　)
(5) 更换测点时,一般将支架与落球体分开移动。　　　　　　　　　　　(　　)

*任务 12.4　钢质护栏立柱埋深检测

任务描述

立柱埋深对设施结构强度和可靠性有着重要影响,因此很有必要对立柱的埋深进行检测。传统的方式是采取现场拔柱,即将立柱拔出后检测。该方法尽管精度最高,但费工费力,特别是容易破坏边坡和路基的完整性。钢质护栏立柱冲击弹性波检测仪的研发成功和推广使用解决了目前护栏立柱埋深等部分隐蔽工程无法按标准进行检测的难题。它可以显著地改善高速公路安全设施施工质量,推动公路行业技术进步。

利用钢质护栏立柱埋深检测仪可以测定立柱土中埋入深度,以评定护栏立柱施工质量。本任务将学习如何利用钢质护栏立柱埋深检测仪测定护栏立柱土中埋入深度。

相关知识

(一) 仪具与材料的准备

护栏立柱埋深检测仪如图 12-13 所示,其他设备准备见表 12-2。

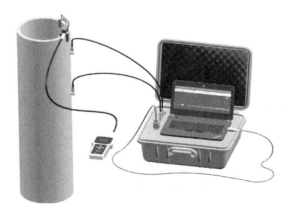

图 12-13　护栏立柱埋深检测仪

不同型号仪器设备准备 表12-2

立柱 P 型		立柱标准型	
零部件	数量	零部件	数量
主机	1	嵌入式内置放大器主机	1
主机充电器		主机充电器	
遥控笔		遥控笔	
加速度传感器(SA12SC)	1	加速度传感器(S305M-16)	2
DH 电荷线(2m)	2	DHK 电荷线(2m)	3
激振锤(D10 + D17 + D30)	1	自动激振装置(激振头、2m 电压线、激振控制器)	1 套
M6 螺栓	2	激振锤(D10 + D17 + D30)	1 套
专用磁性卡座	2	M3 小螺栓	3
耦合剂		专用磁性卡座	2
锉刀		耦合剂	
卷尺		锉刀	
粉笔或石笔		卷尺	
黑色手提箱 + 黑色行李箱		粉笔或石笔	
扎丝若干		黑色手提箱 + 黑色行李箱	
打印记录纸、记录笔、油性笔(用于标记已测试立柱)		扎丝若干	
		打印记录纸、记录笔、油性笔(用于标记已测试立柱)	

注:1. 所有零部件准备完成后,应先将立柱设备连接起来,测试有无信号。
　　2. 检查主机与自动激振装置控制器的电量,保证电量充足。
　　3. 检查自动激振装置的撞针是否调正。

(二)选点

测点布置原则:
(1)激振点及传感器安放点应避开立柱的焊缝及安装孔。
(2)使用激振锤激振时,激振点距离传感器 3~5cm,且激振点应位于立柱壁的中间。
(3)每根立柱测试有效波形不少于 5 个。
(4)立柱 P 型的传感器安放于立柱顶端,立柱标准型的传感器安放位置视立柱类型而定:镀锌立柱优先采用顶端激振 + 侧壁接收(顶发侧收),喷塑立柱优先采用顶端激振 + 顶端接收(顶发顶收)。传感器的三种安装方式如图 12-14 所示。

(三)开始测试

(1)波速标定:安装传感器—安装自动激振装置—数据采集与解析—标定波速。

图 12-14 传感器的三种安装方式

（2）埋深检测：安装传感器—安装自动激振装置—数据采集与解析—土中埋入深度检测。

（四）数据处理

（1）波速标定数据解析：

在数据采集完成后，点击"解析"按钮即可跳转到解析界面，按照要求设置好相关参数；点击"批量解析"，并点击"结果一览"即可计算出用于标定的立柱的弹性波速；或者鼠标手动选择反射位置，然后点击"单次解析"。计算用波速是测试立柱埋深时非常重要的参数。我们对多种立柱材料的波速进行了测试，不同材料立柱之间的 P 波波速变化较小。同时立柱埋入土中时，各种原因导致立柱产生锈蚀，锈蚀的比例与波速有一定关系，即锈蚀越严重，波速越低，降低范围为 3%~7%。在没有标定条件的情况下，当不能获取标定立柱的实际长度时，宜采用推荐波速 5180m/s 的速度作为该批次立柱的特征波速。

（2）当现场数据采集完成后，应当尽快对测试的数据进行分析，在按照要求设置好相关参数后，点击"批量解析"，得到立柱埋深的解析结果。另外，在数据分析时，可以结合前面的波形特征特点来手动选择反射波。

（五）现场记录表

立柱埋入深度现场检测记录表见表 12-3。

立柱埋入深度现场检测记录表　　　　表 12-3

工程名称			
工程部位/用途			
样品信息			
检测日期		检测条件	

续上表

检测依据		判定依据	
主要仪器设备名称及编号			

<table>
<tr><td colspan="11" align="center">立柱埋入深度检测</td></tr>
<tr><td>序号</td><td>测试桩号</td><td>立柱类型</td><td>立柱直径(mm)</td><td>外露长度(m)</td><td>内露长度(m)</td><td>设计长度(m)</td><td>立柱端面特征</td><td>标定波速(km/s)</td><td>测试长度(m)</td></tr>
<tr><td></td><td></td><td></td><td></td><td></td><td></td><td></td><td></td><td></td><td></td></tr>
<tr><td></td><td></td><td></td><td></td><td></td><td></td><td></td><td></td><td></td><td></td></tr>
<tr><td></td><td></td><td></td><td></td><td></td><td></td><td></td><td></td><td></td><td></td></tr>
<tr><td></td><td></td><td></td><td></td><td></td><td></td><td></td><td></td><td></td><td></td></tr>
</table>

附加说明：

检测：　　　　　记录：　　　　　复核：　　　　　日期：　　年　月　日

（六）完成报告

钢质护栏立柱埋深检测仪应报告以下技术内容：

(1)工程名称及概况、委托及测试单位、测试日期。

(2)立柱设计与施工概况。

(3)检测依据、检测方法简介及所用仪器设备。

(4)检测结果。

(5)检测结论和建议。

(6)检测人员、审核和批准人签名。

（七）注意事项

(1)恶劣天气下的测试：当天气较恶劣时，对测试结果会有一定影响，尤其是大风天气会导致导线、激振装置的晃动。

(2)立柱先端被打卷情况：当立柱先端被打卷时，立柱实际长度测量也会产生误差，目前的技术水平尚无法测出被打卷部分的长度。

(3)长期使用的公路立柱：立柱长期埋置后，周围土体与立柱间形成紧密的黏结，从而加快了激发的冲击弹性波的逸散速度，立柱先端反射的信号能量降低，识别能力和测试精度会相应降低。

(4)环境影响：周围交通影响可以忽略不计，附近有高压线等强电设施时，会对仪器产生较大的影响。

(5)立柱涂层的影响：镀锌涂层对测试无影响，而油漆涂层(涂层油漆较厚时)对计算波速有一定的降低。

任务评价

（一）自我评价

任务	级别		
	掌握的操作	仍需加强	完全不理解
仪器操作			
选点			
检测步骤			
数据处理			
完成报告			
在本次任务实施过程中的自评结果	A.优秀　B.良好　C.仍需努力　D.搞不清楚		

（二）答题闯关

1. 选择题

(1) 护栏立柱的结构形式是典型的(　　)杆件。
　　A.一维　　　　　B.二维　　　　　C.三维　　　　　D.多维

(2) 钢质护栏立柱的埋深检测运用下列哪种理论？(　　)。
　　A.一维波动理论　B.二维波动理论　C.三维波动理论　D.多维波动理论

(3) 护栏立柱埋深检测中，特制的激振装置的主要作用不包括(　　)。
　　A.抑制柱内共鸣　　　　　　　B.防止损坏立柱
　　C.减少激振信号的持续时间　　D.提高波形质量以提高检测精度

(4) 参照《公路护栏钢质立柱埋深无损检测规程》(DB13 T2728—2018)规定，以下说法不正确的是(　　)。
　　A.应每年检定或校准一次
　　B.未埋置地下立柱检测精度为 ±1% 或 ±2 cm
　　C.已埋置地下立柱检测精度应达到 ±4% 或 ±8cm
　　D.以上说法均不正确

(5) 下列关于钢质护栏立柱埋深检测的说法正确的有(　　)。
　　A.使用单一反射法检测时，利用的是弹性波的P波成分
　　B.使用单一反射法检测时，利用的是弹性波的S波成分
　　C.使用单一反射法检测时，利用了冲击弹性波的能量衰减特性
　　D.使用单一反射法检测时，利用了冲击弹性波的绕射特性

2. 判断题

(1) 使用激振锤激振时，激振点距离传感器 3～5cm，且应位于立柱壁的中间。　　(　　)
(2) 每根立柱测试有效波形不少于2个。　　(　　)

(3)激振装置安装时,需要确保激振装置的撞针打击位置与立柱壁厚中心线一致。
(　　)
(4)立柱产生锈蚀,锈蚀的比例与波速有一定关系,即锈蚀越严重,波速越高。(　　)
(5)在没有标定条件情况下,当不能获取标定立柱的实际长度时,宜采用推荐波速5180m/s 的速度作为该批次立柱的特征波速。(　　)

*任务 12.5　冲击回波声频检测仪检测隧道衬砌质量

任务描述

隧道衬砌是为了防止围岩变形或坍塌,沿隧道洞身周边用钢筋混凝土等材料修建的永久性支护结构。常用的隧道衬砌材料有混凝土及钢筋混凝土、片石混凝土、料石或混凝土预制块以及喷射混凝土等。隧道的衬砌结构形式,主要是根据隧道所处的地质地形条件,考虑其结构受力的合理性、施工方法和施工技术水平等因素来确定的。隧道衬砌的构造、形状和尺寸因其用途、地形、地质、施工和结构性能等条件的差异而不同。隧道衬砌的质量问题直接关系隧道使用寿命和安全性,对隧道衬砌的检测是必要的。利用冲击回波声频检测仪可以测定隧道衬砌质量。本任务将学习如何利用冲击回波声频检测仪对隧道衬砌质量进行检测。

相关知识

(一)仪具与材料的准备

(1)声频主机、隔音筒(传感器)、线缆、激振锤等。声频隔音筒连接 CH_0 通道,TTL 锤连接 CH_1 通道。

(2)检测过程中,需要配合提供如下设施及人员:
①检测台车(同雷达检测)。
②操作人员 2 名(1 名负责采集,1 名辅助拿计算机主机)。
③安全帽、安全绳 2 根、喷漆 1 个。
④检测路段里程桩号,可每 12m 施工缝位置提供一次桩号。

(二)测线测点布置

测线测点布置图如图 12-15 所示。
隧道衬砌质量检测测点间距布置宜为 0.5m;在探地雷达检测缺陷存疑位置可适当缩短测点间距,一般为 0.2m。激振点与拾声器轴心之间的距离为 0.1m 左右。

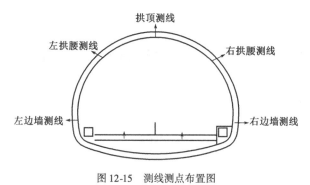

图 12-15 测线测点布置图

(三)开始检测

1. 波速标定

针对现场测试用波速,应对结构进行标定:

(1)对于素混凝土结构,可根据需要采用钻孔取芯(二衬)或其他可靠结果来验证冲击回波声频检测波速。

(2)对于钢-混凝土结构,应根据需要采用钻孔取芯(二衬)来验证冲击回波声频检测波速。

若无现场标定条件,可根据《铁路隧道衬砌质量无损检测规程》(TB 10223—2004)中混凝土纵波波速与强度等级对照表(表 12-4),结合设计混凝土强度选择参考波速。

普通混凝土纵波波速与强度等级参照表　　表 12-4

强度等级	C15	C20	C25	C30	C35
纵波波速(m/s)	2600~3000	3000~3400	3400~3800	3800~4200	4200~4500

2. 现场检测

现场首先进行测线测点的布置,沿测试轴线的方向,以扫描的形式逐点进行激振和接收信号。现场检测敲击图如图 12-16 所示。

a)

b)

图 12-16 现场检测敲击图

(四) 数据处理

数据解析步骤示意图如图12-17所示。根据等值线结果图判定衬砌缺陷类型。

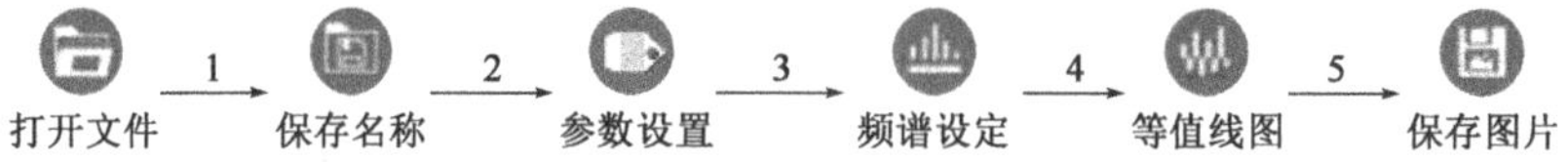

打开文件 → 1 保存名称 → 2 参数设置 → 3 频谱设定 → 4 等值线图 → 5 保存图片

图12-17 数据解析步骤示意图

(五) 现场记录表

声频法检测衬砌质量现场检测记录表见表12-5。

声频法检测衬砌质量现场检测记录表　　　　表12-5

工程名称											
工程部位/用途											
样品信息											
检测日期						检测条件					
检测依据						判定依据					
主要仪器设备名称及编号											
混凝土缺陷检测											
序号	构件编号	结构尺寸(m)	浇筑日期	设计强度	测线编号	测试部位	起点位置(m)	检测范围(m)	测点间距	结构厚度(m)	备注

附加说明：

(六) 完成报告

报告包含以下技术内容：
(1) 委托、建设、勘察、设计、监理、施工等单位的全称。
(2) 工程概况，包括工程名称、地点、地质情况、结构形式、设计参数、施工情况。
(3) 检测目的、检测依据标准、检测内容和项目、检测频率和数量、检测方案、检测日期等概述。
(4) 检测采用的方法与技术、仪器设备、检测过程叙述。
(5) 相关检测数据分析与判定，实测与计算数据绘制曲线、表格等。
(6) 与检测项目、内容相对应的结果、结论与建议。
(7) 检测、签发、审核和编制人员的签名。
(8) 盖章应完整。

(七)注意事项

(1)在检测工作开展前,施工单位的测绘人员先期在隧道的边墙上各施工缝位置标定清楚里程桩号,要求标记准确、清晰。

(2)隧道衬砌缺陷检测属于危险的高空作业,必须注意以下事项:

①在测试前,请施工单位将测试段落上的车辆、杂物等清理干净,方便测试装载机或测试人员通过。

②操作设备人员必须佩戴安全帽,腰系安全带,手戴手套,操作平台的防护围栏必须高过工人的腰部。

③在测试隧道拱腰时,操作设备人员的手必须高过平台防护围栏,手扶围栏时绝对禁止手扶靠近衬砌且与衬砌平行的围栏,以免夹住操作设备人员的手臂或手掌。

④在测试拱顶和拱腰时,操作设备人员旁的观测人员应该随时注意围栏与拱顶、拱腰的距离,以及指挥装载机司机操作平台的空间位置,防止撞上衬砌导致平台垮塌,酿成大事故。

⑤在装载机驾驶室旁安排一名传令人员接收平台上的观测人员的距离指挥指令来指挥装载机司机操作平台和开进装载机;在装载机前方也应安排一名指挥人员指引装载机前进,避免司机因看不清前方路面而发生事故。

任务评价

(一)自我评价

任务	级别		
	掌握的操作	仍需加强	完全不理解
准备工作			
测线测点布置			
检测步骤			
数据处理			
完成报告			
在本次任务实施过程中的自评结果	A.优秀　B.良好　C.仍需努力　D.搞不清楚		

(二)答题闯关

1.选择题

(1)当隧道衬砌发生表层脱空时,采用诱导振动法进行测试,激振后的弹性波信号的卓越周期会发生什么变化?(　　)

　　A.增加　　　　B.减小　　　　C.先增加后减小　　D.先减小后增加

(2)某衬砌部分混凝土存在空洞、不密实或裂缝等缺陷,破坏了整体性,通过该处的超声波信号与无缺陷混凝土相比较,传播时间怎样变化?(　　)

A. 变大   B. 变小   C. 不变   D. 先变大后变小

(3) 对隧道衬砌出现的裂缝进行裂缝深度检测,采用的检测方法不包括(　　)。

A. 超声波法   B. 面波法   C. 雷达法   D. 传播时间差法

(4) 下列不属于隧道监测内容的是(　　)。

A. 湿度监测   B. 温度监测   C. 气体监测   D. 位移监测

(5) 隧道衬砌缺陷检测测点间距布置宜为(　　)m。

A. 0.2   B. 0.5   C. 0.8   D. 1

2. 判断题

(1) 激振点与拾声器轴心之间的距离为 0.5m 左右。（　　）

(2) 声频隔音筒连接 CH_0 通道,TTL 锤连接 CH_1 通道。（　　）

(3) 针对现场测试用波速,不用进行标定。（　　）

(4) 冲击回波声频法对浅层缺陷、数十厘米深的缺陷均能较好识别,其弥补了雷达受钢筋影响大,对浅层缺陷不敏感等不足。该方法与地质雷达在工效与精度、整体初探与局部细查方面形成互补。（　　）

*任务 12.6　预应力孔道灌浆密实度检测

任务描述

预应力孔道灌浆密实度的检测是十分必要的。在结构设计中,预应力钢筋发挥拉力所处的位置对于整个结构来说具有至关重要的作用。如果预应力孔道未能达到良好的灌浆密实度,将会导致预应力钢筋在使用过程中出现松动、屈曲或断裂等问题。此外,未经合格灌浆而使用的预应力钢筋,还有可能引起钢筋腐蚀和土壤中恶劣物质的渗入,甚至影响结构的整体耐久性和抗震性能。

综上所述,预应力孔道灌浆密实度检测被视为工程建设的关键环节之一。常见的检测方法有冲击弹性波法、X 射线法和钻孔取芯法等。通过对孔道灌浆密实度的检测,可以了解灌浆质量,进一步保证桥梁整体安全性能。本任务将学习使用孔道灌浆密实度检测仪对预应力孔道灌浆密实度进行检测。

相关知识

(一)仪具与材料的准备

1. 定性检测

钢绞线端头清理及传感器安装—混凝土波速的测定(双端)—孔道卓越周期及持续时间的标定(单端)。

2. 定位检测

确定被检孔道位置——混凝土波速的标定。

测区表面应清洁、平整、干燥，不应有接缝、饰面层、粉刷层、浮浆、油垢等以及蜂窝、麻面；必要时，可用砂轮清除表面的杂物和不平整处，磨光的表面不应有残留的粉末或碎屑；测区位置表层有脱空现象时，需要将脱空区域铲除。

(二) 开始检测

对于定性检测，当梁体长度超过 50m 后，检测精度有一定的影响。一般来说，当梁长在 50m 之内时，定性检测的各个方法均适用；而梁体超过此长度后，定性检测的精度有一定影响。

激振时激振导向锥应当与测试面紧贴且垂直，激振力度应该适中，以不引起较高频振动信号为宜。一般情况下，可将传感器固定于顶部钢绞线位置，激振锥可敲击旁边 1 根钢绞线（当接收端信号频率较高时，可将传感器安装位置与敲击位置分别位于锚具部位距离最远的 2 根钢绞线），钢绞线断面应垂直于钢绞线轴向（否有应敲击附近平整钢绞线或处理），激振锥的轴线与钢绞线应成一条直线。图 12-18 所示为某一激振场景。

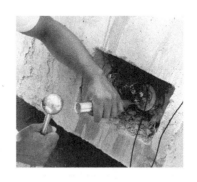

图 12-18 某一激振场景

对于定位检测，一般观点间距以 20cm 为宜，也可根据具体情况进行调整。测试前，需要对被测结构进行激振锤的选择，即按照与测试相同的配置，在测线上方混凝土位置进行标定测试，结合生成的频谱等值线图选择合理的激振锤（底部反射信号明显且反射位置趋势线与实际吻合）。

激振时，传感器应该按压稳定不能晃动，按压力度不宜过大，激振点距离传感器的距离约为被检对象厚度的 0.25 倍。在检测过程中，当测试对象为厚度渐变结构时，应敲击结构厚度相对较大的一侧，传感器放置在结构厚度较薄的一侧。被检对象的测试区间腹板厚度变化过大（如厚度由 50cm 渐变为 20cm），可在测试过程中，同一次检测中采用两种激振锤结合激振测试。

(三) 数据处理

孔道灌浆的缺陷评定以检测规范为依据。一般情况下，在进行灌浆定性检测的同时，也对被检测孔道的重点部位进行灌浆的定位检测，而最终的缺陷位置的判定也以定位为主。

对灌浆定位[这里主要是冲击回波等效波速法(IEEV)]结果的判定还需要注意以下方面：

(1) 若检测对象为预制箱梁，灌浆出现缺陷的位置主要位于孔道相对较高位置（一般为两端），因此应重点判定。

(2) 判定时，应结合端头位置反射面与标定位置的厚度差异（有时最高孔道最端头位置底部为箱梁内壁的倒角，因此厚度可能会变厚，图像显示与孔道缺陷有一定相似性）。

(3) 在生成的结果图中，缺陷的可能性很大时，可对信号进行"标准模式"与"对数增强"的图像对比，确认缺陷的范围及位置；孔道测试的结果图底部反射面不清晰，应查明原因后，进行复测，否则不对孔道缺陷位置进行判定。

(四) 现场记录表

孔道灌浆密实度现场检测记录表见表 12-6。

孔道灌浆密实度现场检测记录表　　　　　　　　　表12-6

工程名称	
施工单位	
委托单位	
结构形式	
浆体强度	
梁体编号	

检测日期		检测条件	
检测依据		判定依据	
主要仪器设备名称及编号			

定性检测

孔道编号	孔道长度(m)	孔道直径(cm)	钢束数量	激振端	文件名称

定位检测

孔道编号	孔道直径(cm)	孔道埋深(cm)	节点厚度1(cm)	节点厚度2(cm)	节点厚度3(cm)	节点厚度4(cm)	测试长度(m)	测点间隔(m)	文件名称

附加说明:

检测:　　　　　记录:　　　　　复核:　　　　　日期:　　年　　月　　日

(五)完成报告

报告包含以下技术内容:
(1)工程概况,包括工程名称、结构形式、规模及现状等。
(2)委托单位、设计单位、施工单位及监理单位名称。
(3)检测单位名称、检测依据、设备型号等。
(4)检测原因、检测目的、检测项目、检测方法、检测位置、检测数量等。

(5)检测结果、评判结论,检测存在异常时,应给出相关检测或处理建议。
(6)检测日期、报告完成日期。
(7)主检、审核和批准人员的签名。
(8)异常情况说明等附件。

(六)注意事项

1. 定性检测

定性检测时,注意事项如下:

(1)连接顺序:与传感器连接的电荷电缆接入放大器的信号输入端,放大器的输出端通过电压电缆接入主机,且要使放大器的倍率设置、激振点频道、连接主机的输入输出端与主机中的设置对应。

(2)传感器安装:

①通常测试孔道最上方的钢绞线,因为在每个孔道中,上方通常是最容易出现缺陷的地方。

②两端钢绞线要清理干净,使传感器可以稳固地吸附在上边(采集的数据较干净)。

③尽量使传感器吸附在同一根钢绞线上(对结果影响不大)。

④传感器轴线平行于钢绞线轴线方向,且对称安装。

(3)激振锤敲击:

①选择适当尺寸的激振锤,使用适当的力度进行敲击。

②激振锤的敲击方向尽可能垂直于锚头。

③敲击时,要干脆,保证锤头与敲击点只短暂地接触一次。

④敲击时,用食指靠近激振锥尖端,放置滑动。

(4)确保采集的数据以正确的命名保存在正确的文件夹内。

(5)至少保留5~8个有效数据(曲线干净,起点清晰,毛刺少)。最小电压应高于标定电压的10倍(信噪比会比较高),低于4V(不降低分辨率)。

(6)现场应避免强振动(如运行的搅拌站及门式起重机附近等),且须避免强电磁场(如现场不宜在高压环境下等)。

2. 定位检测

定位检测时,注意事项如下:

(1)确保保存的信号为正常敲击的信号,排除碰撞等错误信号。

(2)检测时,敲击点到传感器距离一般为该测点厚度的0.25倍。

(3)被检对象厚度渐变很大时,需两种激振锤匹配使用,即用相对较大的激振锤敲击渐变区域较厚的一侧,用较小激振锤敲击渐变区域较薄的一侧。

(4)对于较小直径的激振锤的信号,其在缺陷处的反射相对更为明显;对于较大直径的激振锤的信号,通常对梁底的反射更为明显。

任务评价

（一）自我评价

任务	级别		
	掌握的操作	仍需加强	完全不理解
准备工作			
测线测点布置			
检测步骤			
数据处理			
完成报告			
在本次任务实施过程中的自评结果	A.优秀　B.良好　C.仍需努力　D.搞不清楚		

（二）答题闯关

1.选择题

（1）采用全长衰减法（FLEA）对预应力结构进行灌浆定性检测，描述错误的是（　　）。
　　A.孔道灌浆密实度较高，能量在传播过程逸散越多，衰减越大
　　B.孔道灌浆密实度较低，能量在传播过程逸散较少，衰减较小
　　C.孔道灌浆密实度较高，能量在传播过程逸散越少，衰减越小
　　D.孔道灌浆密实度较低，能量在传播过程逸散较少，振幅比较大

（2）定位结果解析，水平方向等效波速延迟超过（　　），判定为重度缺陷。
　　A.5%　　　　B.10%　　　　C.15%　　　　D.5%~10%

（3）灌浆密实度的分级是以对钢绞线的危害程度不同来定义的，主要分为（　　）级。
　　A.1　　　　B.2　　　　C.3　　　　D.4

（4）下列对灌浆定性检测描述正确的是（　　）。
　　A.沿孔道轴线的位置，以扫描的形式逐点进行激振和接收信号
　　B.激振信号包括波纹管以及对面梁侧反射信号的有无、强弱、传播时间等特性
　　C.分析在传播过程中信号的能量、频率、波速等参数，判断孔道灌浆质量的优劣
　　D.检测精度高，分辨力强，适用范围较广

（5）下面关于预应力孔道压浆密实度检测，说法正确的有（　　）。
　　A.雷达法不能用于塑料波纹管，但可以用于铁皮波纹管
　　B.超声波法通常需要对测
　　C.X光法通常需要斜测
　　D.上述说法均不对

2.判断题

（1）对于定性检测，当梁体长度超过50m后，检测精度有一定的影响。一般来说，梁长在50m之内。　　　　　　　　　　　　　　　　　　　　　　　　　　　　　　（　　）

(2)定性检测时传感器轴线平行于钢绞线轴线方向,且对称安装。（　　）
(3)一般测点间距以 20cm 为宜,也可根据具体情况进行调整。（　　）
(4)激振时传感器应该按压稳定不能晃动,按压力度不宜过大,激振点距离传感器的距离约为被检对象厚度的 0.25 倍。（　　）
(5)冲击回波等效波速法一般要求梁、板的厚度不超过 1m。（　　）

*任务 12.7　预制或现浇梁锚下有效预应力检测（反拉法）

任务描述

预应力混凝土技术是一种优秀的工程结构技术,它有诸多优点,但这种技术也存在不足之处,其中预应力损失便是很大的一个问题。一般情况下,人们通过张拉锚固于构件上的钢筋来建立预应力;钢筋受拉后会产生弹性回缩,进而使混凝土受到压力而产生预应力。本任务将学习如何利用反拉式有效预应力检测仪测定预制或现浇梁锚下有效预应力。

相关知识

(一)仪具与材料的准备

1. 现场检测条件准备

(1)施工方张拉完成时间距离检测时间间隔以半天为宜。
(2)要求施工方待检梁体钢绞线预留的外露自由端长度不得少于 70cm。
(3)在有条件的情况下,在待测梁体两端装上防护板或明显的安全注意标志。

2. 钢绞线清理

(1)检查钢绞线工作夹片与锚具之间有无外漏的细铁丝(工作夹片自带的铁丝圈在施工方张拉结束后可能有一部分外漏)。若有,可以用钳子将其清理掉,以免影响限位装置的安装。
(2)如果施工方在张拉的时候钢绞线有编束,张拉完成后钢绞线上会有很多残留胶带等需要将其清理干净。
(3)钢绞线外露部位铁锈较多,用百洁布清洁表面。

(二)开始检测

(1)进行相关硬件连接。
(2)设备全部连接完成后对千斤顶进行排气操作(3 次左右),确保整套液压装置运行正常。

(3)将千斤顶穿入要检测的钢绞线,进入反拉软件,依次点击"连接设备""开始"按钮,当窗口弹出"准备就绪"对话框时,点击"确定"按钮,然后按下主机上的"开始"按钮,将油泵手动阀扳到进油位置,设备开始张拉检测。

(4)张拉检测自动停止后,点击"取值保存"后,先将手动阀扳到回油口泄压,然后按下主机"开始"按钮,当顶回油到位后将阀门扳至中间空当位置时,取下千斤顶,然后重复步骤(3)和(4)。

设备操作流程图如图12-19所示。

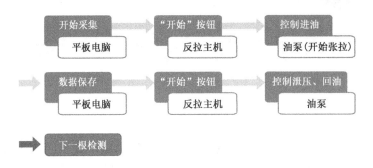

图12-19 设备操作流程图

(三)数据处理

油泵在智能限位装置的作用下自动停止后,梁体工作锚具和夹片之间的锚口摩阻力的大小差异会造成平板电脑实时绘制的力值曲线有很大的不同。

当锚口摩阻力很大时(超过20kN)力值曲线会有一个断崖式下跌的过程,如图12-20所示。

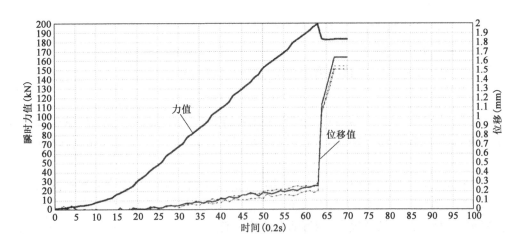

图12-20 反拉式有效预应力曲线图(锚口摩阻力较大时)

当梁体工作锚具与夹片之间的锚口摩阻力很小或者其相对于反拉力和锚下有效预应力很小时,工作夹片会在千斤顶的反拉力作用下很平缓地出来,其力值曲线也很平缓,如图12-21所示。

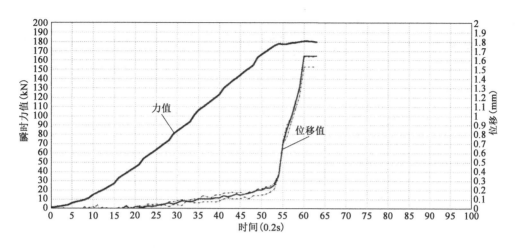

图 12-21 反拉式有效预应力曲线图(锚口摩阻较小时)

点击软件上方的"计算保存"按钮,计算机系统自动取值,保存当所测钢绞线的锚下有效预应力值。计算机保存的锚下有效预应力值保存在一个 Excel 文档里,当我们用反拉软件打开时可以直接点击软件上方的检测详表,即可看到所有检测保存的锚下有效预应力数据。

(四)现场记录表

反拉法检测锚下有效预应力现场记录表见表 12-7。

反拉法检测锚下有效预应力现场记录表 表 12-7

工程名称									
标准值									
梁体编号									
检测日期				检测条件					
检测依据				判定依据					
主要仪器设备名称及编号									
孔道编号	钢绞线编号	实测值	偏差	同束不均匀度(%)	孔道编号	钢绞线编号	实测值	偏差	同束不均匀度

续上表

孔道编号	钢绞线编号	实测值	偏差	同束不均匀度(%)	孔道编号	钢绞线编号	实测值	偏差	同束不均匀度
检测根数		合格根数				合格率			
检测结论									

检测：　　　　　　记录：　　　　　　复核：　　　　　　日期：　　年　　月　　日

(五) 完成报告

报告包含以下技术内容：

(1) 项目概况及受检对象的基本信息。

(2) 检测依据、人员及仪器设备、检测内容和方法。

(3) 基本要求的检查结果。

(4) 锚下有效预应力检测数据、计算、分析及结果。

(5) 检测结论及建议。

(六) 注意事项

现场检测条件注意事项如下：

(1) 在检测开始前要知晓施工方张拉的具体时间，距离检测一般间隔 0.5 天为宜。

(2) 钢绞线预留外漏长度一般不得小于 70cm。

(3) 清理钢绞线上的胶带或其他杂物。

(4) 如果回油时千斤顶出现卡顿现象，应注意及时清理及保养千斤顶。

(5) 检测过程中梁体两端不要站人，确保现场人员安全。

(6) 当天检测的量比较大时，注意清理限位装置里的碎铁屑，避免卡住限位装置中位移传感器。

(7) 采用反拉法进行有效预应力检测时，有可能会出现超张拉的问题，不仅影响检测后孔道(桥梁)承载力，而且有可能造成钢绞线断裂(拉崩)、飞出等事故。因此，必须在检测端设立张拉挡板，张拉端背后严禁站人，人员距离梁端侧面不小于 2m；若张拉检测对象为边梁，应防止梁体倾倒，远离梁体倾覆半径 1m 以上，且要求施工方增加边角支撑，检测工作应尽量避免在雨天进行,注意设备和电源防水工作。

(8)油管在使用前,应检查有无裂纹、外伤等,接头是否紧固,工作时注意接头螺纹应旋合到底。油管与接头完好程度应随时检查,以免发生爆裂事故。油泵带压作业时,不得拆卸接头、管路及压力表。开启前,油泵控制阀应居中(空载启动3次),油泵内油量不应低于进油口2.5cm,其高度可从外部油量表进行观察。千斤顶不允许在超过规定负荷和行程的情况下使用。千斤顶回程压力不能超过规定值。接通油路时,首先将接头体和接头套擦干净,然后将头体插入接头套,再将接头套松开,使锁紧钢球落入接头体的凹槽锁紧。在断开油路时,需要拔前泄压,即保证油管内部不存在油压。

任务评价

(一)自我评价

任务	级别		
	掌握的操作	仍需加强	完全不理解
准备工作			
测线测点布置			
检测步骤			
数据处理			
完成报告			
在本次任务实施过程中的自评结果	A.优秀　B.良好　C.仍需努力　D.搞不清楚		

(二)答题闯关

1.选择题

(1)下列对反拉法检测锚下有效预应力描述错误的是(　　)。
　　A.对露在体外的钢绞线进行整体或者单根张拉
　　B.拉拔力小于原有有效预应力时,锚具对夹片有紧固作用
　　C.拉拔力超过原有有效预应力时,锚头与夹片脱开与垫板脱开
　　D.拉拔力等于原有有效预应力时,锚头与夹片不会分离

(2)被检测的混凝土强度不低于设计强度的(　　),且不低于15MPa。
　　A.50%　　　　B.60%　　　　C.70%　　　　D.80%

(3)要求施工方待检梁体钢绞线预留的外露自由端长度不得少于(　　)。
　　A.60cm　　　　B.70cm　　　　C.80cm　　　　D.90cm

2.判断题

(1)施工方张拉完成时间距离检测时间间隔以0.5天为宜。　　　　(　　)
(2)最好提前准备好交流380V的电源接口或插线板,以提高检测效率。　　(　　)
(3)排气完成后,按下主机上的停止按钮将油泵停掉,将限位装置和千斤顶分别穿入待测

钢绞线。   (   )

(4)如果当天检测的量比较大,注意清理限位装置里的碎铁屑,避免卡住限位装置中的位移传感器。   (   )

(5)千斤顶回程退锚压力值大于15MPa时,则须对工具夹片进行保养(抹退锚灵)。

(   )

任务12.8　认知数字化、智能化公路检测技术

任务描述

数字化是指把物理系统在计算机系统中仿真虚拟出来,在计算机系统里体现物理世界,利用数字技术驱动组织商业模式创新,驱动商业生态系统重构,驱动企业服务大变革。智能化是指使对象具备灵敏准确的感知功能、正确的思维与判断功能、自适应的学习功能以及行之有效的执行功能而进行的工作。智能化是从人工、自动到自主的过程,是事物在大数据、物联网和人工智能(Artificial Intelligence,AI)等技术的支持下(数字化产生的结果)所具有的能动地满足各种需求的属性(系统直接进行决策,并指挥相应的部门执行决策)。本任务将学习如何将公路检测与数字化和智能化技术相结合,以便于更有效、更便捷、更准确地完成传统检测项目。

相关知识

(一)运用领域

传统基础设施建设主要是铁路、公路、航路、水路等。数字经济时代,除了人员、物品是生产要素外,数据也是重要的生产要素。适应新的要素就需要建设新型的基础设施。新型基础设施建设应以新发展理念为引领,以技术创新为驱动。

新型基础设施与传统基础设施根本区别在于它具有数字化、智能化等特征,产品形态从单纯的实物产品转变为"实物+数字"有机融合的产品。工程建设者通过物理实体和虚拟空间的融合,利用传感器采集到的海量数据,通过高速网络传输,在各种智能算法的支持下,实现智能化的生产和服务,开发更多、更好的产品和服务,在提升社会生产力的同时,更好地满足人们对美好生活的需求。在潜力巨大的传统基建领域应用数字技术,可以加快传统基础设施建设的转型升级,有效解决传统基础设施粗放式、碎片化的建造方式所带来的建造效益、质量、安全、环保等一系列问题,实现中国建造高质量发展。因此,公路工程检测数字化、智能化也是必不可少的。

(二)检测方法

检测方法包括:

(1)高分辨率卫星遥感技术。
(2)航空摄影测量。
(3)数字摄影测量。
(4)高精度 GPS-RTK 测量。
(5)激光、微波(雷达)测量。
(6)数字化地形图。
(7)无人机航测。

任务实施

在检测任务实施过程中按照图 12-22 所示步骤进行检测。

图 12-22 数字化、智能化检测

(一)数据采集

1. 基于移动设备的数据采集

移动设备又称为行动装置(Mobile device)、手持装置(Handheld device)等。通过移动设备,可以随时随地采集访问获得各种数据信息。例如,智能手机、Pad、各种检测、测量设备等均属于移动设备。专用设备测量技术大体可分为波动振动类(包括冲击弹性波、超声波等)、电磁波类(包括雷达、红外线、可视光、射线等)以及其他类等几大类。移动 PC 主要包括工业个人计算机(Industrial Personal Computer,IPC)和单片机(Single-Chip Microcomputer)两大类。可参照下列设备记忆学习:

(1)波动振动技术设备,如弹性波与超声波检测仪,如图 12-23 所示。

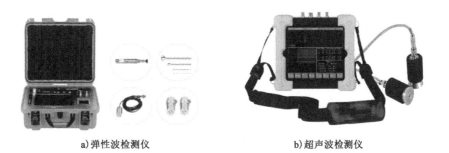

a)弹性波检测仪　　　　　　　　b)超声波检测仪

图 12-23 弹性波与超声波检测仪

(2)电磁波技术设备,如探地雷达、合成孔径雷达、智能全站仪、三维激光扫描仪等,如图 12-24 ~ 图 12-27 所示。

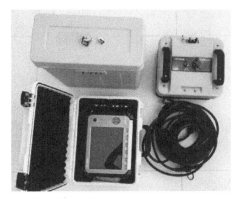
图 12-24　探地雷达

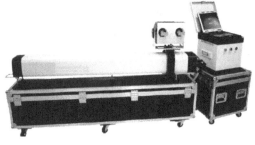
图 12-25　合成孔径雷达

图 12-26　智能全站仪

图 12-27　三维激光扫描仪

2. 基于物联网设备的数据采集

物联网是指通过各种装置与技术（如信息传感器、射频识别技术、全球定位系统、红外感应器、激光扫描器等），实时采集任何需要监控、连接、互动的物体或过程的数据，将采集得到的各类数据接入网络，实现对物体和过程的智能化感知、识别和管理。将物联网相关数据采集技术应用于公路工程检测，可以极大地提高获取数据的能力和广度。传感器是摄取被测物信息的关键器件，它与通信技术、计算机技术构成了信息技术的三大支柱，是当今物联网技术获取信息的必要手段。这里简单介绍传感器的分类，见表 12-8。

传感分类　　　　　　　　　　　　　　　　　　　　　　　表 12-8

划分依据	对应传感器类别
按用途分类	加速度传感器、速度传感器、射线辐射传感器、温度传感器、湿度传感器、压力传感器、位移传感器、流量传感器、液位传感器、力传感器、转矩传感器等
按原理分类	振动传感器、湿敏传感器、磁敏传感器、气敏传感器、真空度传感器、生物传感器、电学式传感器、光学式传感器、电势型传感器、电荷传感器、半导体传感器、谐振式传感器等
按输出信号分类	模拟传感器、数字传感器、数字传感器、开关传感器等

图像数据采集是指依靠视频图像采集设备,收集所需的工程现场图像及其视频流序列。图像分析主要依靠计算机视觉技术,能够从原始的视频数据中提取出符合人类认知的语义理解,即希望计算机能和人一样自动分析理解视频数据。

图像数据来源:静态图像和动态图像的采集。

图像数据分析方法:目标检测算法、目标跟踪、目标分类与识别、行为分析。

3. 基于无人机的数据采集

无人机摄影测量构建三维模型流程图如图12-28所示。

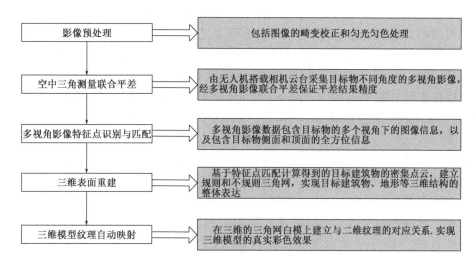

图12-28 无人机摄影测量构建三维模型流程图

4. 基于卫星定位的信息采集

定位信息离不开卫星导航系统,目前全球导航卫星系统(GNSS)共有4个,分别是GPS(美国)、Galileo(欧洲)、GLONASS(俄罗斯)和北斗(中国)。

卫星导航系统实现定位的主要原理是测量出已知位置的卫星到用户接收机之间的距离,然后综合多颗卫星的数据就可知道接收机的具体位置。

(二) 数据传输

在通信网络中,习惯把计算机、终端、通信处理器、传感器单元等设备抽象成点,把连接这些设备的通信通道抽象成线,进而形成网络(拓扑)结构。常见的网络(拓扑)结构有总线型、星形、环形和网状形等。

通信协议又称通信规程,是指通信双方对数据传送控制的一种约定。约定对数据格式、同步方式、传送速度、传送步骤、检验纠错方式以及控制字符定义等问题作出统一规定,通信双方必须共同遵守,它也叫作链路控制规程。

通信技术根据传输介质可分为有线通信和无线通信两类。有线通信技术是指利用金属导线、光纤等有形媒质传送信息的技术。有线通信介质主要包括共轴线缆、双绞线、光纤等。无线通信技术主要是利用电磁波信号在空间中传播而进行信息交换的通信技术,进行通信的两端之间无须有形的媒介连接。光通信和量子通信技术均属于无线通信方式。

(三)数据分析与管理

1. 经典的数据分析方法和手段

常见的经典数据分析方法和手段主要包括相关分析、方差分析、ROC 曲线分析等。各方法的详细情况可以参考相关专业书籍,本书仅做简要介绍。相关分析是研究两个或两个以上随机变量间的相关关系的分析方法。例如,人的身高和体重之间的关系、空气中的相对湿度与降雨量之间的相关关系等,这些都可以是相关分析研究的问题。两个变量之间的相关程度通过相关系数 R 来表示,其值在 -1 和 1 之间。正相关时,R 值在 0 和 1 之间,这时一个变量增加,另一个变量也增加;负相关则相反,一个变量增加,另一个变量将减少。R 的绝对值越接近 1,两变量的关联程度越强;越接近 0,两变量的关联程度越弱。相关分析与回归分析在实际应用中有密切关系。回归分析所关心的是一个随机变量 Y 对另一个(组)随机变量 X 的依赖关系的函数形式。相关分析和回归分析在各个领域都有广泛的应用。

ROC 曲线是受试者工作特征曲线(Receiver Operating Characteristic Curve)的简称,又称为感受性曲线(Sensitivity Curve)。ROC 曲线以虚惊概率(False Positive Rate, FPR,即在所有阴性病例中被误判为阳性的比例)为横轴,以击中概率(True Positive Rate, TRR,即在所有阳性病例中被正确判断的比例)为纵轴,采用不同的判断标准(阈值)得出的不同结果画出的曲线。ROC 曲线分析可把灵敏度和稳定性结合起来综合评价,是一种非常有效的评估方法。

2. 基于人工智能的分析方法和手段

人工智能也称智械、机器智能,是指由人制造出来的机器所表现出来的智能。近年来人工智能技术得到了飞速发展,甚至在一些影像识别、语言分析、棋类游戏等方面的能力达到甚至超越了人类的水平。

3. 机器学习在无损检测中的应用

机器学习(Machine Learning, ML)是人工智能中一个重要的研究领域,被认为是人工智能的基础。所谓机器学习,就是要使计算机能模拟人的学习行为,自动地通过学习获取知识和技能,不断改善性能,实现自我完善。机器学习是人工智能的主要研究领域之一。为了使计算机系统具有某种程度的学习能力,使它能通过学习增长知识、改善性能、提高智能水平,需要为它建立相应的学习系统。一个学习系统一般应该有环境、学习、知识库、执行与评价等四个基本部分组成,各部分之间的关系如图 12-29 所示。

图 12-29 学习系统组成

在无破损检测技术中,许多时候检测精度高度依赖于操作人员的判断水平,给检测结果的客观性、一致性等带来不利影响,也增加了操作人员的负担。为此,基于人工智能(如机器学习)的辅助判定手段应运而生,以提高检测精度和降低作业难度。同样,我们可以应用其对检测数据进行处理,包括分类、回归及聚类等,其主要对象如下:

(1)分类:内部缺陷(有无、大小)的识别。
(2)回归:数值指标,如厚度、深度、强度、弹性模量等的回归。
(3)聚类:结构损伤程度的划分等。

相比单纯的人工分析,采用机器学习的方法具有以下优点:

(1)适用于多参数分析。
(2)客观性强,精度(误差)稳定性好。
(3)精度可不断提高。

另外,引入人工智能辅助无破损检测判断,其流程如图 12-30 所示。

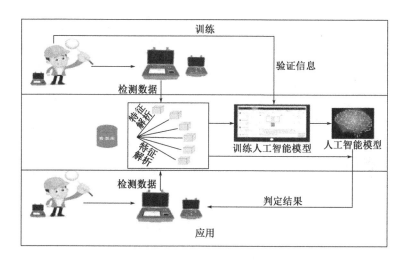

图 12-30　人工智能辅助判断流程图

人工智能辅助无损检测,首先需要准备数据参数,包括:

(1)在检测软件中生成人工智能用参数文件或者图片文件。
(2)准备训练集。
(3)选取算法和训练模型。
(4)对模型的精度、泛化能力进行评估。
(5)在边缘端或远程服务器端配置训练、评估好的模型,投入实际应用。
(6)在实际应用中对模型不断进行验证,以提高泛化能力和预测精度。

4. 数据库及大数据技术

随着通信技术(如 5G 技术)的发展以及硬件制造的进步,物联网已逐步实现,各行各业每天产生海量的数据。在土木行业,在建筑工程的全生命周期中也会产生海量的数据,如设计勘探数据、数据检测、监测数据、维护管养数据等。这些数据包含了建筑结构非常丰富的信息,通过数据分析,可以有效地分析出病害或缺陷的变化趋势、形成原因等。随着数据处理技术的不断进步,特别是大数据处理技术的快速发展,建筑结构的各类数据的价值已逐步显现。然而,这些数据往往以各种形式的报告、记录表、信息表等纸质文档或者电子文档的形式进行管理存储。这种管理方式存在数据丢失、分类混乱、冗余的问题,造成数据割裂、碎片化、不连贯,大大降低了数据的利用价值。随着数据处理技术、人工智能技术以及大数据技术的问世,工程中各类数据得到了进一步整合。因此,公路工程也需要更高效的数据管理技术。

数据管理系统的基本功能是按照用户要求,从大量的数据资源中提取有价值的数据。针对土木行业数据管理系统,主要是将建筑结构各个环节、不同时期的数据进行统一存储,并为数据展示、分析等应用提供数据支持,建立建筑结构全生命周期数据档案,实现数据共享。数据管理示意图如图 12-31 所示。

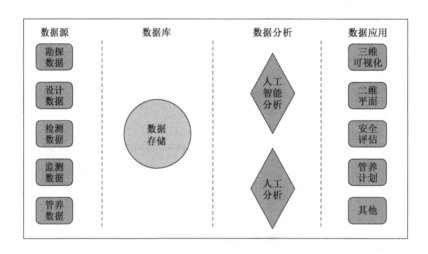

图 12-31　数据管理示意图

(四)数据展现

数据展现是指将数据以可视化的形式(如图表或地图)来呈现,以帮助人们了解这些数据的意义。由于人类大脑对视觉信息的处理优于对文本的处理,因此使用图表、图形和设计元素,而数据可视化可以容易地解释数据模式、趋势、统计数据和数据相关性。

数据展现通常需要七个步骤:获取→分析→过滤→挖掘→呈现→修饰→交互。

数据展现可根据数据需求选择分析数据的方式,大致可以分为统计数据、关系数据、地理空间数据、时间序列数据和文本数据。目前数据展现的主要软件工具分为开源工具和商业工具。数据可视化的实现一般依赖开源程序。图 12-32 所示为数据展示平台。

(五)数据运用

开源工具在一定程度上推动了数据可视化的进步,许多工具都是在现有的基础上进行改进和完善的。例如,百度 Echarts 依靠纯 Java 图表库,底层依赖轻量级的 Canvas 类库 ZRender,数据展示更为直观、生动,可交互。商业工具不需要编程能力即可实现资源共享,适合企业用于商业用途。有许多公司带领团队推出了商业性质的数据可视化工具,如腾讯云图、Excel、亿信 BI 等。其中,Excel 是微软推出的办公软件之一,可以快速浏览数据并创建可视化图形,但由于样式及颜色的限制,难以在专业刊物、网站等场合使用。

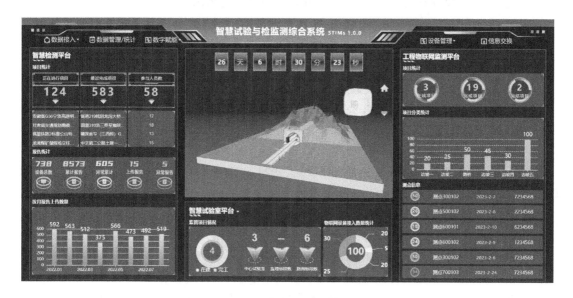

图 12-32　数据展示平台

参 考 文 献

[1] 翟国栋.误差理论与数据处理[M].北京:科学出版社,2016.
[2] 中华人民共和国交通运输部.公路工程质量检验评定标准 第一册 土建工程:JTG F80/1—2017[S].北京:人民交通出版社股份有限公司,2017.
[3] 中华人民共和国交通运输部.公路路基路面现场测试规程:JTG 3450—2019[S].北京:人民交通出版社股份有限公司,2019.
[4] 中华人民共和国交通运输部.公路工程技术标准:JTG B01—2014[S].北京:人民交通出版社股份有限公司,2015.
[5] 中华人民共和国交通运输部.公路工程无机结合料稳定材料试验规程:JTG 3441—2024[S].北京:人民交通出版社股份有限公司,2024.
[6] 中华人民共和国交通运输部.公路工程沥青及沥青混合料试验规程:JTG E20—2011[S].北京:人民交通出版社股份有限公司,2011.
[7] 中华人民共和国交通运输部.公路工程水泥及水泥混凝土试验规程:JTG 3420—2020[S].北京:人民交通出版社股份有限公司,2020.
[8] 沙庆林.公路压实与压实标准[M].北京:人民交通出版社股份有限公司,2000.
[9] 中华人民共和国住房和城乡建设部.建筑地基基础设计规范:GB 50007—2011[S].北京:中国计划出版社,2011.
[10] 中华人民共和国交通运输部.公路桥涵地基与基础设计规范:JTG 3363—2019[S].北京:人民交通出版社股份有限公司,2019.
[11] 中华人民共和国交通运输部.公路土工试验规程:JTG 3430—2020[S].北京:人民交通出版社股份有限公司,2020.
[12] 中华人民共和国交通运输部.公路路面基层施工技术细则:JTG/T F20—2015[S].北京:人民交通出版社股份有限公司,2015.
[13] 中华人民共和国交通运输部.公路水泥混凝土路面施工技术规范:JTG/T F30—2014[S]北京:人民交通出版社股份有限公司,2014.
[14] 中华人民共和国交通运输部.公路桥梁板式橡胶支座:JT/T 4—2019[S].北京:人民交通出版社股份有限公司,2019.
[15] 中华人民共和国交通运输部.公路工程土工合成材料试验规程:JTG E50—2006[S].北京:人民交通出版社股份有限公司,2006.
[16] 中华人民共和国交通运输部.公路隧道施工技术规范:JTG 3660—2020[S].北京:人民交通出版社股份有限公司,2020.
[17] 中华人民共和国住房和城乡建设部.建筑基桩检测技术规范:JGJ 106—2014[S].北京:中国建筑工业出版社,2014.
[18] 中华人民共和国交通运输部.公路工程基桩检测技术规程:JTG/T 3512—2020[S].北京:人民交通出版社股份有限公司,2020.
[19] 中华人民共和国国家铁路局.铁路工程地质原位测试规程:TB 10018—2018[S].北京:

中国铁道出版社,2018.

[20] 吴佳晔.土木工程检测与测试[M].北京:高等教育出版社,2015.

[21] 吕小彬,吴佳晔.冲击弹性波理论与应用[M].北京:中国水利水电出版社,2016.

[22] 陕西省建筑科学研究设计院,上海同济大学.超声法检测混凝土缺陷技术规程:CECS 21—2000[S].北京:中国建筑工业出版社,2000.

[23] 中华人民共和国交通住房和城乡建设部.冲击回波法检测混凝土缺陷技术规程:JGJ/T 411—2017[S].北京:中国建筑工业出版社,2017.

[24] 中华人民共和国住房和城乡建设部.混凝土中钢筋检测技术标准:JGJ/T 152—2019[S].北京:中国建筑工业出版社,2019.